贵溪市革命老区发展史

贵溪市史志研究室 编

光明日报出版社

图书在版编目（CIP）数据

贵溪市革命老区发展史 / 贵溪市史志研究室编 . -- 北京：光明日报出版社，2023.5
ISBN 978-7-5194-7252-8

Ⅰ.①贵… Ⅱ.①贵… Ⅲ.①贵溪—地方史 Ⅳ.①K295.64

中国国家版本馆CIP数据核字（2023）第089162号

贵溪市革命老区发展史
GUIXISHI GEMINGLAOQU FAZHANSHI

编　　者：贵溪市史志研究室	
责任编辑：房　蓉	责任校对：郭玫君　李佳莹
封面设计：中联华文	责任印制：曹　净

出版发行：光明日报出版社
地　　址：北京市西城区永安路106号，100050
电　　话：010-63169890（咨询），010-63131930（邮购）
传　　真：010-63131930
网　　址：http://book.gmw.cn
E - mail：gmrbcbs@gmw.cn
法律顾问：北京市兰台律师事务所龚柳方律师
印　　刷：三河市华东印刷有限公司
装　　订：三河市华东印刷有限公司
本书如有破损、缺页、装订错误，请与本社联系调换，电话：010-63131930

开　　本：170mm×240mm	
字　　数：305千字	印　张：20.5
版　　次：2024年6月第1版	印　次：2024年6月第1次印刷
书　　号：ISBN 978-7-5194-7252-8	
定　　价：99.00元	

版权所有　　翻印必究

编　委　会

成立《贵溪市革命老区发展史》编纂委员会，组成人员如下。

组　　　　长：周谷昌　市委副书记、市政府市长
常务副组长：李　文　市委常委
主 任 委 员：吴继平　市政府办主任
副主任委员：李　峰　市史志办主任
　　　　　　朱加太　市扶贫办主任
　　　　　　李　宁　市退役军人事务局局长
　　　　　　徐崇发　市民政局局长
委　　　员：郑志成　市政府办副主任
　　　　　　李木兰　市档案馆馆长
　　　　　　李新文　市委宣传部常务副部长
　　　　　　李卫华　市文广新旅局局长
　　　　　　李坝根　市财政局局长
　　　　　　卢秋林　市新闻中心主任
　　　　　　卢　晖　市发展改革委主任
　　　　　　吴敢锋　市统计局局长

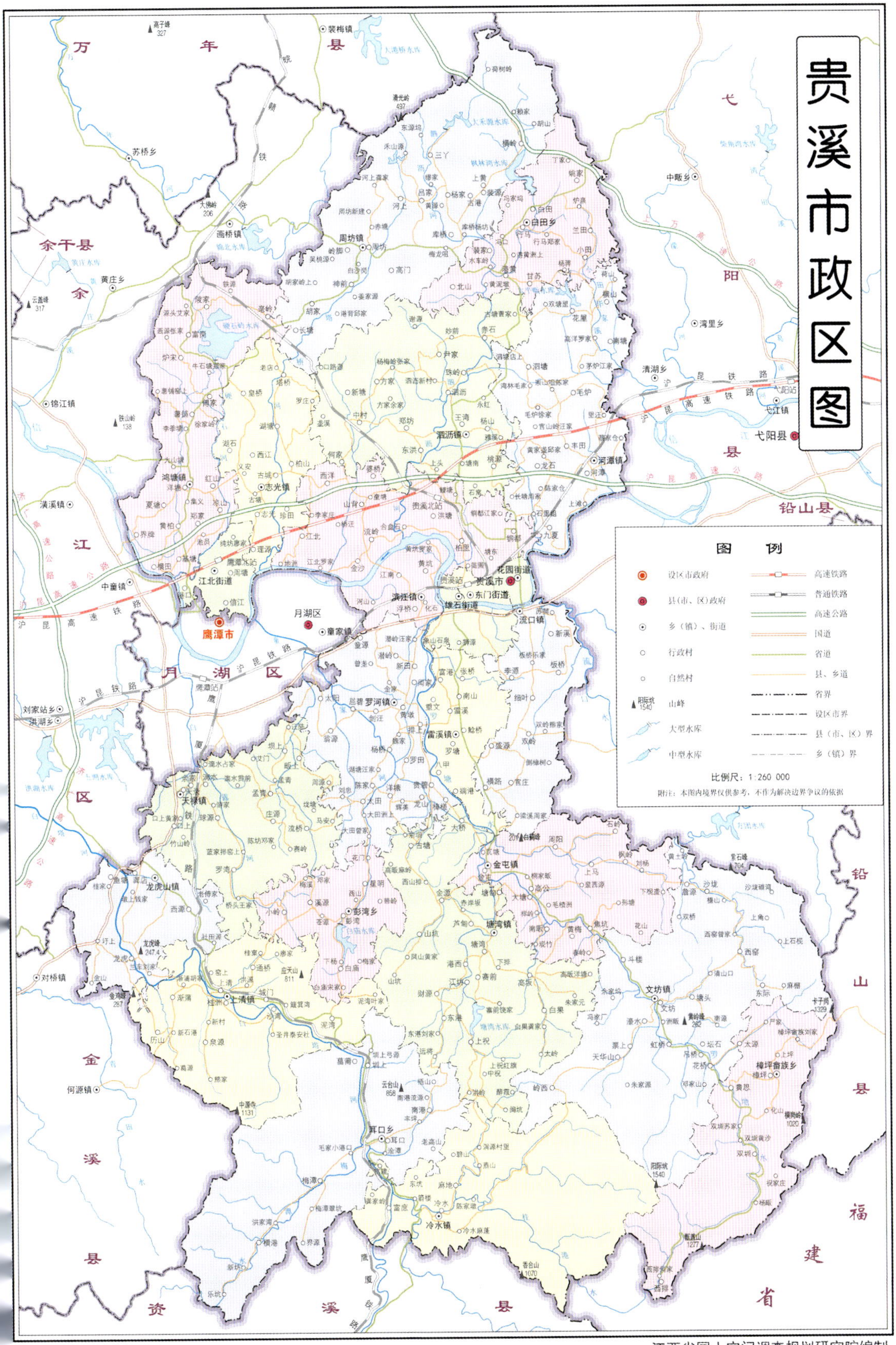

审图号：赣S（2023）75号

江西省国土空间调查规划研究院编制

红七连军旗(复制品)

贵溪市革命烈士纪念馆内保存的苏区结婚证

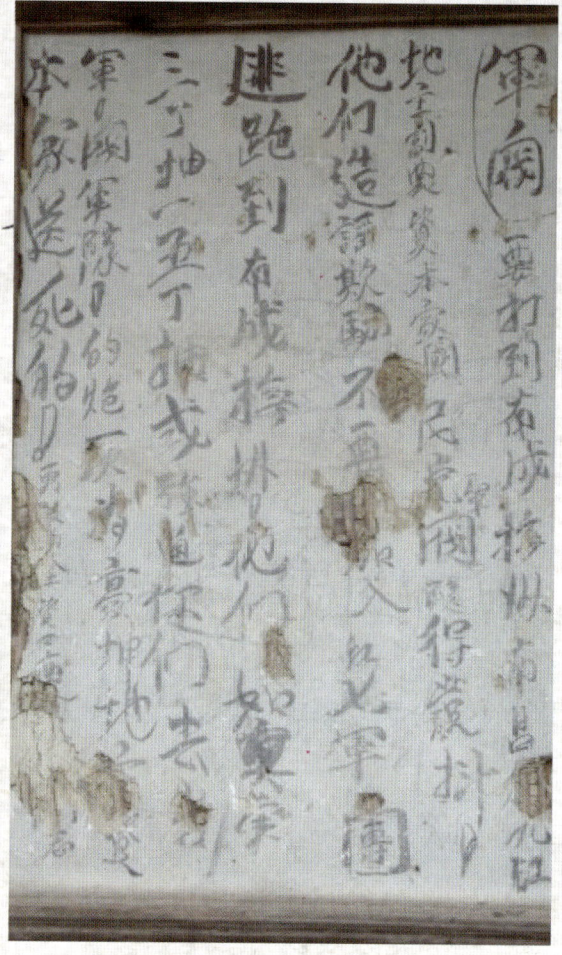

冷水镇洞源村保存至今的宣传标语

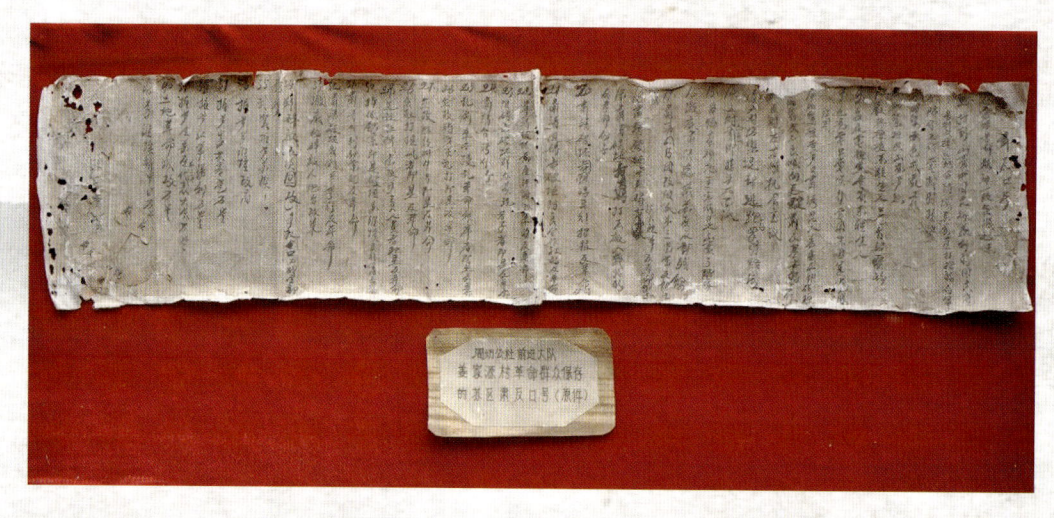

贵溪市革命烈士纪念馆内保存的苏区肃反口号

贵溪第一个农村共产党支部——周坊党支部，一九二八年二月在周坊太上峰庙成立。图为太上峰庙旧址

贵南县苏维埃政府旧址（冷水）

解元坊

支农战士和社员一起兴修水利

贵溪龙兴铺糖果厂糕点车间生产场景

溪县钢铁学校师生在配料

圳上民办产院孕妇在产院休假

汽车开到文坊，街上悬旗鸣炮欢迎

知识青年在劳动

红卫坝工地施工场景

1978年8月，贵溪发电厂筹建处成立
1984年更名贵溪火力发电厂

信江大桥通车

1985年6月，兴建贵溪啤酒饮料厂，为县局级企业，归口经委管理
1985年改名贵溪啤酒厂

1979年，贵冶开工建设誓师大会

建设中的雄石西路

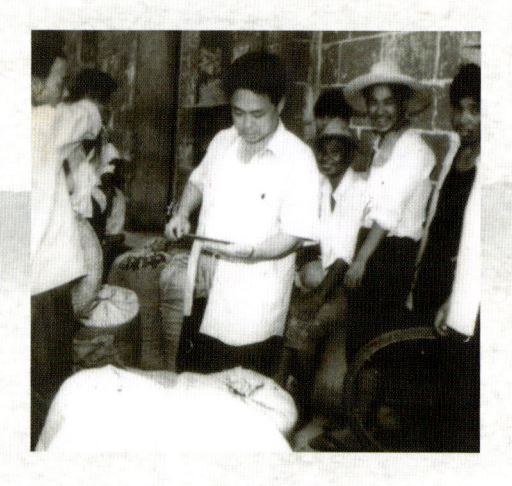

交公粮

老水泥厂

路面改造完成后的贵溪大道

新修建的早闲公园

横路村美景

特色扶贫产业茶树菇养殖基地内，茶树菇长势喜人

分红

致富的希望

老城区旧房拆除现场

2017年12月2日,心学之源暨象山书院建院830周年高端论坛举行

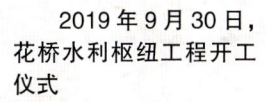

2019年9月30日,花桥水利枢纽工程开工仪式

第二届贵溪（白鹤湖塔桥）梨花节现场

贵溪市首届畲族"三月三"旅游文化节现场

贵溪市青茅境景区首届帐篷节

贵溪市首届相亲大会

植保无人机为农户插上致富"金翅膀"

2017年8月，首批1000辆哈罗（Hellobike）共享单车在贵溪城区重要路段投放使用

秀美乡村

增殖放流

2019年在阳际峰国家级自然保护区内新发现的水晶兰

目 录
CONTENTS

第一篇　贵溪概况 ·· 1
 第一章　建制区划 ·· 3
 第二章　环境资源 ·· 16
 第三章　红色印迹 ·· 22

第二篇　血火征程 ·· 41
 第四章　参与大革命 ·· 43
 第五章　土地革命风暴 ·· 49
 第六章　游击战争的开展 ·· 71
 第七章　全民抗战 ·· 78
 第八章　贵溪解放 ·· 85

第三篇　艰辛探索 ·· 92
 第九章　巩固新生政权 ·· 93
 第十章　确立社会主义制度 ·· 99
 第十一章　艰辛探索曲折路 ·· 111
 第十二章　兴修水利工程 ·· 118

第十三章　社会事业有亮点 ………………………………… 124

第四篇　改革开放 ……………………………………………… 131

　　第十四章　农业农村新面貌 ………………………………… 132
　　第十五章　驻市企业星罗棋布 ……………………………… 143
　　第十六章　工业经济突飞猛进 ……………………………… 155
　　第十七章　教科文卫跨越发展 ……………………………… 164
　　第十八章　交通通信连万家 ………………………………… 184
　　第十九章　城乡建设新绘蓝图 ……………………………… 194
　　第二十章　林业生态建设 …………………………………… 201
　　第二十一章　拥军优属成果丰硕 …………………………… 207
　　第二十二章　外出创业潮流涌动 …………………………… 211
　　第二十三章　樟坪畲乡沧桑巨变 …………………………… 214

第五篇　走向复兴 ……………………………………………… 220

　　第二十四章　夯实政治作风保障 …………………………… 221
　　第二十五章　精准扶贫结硕果 ……………………………… 227
　　第二十六章　五度跻身全国百强 …………………………… 235
　　第二十七章　棚改创下贵溪速度 …………………………… 241
　　第二十八章　项目引进全省第一 …………………………… 246
　　第二十九章　民生工程重在惠民 …………………………… 251
　　第三十章　走向农旅化新时代 ……………………………… 257

附　录 ……………………………………………………………… 262

后　记 ……………………………………………………………… 322

第一篇　贵溪概况

贵溪市位于江西省东北部，信江中游，地处武夷山向鄱阳湖平原过渡的中间地带。东界弋阳县、铅山县，南邻资溪县、福建省光泽县，西连金溪县、余江区和鹰潭市月湖区，北毗万年县、弋阳县。贵溪市经纬度为北纬27°51′~28°38′，东经116°55′~117°28′。至2018年年底，全市总面积为2493平方千米。市内设3个街道20个乡镇（含上清镇、龙虎山镇，以及1个民族乡），人口达649 589人，有汉、畲、回、蒙古、满等民族。

贵溪市呈葫芦形，南北长，东西窄。南北最长距离为87千米，东西最窄处为14千米。地势呈马鞍状，南北高，中间低。地貌形态属中低山丘陵地区，以丘陵、山地为主，其次为小平原。土壤类型丰富多样，分红壤、山地黄壤、水稻土等8个土类，以红壤分布最广。气候属亚热带季风气候，四季分明，阳光充足，雨量充沛，无霜期长。年平均气温为18.4℃，极端最高温度为2003年8月11日的41.1℃，极端最低温度为1991年12月29日的-9.3℃。平均年降水量为1 875毫米，无霜期为271天，全年日照时数为1 808.8小时，日照百分率为41%。

贵溪历史悠久。早在6 000年前即有先民在这块土地上生息、开发。夏商周时期，属古越族活动范围，秦属九江郡余汗县晋兴乡，西汉时属豫章郡，东汉时为鄱阳郡所管辖。唐乾元年间，分属信州弋阳县和饶州余干县。唐永泰元年（765）析弋阳、余干地置县，迄今已接近1 300年。

贵溪人杰地灵。早在东汉，张道陵相中龙虎山结庐炼丹、修道。自唐代建县以来，经科举考试选拔文武进士三百余人，其中有唐代文学家吴武陵、宋代户部尚书许几、明代内阁首辅夏言、水利专家徐贞明、清初文学书郑日奎等。辛亥革命时，彭程万、李建鼎参加同盟会，追随孙中山推翻清王朝。彭程万曾为江西都督、赣军总司令，参与讨袁、北伐。五四运动后，在蜚声全国的江西改造社中，2/3为贵溪青年。在中国革命及建设过程中，贵溪革命老区5 600多名英雄儿女甘洒热血，前仆后继，献出了宝贵生命，留下了无数个可歌可泣的故事，为后人挖掘整理红色文化资源留下了不竭的财富。

第一章 建制区划

第一节 建制沿革

秦汉之前,贵溪为古越族活动范围。自秦汉起,贵溪即属古余干地。秦始皇二十四年(前223),王翦灭楚,置九江郡,所辖县中即有余干县,县内有葛兴、葛阳、晋兴等乡,贵溪地在晋兴乡中。汉高祖六年(前201),改九江郡为淮南国,析淮南国置豫章郡,余干县又隶豫章郡。汉曰"余汗县",淮南王安曰:"越人欲为变,必先由余汗界中是也。"汉献帝兴平二年(195),孙策分豫章郡,置庐陵郡,余干县又隶属庐陵郡。建安五年(200),孙权升鄱阳为郡,又以余干县隶鄱阳郡。晋惠帝元康元年(291),析余干地置晋兴县,南北朝宋、齐因之,梁兼置吴州,陈改鄱阳为吴州,晋兴县属吴州焉。隋平陈,改吴州为饶州。大业三年(607),改饶州为鄱阳,撤晋兴县并入余干县,时贵溪仍属余干县晋兴乡。

唐乾元元年(758),割饶、建、衢、抚四州地置信州,贵溪地分属信州弋阳县和饶州余干县。永泰元年(765),洪州观察使李勉上奏朝廷获准,以弋阳西境及余干东南境置贵溪县,为信州所辖。

唐宪宗元和八年(813),距离贵溪建县不到50年,由宰相李吉甫撰写的《元和郡县图志》完成,这是现存最早的古代总地志。该书涉及贵溪县的内容只有40个字,其中,"在贵溪口,因以为名"说明了贵溪县得名的原因。北宋初年成书的《太平寰宇记》沿袭了《元和郡县图志》的说法:"永泰元年,就贵溪口置贵溪县。"《太平寰宇记》卷107《江南西道·信州》中有贵溪建县原因:"本汉豫章郡余干之地,今在弋阳、余干两县之间。自北以西,地相去阔远,山水回合,群盗潜藏,舟行船溯,人不自保,寖以成俗,久而逾远。"

五代十国时期,贵溪县先后为南吴杨氏、南唐李氏所据。开宝八年(975),贵溪归宋。两宋时期,贵溪县属江东路信州。元至元十四年(1277),改信州为信州路,属江浙行省。至正二十年(1360),朱元璋部胡大海取信州,改信州为广信府,划入江西。清顺治四年(1647),清兵占广信,贵溪属江西省广信府。

中华民国元年(1912),废府州,存道县。民国三年(1914),江西省分四道,贵溪县属豫章道。民国十五年(1926),撤道,各县直属省政府。民国二十一年(1932),江西全省分为13个行政区,贵溪划归第五行政区。民国二十四年(1935),全省减为8个行政区,民国二十八年(1939),又增至11个行政区,贵溪均属第六行政区。民国三十一年(1942)八月,江西省改分为9个行政区,贵溪仍属第六行政区。

1949年5月4日,中国人民解放军第二野战军第四兵团解放贵溪。7日,贵溪县人民政府成立,辖属同日成立的贵溪专员公署(设在鹰潭镇)。8月13日,贵溪专员公署被撤销,贵溪县改属上饶专员公署。

1949年10月1日中华人民共和国成立时,将江西省分为9个专区,1952年调整为6个专区。贵溪县均属上饶专区。

1983年7月,县级的鹰潭市升格为省辖市,贵溪县改属鹰潭市。

1996年10月,贵溪撤县设市。(注:凡资料截至更名前的,仍称贵溪县)

附:撤县设市简介

1993年4月,中共贵溪县委、县人民政府为进一步促进贵溪改革开放和经济社会发展,根据国务院国发〔1993〕38号文件有关撤县设市的要求,认为贵溪县撤县设市的条件已基本具备,决定由县委副书记陈厚西和县政府常务副县长彭中华负责撤县设市的领导工作,从县委办公室、县政府办公室、县委政研室和县民政局抽调人员组成贵溪县撤县设市办公室,开始收集整理有关数据,具体处理相关工作。

8月下旬,经过反复修改的撤县设市请示报告和10份单行材料被正式报送给鹰潭市人民政府审核待批。12月29日,鹰潭市人民政府市长倪贤伍签发了鹰府字〔1993〕149号文件《关于贵溪县撤县设市的请示》。12月30日,贵溪撤县设市办公室突击修改、核实了相关材料,打印成册。12月31日,鹰潭市人民政府的请示报告和10份单行材料,被报送给省人民政府。

1993年,贵溪县统计年报中的相关数据是:贵溪辖10个镇16个乡,总人口为52.48万人,人口密度为每平方千米211人,总人口中非农业人口为14.31万人,占总人口的27.3%。全县工农业产值为24.35亿元,其中乡镇以上工业产值为20.32亿元,占全县工农业总产值的83.5%;国内生产总值为3.19亿元,其中第三产业为1.66亿元,占国内生产总值的20.3%;地方本级预算内财政收入为8 636.26万元,人均164.57元,上解3 946.8万元。

1995年2月,民政部将贵溪县和南康县撤县设市材料一并报国务院,但由于撤县设市的指标限制,贵溪县未获批准。

县委、县政府并未因此气馁,而是进一步加大改革开放力度,加快经济发展步伐,为撤县设市最终申报成功创造了更加成熟的条件。与1992年相比,1995年贵溪国民生产总值由7.15亿元提高到19.2亿元,增长了168.5%;地方财政收入由6 668万元提高到14 728万元,增长了120.9%。同时,加大城市基础设施投入,城市建设步伐加快;加大宣传力度,扩大贵溪知名度,摄制了电视专题片《新兴的铜城——贵溪》,编印了《新贵溪》画册,通过江西百花洲文艺出版社出版了《贵溪》一书等:通过多种形式反映贵溪政治、经济、社会、文化的巨大变化,使上级部门和各界人士加深对贵溪的印象。

3年间，县委、县政府为了撤县设市取得成功，先后7次派工作人员去北京，3次上庐山，多次往返南昌、鹰潭开展批复申报工作。

1996年5月28日，经国务院批准，民政部以民行批〔1996〕34号文正式批准撤销贵溪县、设立贵溪市（县级），以原贵溪县的行政区域为贵溪市的行政区域。

第二节　县境疆域

贵溪建县之初，从弋阳县、余干县划入大片土地，版图面积很大，应在3 300平方千米左右。1 200多年过去了，贵溪的管辖面积一直在变小。结合史志记载，至少有4次版图划出，面积在上百平方千米。

明初金溪县进士徐孟恕在《金溪县志》序中写道："金溪为抚之壮邑，自淳化五年（994）割临川、安仁、贵溪之地以为县。"安仁即今余江，比金溪早6年建县。金溪建县时，析出贵溪部分辖地，大致为今金溪县何源镇大部和黄通乡部分地区。

明朝正德三年（1508），饶州府余干县姚源洞王浩八拥众数万，屡败官军。因贵溪地近姚源，县内百姓饱受兵乱之苦，县城也因此修建城墙。正德七年（1512），朝廷割附近数县边境地方设县，其中就有贵溪县归桂乡十九都、二十都、二十一都、二十二都之地，今属万年县梨树坞、裴梅、挡下、山家寨、盘岭一带。

民国二十三年（1934），贵溪县邱贤盛等人以县南原七十都、七十一都地近资溪县，且风俗、语言、贸易均与资溪相近为由，具文呈请将该二都划出。经江西省政府行文批准，于同年12月23日交接，并于横坑、蔡家亭、香台山等处立界标，今为资溪县马头山镇全部。

1956年2月，贵溪县标溪乡高家村及横山乡古塘村群众以住地紧邻弋阳县,且第二次国内革命战争时期曾属弋阳为由,要求将其划归弋阳县管辖。上饶专员公署于同年3月5日和3月24日分别报省审批,江西省人民委员会于同年4月13日核准,将高家村划入弋阳县西川乡,将古塘村划入弋阳县会头乡。其地今属弋阳县湾里乡、中畈乡。

1956年8月,弋阳县渔江乡群众以渔江乡与贵溪县河潭乡部分村庄曾于第二次国内革命战争时期同属一乡为由,要求合并为一乡。经两县派员洽商,并征得住地群众同意,于同年10月17日具文呈报江西省人民委员会和上饶专员公署,将贵溪县河潭乡汪家、熊家、清湖、陈下、江家、塘湾共6个行政村划归弋阳县管辖。其地今属弋阳县清湖乡。

1957年1月1日,江西省人民委员会决定,将贵溪县所属鹰潭镇升格为专区直辖镇,将贵溪县嘴上、白鹭港、杨碧三乡划归鹰潭镇管辖;2月,再将贵溪县低坪乡划入鹰潭镇。1958年4月,上饶专员公署行文撤销鹰潭镇县级建制,仍归贵溪县管辖。1960年7月,复将鹰潭镇定为专区直辖镇,将贵溪县鹰郊公社和志光公社流洪、低坪二大队一并划入鹰潭镇。其地今为鹰潭市月湖区。

第三节　行政区划

截至2018年年底,贵溪市下辖3个街道、20个乡镇、7个林垦园艺场。

街道

雄石街道　2001年11月,中共贵溪市委贵字〔2001〕164号文件决定,撤销雄石镇,设立雄石、东门、花园3个街道。行政区域变革前,雄石镇原是中共贵溪市委员会、市人民政府驻地,是贵溪政治、经济、文化中心,周边还有许多国家和省级大型企业。1998年,原雄石镇辖东街、南街、西街、北街、交通街、烧箕山6个居民委员会和雄石、象山、花园3个村委会，127个居民小组，城镇非农业人口为9 765户、38 010人；43个自然村，53个村民小组，农业户共1 431户、6 025人。全镇总人口为44 035人（不含驻市单位），加上驻市单位、企业，镇内常住居民超过7万人。在分设3个街道之前的2001年，雄石镇辖12个居民委员会，3个村民委员会，总人口为10.5万人，其中非农业人口为10.08万人。

2002年1月，雄石街道正式挂牌成立，地处贵溪市行政、商业、文化、教育、卫生中心。2004年，随着城市规模不断扩大，市行政中心迁移至花园街道辖区。雄石街道东临流口镇和东门街道，南连雷溪镇，西接罗河镇和滨江镇，面积为19.8平方千米。

2007年9月，原雄石镇（雄石街道办事处）办公大楼拆迁新建，雄石街道办事处迁至电信公司北面。街道辖东街、南街、西街、北街、仙桥5个居民委员会和象山村民委员会，共9 402户、31 536人（不含驻市单位）。5个居民委员会辖59个居民小组，共8 692户、28 436人。

东门街道 东门街道于2002年1月9日挂牌成立。位于市中心城区东部，东邻花园街道，南至信江北岸，西接雄石街道，北与滨江镇毗邻，面积为11.3平方千米。辖江边、信江、城北、铁路、烧箕山、雄石6个居民委员会（2004年原雄石村民委员会改称为雄石居民委员会），下辖65个居民小组。2004年以前，辖区内有10 833户、35 596人。2008年年底，辖区内有15 483户、46 972人。

花园街道 花园街道成立于2002年1月，是从原雄石镇人民政府辖区剥离出来的3个办事处之一。花园街道地处市区东北部，东接河潭镇，南靠信江，西连东门街道，北毗滨江镇。地形以低山丘陵为主，由信江河从南面流过。辖区面积12平方千米，是市行政中心和驻市大型企业密集地区。辖白果、四冶、冶炼厂、化肥厂4个居民委员会和花园村民委员会。辖区内有居民8 291户、46 792人。

建制镇

泗沥镇 泗沥镇位于市中北部，北邻周坊镇，东接河潭镇，南与滨江镇相邻，西接志光镇。镇政府驻地王湾，距市区10千米。1993年3月撤乡建镇。辖尹家、新塘、中村、泗沥、王湾、桃源、郑坊、珠岭、赤石、东洪、方家、杨山、何家13个村民委员会，185个村民小组，152个自然村。2019年年底全镇总人口为37 976人。

罗河镇 罗河镇位于市中部，1995年3月撤乡建镇，东连雷溪镇，南邻塘湾镇、彭湾乡，西接天禄镇，北与滨江镇、月湖区童家镇毗邻。镇政府驻地新田村青泥岗，距市区5千米。全镇总面积为111.13平方千米，辖18个村民委员会和1个居民委员会（黄墩、童源、潜岭、新田、排上、贵碧、樟槎、龙山、洋塘、太田、陈家、翁源、太阳、屈碧、剑汪、杨桥、罗田、周家和新区），163个自然村，256个村民小组。2019年年底全镇总人口为58 338人。

河潭镇 河潭镇位于市东北边缘，东与弋阳县交界，西南接滨江镇，西连泗沥镇，北与白田乡毗邻。镇政府驻地河潭，距市区9千米。河潭镇地处丘陵谷地，地势由西北向东南倾斜。境北边的大脚岭最高，海拔为133米；境南信江沿岸的九夏地势最低，海拔为45米。信江由河潭埠入镇，向西流经东南边境；搜湖坑水自北向南纵流于东北部。此地土壤多属红壤及冲积沙壤。1993年3月撤乡建镇。全镇总面积为120平方千米，辖南塘、横山、花屋、泗塘、毛炉、丰田、九夏、龙石、河潭9个村民委员会，141个村民小组，164个自然村。2019年年底全镇总人口为32 112人。

金屯镇 金屯镇位于市东南部，东、南交文坊镇，西连塘湾镇，北邻流口镇和弋阳县港口乡，1995年3月撤乡建镇。撤乡建镇前为高公乡。1993年，在金屯村肥田畈新建金屯集镇。1994年5月，高公乡政府迁至金屯集镇，1995年3月10日经省政府批准，设立金屯镇。镇政府驻地金屯，距市区19千米。全镇总面积103平方千米，辖金屯、高公、南坂、大塘、黄梅、焦坑、上马、周阳、枫岭、石岭10个村委会，112个村民小组，77个自然村，2019年年底全镇总人口22 478人。

周坊镇 周坊镇位于市北部边界，是赣东北革命根据地的发祥地，东与白田乡相连，南与泗沥镇、志光镇接壤，北与余江县、万年县交界。周坊是第二次国内革命战争时期赣东北革命根据地的中心区域。1951年，在周坊建了"贵溪县革命烈士纪念馆"，之后又扩建、整修。1995年，中共贵溪县委、县人民政府将该馆定为贵溪县爱国主义教育基地，中共鹰潭市委、市人民政府将该馆定为学校道德教育基地。2003年，国家拨款在周坊村呈表墩重建纪念馆，占地面积为2 360平方米，设5个展厅。1995年3月，撤乡建镇。2001年撤销古港乡，划归周坊镇，镇政府驻地周坊，距市区37千米，距鹰潭市区39千米，全镇总面积为205平方千米，辖长塘、胡家、神前、岭脚、周坊、高门、河上、吕家、三丫、杨家、库桥、古港、裴源、上黄、横岭15个村民委员会，191个村民小组，115个自然村。2019年年底全镇总人口为43 278人。

塘湾镇 塘湾镇位于市南部，东邻金屯镇、文坊镇，南接冷水镇、耳口乡，西连上清镇、彭湾乡，北与罗河镇、雷溪镇毗邻。镇政府驻地塘湾，距市区25千米。全镇总面积为192.4平方千米，辖大桥、白果、古塘、金源、山坑、唐甸、芦甸、塘湾、高畈、港西、赛前、江坊、财源、东港、上祝15个村民委员会，212个村民小组，212个自然村和1个居民委员会。2019年年底全镇总人口为38 192人。

鸿塘镇 鸿塘镇位于市西北边界，东连志光、周坊镇，南接月湖区夏埠乡，西与余江县锦江镇、画桥镇毗邻，镇政府驻地鸿塘，距市区37千米，距鹰潭市区14千米。1993年3月，撤鸿塘乡，建鸿塘镇。2001年11月，撤塔桥镇，划归鸿塘镇。全镇总面积为116平方千米，辖毫岭、陵家、富岗、卢宋、茄卜、付家、洋塘、红山、凉山、黄柏、界牌、基塘、港口、横田、塘湾、郑家16个村民委员会，122个村民小组，110个自然村。2019年年底全镇总人口为42 968人。

文坊镇 文坊镇位于市东南部，东与樟坪畲族乡相邻，南与冷水镇相连，西与塘湾镇接壤，北与金屯镇毗邻，东北与弋阳县、铅山县交界。1993年3月，撤文坊乡，建文坊镇。镇政府驻地文坊，距市区36千米。2001年，撤西窑乡，划归文坊镇。2002年，文坊镇黄思村、太源村民小组划出，归樟坪畲族乡。全镇总面积为245平方千米，辖1个居民委员会和文坊、虹桥、吊桥、花桥、坛石、斗楼、濠水、票上、天华山、岭西、塘头、沙垄、东际、西窑、詹源15个村民委员会，257个村民小组，154个自然村。2019年年底全镇总人口为29 176人。

志光镇 为了纪念在攻打夏家岭炮台中牺牲的红十军团长龙志光，1933年闽浙赣省第二次工农兵代表大会提议改贵溪县第七区为志光区。新中国成立后，该区先后称志光区、志光公社、志光乡、志光镇。志光镇位于市西北部，东邻泗沥镇、滨江镇，南接鹰潭市月湖区，西连鸿塘镇，北与塔桥园艺场、周坊镇毗邻，镇政府驻地古城岗，距市区24千米。1993年3月建镇。全镇总面积为98平方千米，辖12个村民委员会，96个村民小组，96个自然村。2019年年底全镇总人口为30 037人。

冷水镇 冷水镇位于市南部边界，东邻双圳采育林场，东南与福建光泽县和江西资溪县交界，西连耳口乡，北与塘湾镇、文坊镇毗邻。1993年3月撤乡建镇，镇政府驻地冷水坑，距市区55千米。冷水镇是江西省9个边际镇之一，南距资溪县城45千米。全镇总面积为155平方千米，辖麻地、冷水、富庶3个村民委员会，23个自然村，26个村民小组。2019年年底全镇总人口为5 383人。土地革命战争时期，中共贵南县委机关、县苏维埃政府驻地冷水坑，隶属中共闽赣省委，是中央苏区的组成部分。

流口镇 流口镇位于市东部，东与弋阳县圭峰镇接壤，西与雄石街道、雷溪镇相连，南邻金屯镇，北与市区隔江相望。1995年3月撤乡建镇，镇政府驻地在新溪村流口村小组，位于320国道边，距市区4千米。全镇总面积69平方千米，辖新溪、板桥、细叶、双岭、盛源、官庄、横路、李源8个村民委员会，151个村民小组，79个自然村。2019年年底全镇总人口为22 227人。

滨江镇 滨江镇位于市中部，镇域地处市近郊，交通十分便利。东连河潭镇，南接罗河镇、雄石街道，西邻志光镇、鹰潭市月湖区，北与泗沥镇毗邻，东南与弋阳县以信江为界。2001年将原金沙乡并入滨江乡。2012年1月撤乡建镇。镇政府驻地浮桥村内。全镇总面积为125.4平方千米，辖12个村民委员会（柏里、洪塘、铜都、黄坑、江南、浮桥、金沙、流岭、婆桥、山背、江北、西洋），211个村民小组，165个自然村，共9 163户。另辖一个滨江社区，管理庞源、其桥、苏门3个小组。2019年年底全镇总人口为47 343人。滨江镇是鹰潭市东南郊重要的对外门户，区域优势明显，经济发展迅速，驻市企业如江西铜业公司、贵溪冶炼厂，重大产业基地如贵溪经济开发区、鹰潭市（贵溪）铜拆解园区等均位于镇内。

天禄镇 天禄镇位于市西南部，南接龙虎山镇，与余江区毗邻，东北靠鹰潭市区，乡政府驻地天禄村黎家组，距市区28千米。2012年1月撤乡建镇，由原"余家乡"更名为"天禄镇"。全镇总面积为126平方千米，辖余家、滴水、罗湾、天禄、口上、球源、坝上、孟青、畈上、流桥、庄源11个村民委员会，117个自然村，202个村民小组，2019年年底全镇总人口为27 377人。天禄镇毗邻国家级风景名胜龙虎山景区，景区内山地多为丹霞地貌，为龙虎山余脉，有香炉峰、狮子岩、清代古城堡等旅游景点。

雷溪镇 雷溪镇位于市中部，东交流口镇，南接金屯、塘湾两镇，西连罗河镇，北邻雄石街道，镇政府驻地鲶桥村，距市区11.4千米。2015年8月，撤销雷溪乡，设立雷溪镇。全镇总面积为44平方千米，辖张桥、南山、雷溪、端港、鲶桥、富港、罗塘、重文、八甲9个村民委员会，53个自然村，2019年年底全镇总人口为22 205人。

上清镇 上清镇位于市西南部，东交塘湾镇和耳口乡，西连龙虎山镇，南北邻上清林场，西南接金溪县。下辖府前1个居民委员会，上清、汉浦、渐浦、桂洲、城门、沙湾、历山、泉源、泥湾、通桥10个村委会，74个自然村，98个村民小组，2019年年底全镇总人口为21 405人。上清镇以"中国道教发祥地"而闻名天下，其历史绵延了1 900余年。上清镇是中国道教29个福地之一，系中国历史文化名镇、2019年度全国综合实力千强镇。现由龙虎山风景旅游区管委会代管。

龙虎山镇 龙虎山镇位于市西南，东交上清镇、彭湾乡，南邻金溪县，西接余江区，北接天禄镇。原名鱼塘乡，1990年撤乡改镇，更名为龙虎山镇，驻张家。全镇面积110平方千米，辖龚店居委会，鱼塘、西源、龙虎3个行政村。2019年年底全镇总人口23 798人。该镇是国家级风景区，5A级景区，国家地质公园，全国文物保护单位所在地，素有"神仙都所""人间福地"之誉，有千古之谜的崖墓葬群、源远流长的道教文化，有99峰、24岩、108处自然人文景观。现由龙虎山风景旅游区管委会代管。

行政乡

彭湾乡 彭湾乡位于市西南部。东连塘湾镇，南接上清镇，西邻天禄镇、龙虎山镇及上清林场，北交罗河镇。乡政府驻地彭湾村，距市区27千米。全乡总面积65平方千米，辖星明、彭湾、白庙、溪源、小岭5个村民委员会，82个自然村，2019年年底全乡总人口13 040人。

白田乡 白田乡位于市东北部，东北部与弋阳县中畈乡接壤，东南与河潭镇相邻，西南与泗沥镇相交，西北紧依周坊镇。乡政府驻地中葛村，距市区32千米。全乡总面积88.6平方千米，辖姚家、白田、行马、北山、裴家、甘苏、港黄、小田、蓝田9个村民委员会，59个自然村，2019年年底全乡总人口18 976人。

樟坪畲族乡 樟坪畲族乡位于市东南端，地处武夷山西麓，与福建光泽县、江西铅山县交界。2001年11月，撤销双圳乡，划归樟坪乡；文坊镇太源村民委员会并入樟坪乡。乡政府驻地樟坪，距市区58千米。全乡总面积122平方千米，辖樟坪、黄思、太源、双圳、西排5个村民委员会，55个村民小组，2019年年底全乡总人口3 965人，其中畲民1 100多人。曾荣获"江西投资环境最佳乡（镇）""首届江西十佳环境优美乡（镇）""全国环境优美乡""全国民族团结进步模范先进集体"称号。

耳口乡 耳口乡位于市西南部，泸溪中游，东与塘湾镇一山相隔，南与冷水镇一水相连，西与金溪县、资溪县毗邻，北与上清镇接壤。乡政府驻地大港下，距市区70.8千米。全乡总面积184平方千米，有耕地753公顷，林地11 333公顷。辖耳口、莒莆、圳上、南港、梅潭、横港6个村民委员会，76个村民小组，57个自然村，2019年年底全乡总人口10 984人。

林垦园艺场

塔桥园艺场 塔桥园艺场位于市北端，与余江区、万年县相接，东与周坊镇长塘村接壤，南与志光镇塔桥村、硬石岭水库毗邻，北与鸿塘镇毫岭村共畈，场部驻毫岭村，距市区40千米，距鹰潭市区29千米。总面积593公顷，其中果园337公顷。人口来自全国13个省、市、自治区。职工总人数971人，其中在职职工606人，退休职工365人。有两江移民9户37人和大中型水库移民37户147人。

三县岭营林林场 三县岭营林林场位于市北端，西北与万年县相邻，东北与弋阳县交界，东南邻白田乡，西南连周坊镇，场部驻中元岗，距市区37千米。下辖李家门、大禾源、杨前岗分场，职工635人，其中在职职工477人，退休工人158人，管理人员30人。林场总面积为2 006公顷。

耳口采育林场 耳口采育林场位于市西南端，地处武夷山支脉、长江流域信江水系一级支流泸溪河地区，坐落在耳口乡行政区内，与资溪县、金溪县交界，东北与上清镇相依，场部驻耳口曾门洲，距市区70千米。下辖耳口、九龙2个分场。全场土地总面积5 933公顷。

西窑采育林场 西窑采育林场创建于1971年3月18日，属自主经营、自负盈亏的国有森工企业。林场位于市东南部，距市区50千米，东与铅山县毗邻，西接金屯镇，南与文坊镇交界，北与弋阳县相连。林场驻地西窑，辖一个分场和一个村小组。林场职工大部分来自贵溪市，极小部分来自浙江、安徽两省。现有在职职工102人，专业技术人员17名，退休人员93名。

冷水采育林场 冷水采育林场位于市南端，与省内资溪县、福建光泽县交界，西邻冷水镇，北毗文坊镇、塘湾镇。场部驻冷水坑，距市区53千米。下辖冷水、茶山、桂港、饶源4个分场。全场549户、2 579人。现有职工850人，其中在职职工369人，离退休职工481人。全场经营土地总面积为9 973公顷。

双圳采育林场 双圳采育林场位于市南端，地处武夷山脉中西段，南与福建省光泽县接壤，东邻铅山县天柱山垦殖场，西连冷水林场，北与文坊镇、樟坪畲族乡相连。场部驻双圳，距市区57千米。下辖上山、西排、黄沙3个分场。全场职工为396人，其中有退休职工239人。

河潭埠垦殖场 河潭埠垦殖场位于市东北部，东与弋阳县相邻，西与泗沥镇接壤，南临信江，北与河潭镇泗塘、花屋、横山、丰田等村民委员会相互穿插。场部驻河潭埠，距市区12千米。下辖王前庙、大马岗、圳畔、孙家塘、良种加工场5个分场。垦殖场总面积为12平方千米。

第二章 环境资源

第一节 自然环境

山岭

贵溪市内的山地丘陵分属武夷、怀玉两大山脉。

武夷山脉之中段呈北东（NE）走向，蟠结于市南边界。群山耸立，峰峦重叠，盘踞市内200平方千米，自成天然屏障，多为省、县边界和分水岭。其间千米以上的山峰达21座，海拔1 540.9米的阳际峰为全市最高点。

怀玉山脉东支以北东东（NEE）走向绵延于市境北端。山脉蜿蜒至此，山势渐减，切割较浅，市内怀玉山余脉仅有千米以下的低山。贵溪、万年、弋阳交界的三县岭，海拔700米，为市境北乡最高峰。

市内南部山岭海拔排名前五的，依次为阳际峰、青茅境、鳜鱼峰、唐家山、天华山。阳际峰占地约6平方千米，主峰海拔为1 540.9米；青茅境占地约4平方千米，主峰海拔为1 492米；鳜鱼峰主峰海拔为1 413.1米；唐家山占地约6平方千米，主峰海拔为1 403米；天华山旧名天花山，占地约2平方千米，主峰海拔为1 389.9米。

市内北部山岭海拔排名前五的，依次为三县岭、龙窟山、大杨梅尖、大茅岭、神台山。三县岭旧称三尖山，为贵溪、万年、余江县界，占地约

8平方千米，主峰海拔为700米；龙窟山为贵溪、弋阳县界，占地约7平方千米，主峰海拔为685米；大杨梅尖占地约3平方千米，主峰海拔为617.2米；大茅岭占地约1平方千米，主峰海拔为572米；神台山旧称神山、自鸣山，约7平方千米，主峰海拔520.7米。

河流

贵溪市山岭环峙南北，信江横贯东西，故源于南北山地之溪流多随地势汇集于中部，形成以信江河谷为排水出路的树状径流水网。市内信江支流有11条。

信江又名上饶江，古代称馀水，后因设信州而得名"信江"，为江西省五大河流之一。贵溪市内信江由弋阳县西流至河潭埠，始交贵溪境。折向南，界于弋阳、贵溪间。至流口则离弋阳而西入贵溪，于市东侧受阻，稍折而南，复西流随即转北，遂有绕城东、南、西三面之势。于滨江镇柏里再行西流，北岸的滨江镇、志光镇隔水与鹰潭市区相望。至石鼓渡南入月湖区，于几近市中心处又环转西北流，再交贵溪，为其与余江区的界河，至枧溪刘家则离贵溪而去。市内信江干流古称芗溪，因城南江岸白芒洲古产郁金香草（"芗"同"香"）而得名。

信江流经市内共长60千米（其中界河长40千米），平均坡降为0.044%，多年平均径流深为1 050毫米，年径流总量为130.84亿立方米，平均河面宽达300米。江流水质好，可供饮食、工业、农田用水。江面常年可通航15~20吨的机帆船。

市内信江支流有须溪、流溪、西窑河、望古溪、白公河、上清溪、搜湖坑水、湖陵溪、箬港、惠安溪、硬石溪等，能通航的仅有须溪。

须溪据旧志载俗称罗塘河，因流经罗塘故称；水势迅速斯须，故名"须溪"。全长为72.8千米，平均坡降为0.30%，多年平均径流深为1 120毫米，年径流量为7.23亿立方米，流域面积为646平方千米，是市内信江最大的支流。花桥以下主流及金源水自古通舟，旧志载"县城材木百需，半数须溪所委输"。

气候

贵溪市属亚热带润湿气候区，气温偏高，光照充足，雨量充沛，无霜期长。其气候特点可概括为：春季温和，阴雨连绵；夏季炎热，汛旱分明；秋季温凉，降水稀少；冬季较长，初雪偏早。

市内地形复杂，地域性气候差异较大。总体划分以3月中下旬日平均气温稳定通过10℃之日至5月下旬为春季，约70天；自5月下旬日平均气温稳定通过22℃之日至9月下旬为夏季，约120天；自9月下旬日平均气温稳定低于22℃之日至11月下旬为秋季，约60天；自11月下旬日平均气温稳定低于10℃之日到第二年的3月中下旬为冬季，约110天。全市年平均气温为14.4℃~18.9℃，观测站年平均气温为18.4℃。因地处赣东北多雨区边缘，全市平均年降水量为1 600~2 100毫米。测站平均年降水量为1 861.5毫米。霜期短而无霜期长，平均无霜期为271天。

贵溪市气候宜人、雨量充沛、土壤肥沃，农业开发前景十分广阔，是全国商品粮基地、南方最大的早熟梨基地和江西省重点产材基地、长江防护林基地和国家储备粮基地。

第二节 自然资源

土地

据调查，全市土地总面积为249 279.22公顷。其中：耕地为53 556.29公顷，占总面积的21.48%，主要分布在罗河镇、周坊镇、志光镇、泗沥镇、鸿塘镇、河潭镇、滨江镇等信江沿岸及其支流的河谷开阔地带；林地为153 299.91公顷，占总面积的61.5%，主要分布在樟坪畲族乡、文坊镇、冷水镇、耳口乡、塘湾镇、金屯镇、彭湾乡、天禄镇、周坊镇、白田乡等中低山区；另有园地3 868.4公顷、草地3 378.7公顷、水域及水利设施用地13 791.06公顷、城镇村及工矿用地13 684.62公顷、交通运输用地3 524.71公顷、其他用地4 175.53公顷。

1993年后，根据国家政策规定，部分山坡地实行退耕还林。按照市委"南林北果中间菜"的农业发展战略，农业产业结构逐步进行调整。进入21世纪，贵溪市城市化、工业化进程加快，重点建设用地、交通运输用地大幅增加，土地利用现状变化明显。与1993年的土地详查数据相比，耕地减少了6 778公顷，减幅为11.23%；园地增加了965.45公顷，增幅为33.26%；林地增加了11 054.07公顷，增幅为7.77%；镇村及工矿用地增加了3 766.15公顷，增幅为37.97%；交通运输用地增加1 557.45公顷，增幅为79.17%；水域增加了2 234.52公顷，增幅为19.34%；未利用土地减少了15 550.13公顷，减幅为78.83%。

森林

森林类型：市内阔叶林分布于海拔300~800米处。主要分布在北乡三县岭、周坊，南乡双圳、西窑、樟坪、文坊、冷水、耳口、塘湾等地。其中还有大面积毛竹林，主要分布于双圳、西窑、文坊、冷水、樟坪、塘湾及耳口等地。在文坊、双圳、冷水等地还分布着大量珍稀树种，如国家一级保护树种银杏、伯乐树、南方红豆杉等。针阔混交林分布于海拔800~1 200米的山区和海拔300米以下的半山区及丘陵岗地，乔木树种不多，常见的有马尾松、木荷、枫香及壳斗科中的少数树种，而灌木及亚乔木居多。针叶林主要分布在海拔1 200米以上的高山，多为黄山松。海拔百米以下的丘陵岗地，大部分是马尾松纯林、湿地松纯林及杉木纯林，乃当地的主要能源林。

林木蓄积：2008年，贵溪市活立木总蓄积量为5 686 284立方米，全市竹林面积为 23 730.5 公顷，立竹量为 48 642 956 株，林木覆盖率达 60.67%。2000 年，国家根据森林发挥主导作用的不同，把森林分为两类，分别为生态公益林和商品林。据贵溪市区划界定，在 142 143 公顷林业用地中，重点（中央）和省级生态公益林面积为 58 160 公顷，占全市林业用地面积的 41%。

矿藏

贵溪市地处武功山—北武夷成矿带，矿产资源丰富。已发现各类矿产 37 种，矿床（点）60 处。查明有资源储量的矿产 20 种，保有储量在全国首位的是银，在全省前列的有铅、锌、铀和石膏，潜在经济价值在 2 000 亿元以上。已列入省矿产储量平衡表的矿种有银、铅、锌、金、石膏、高岭土、饰面用花岗岩和硅质原料等 12 种。

冷水坑银铅锌矿是目前中国最大的独立银矿床，经勘测，有银资源超万吨，铅锌资源 600 多万吨，黄铁矿 2 000 吨，并伴生有铜、金、镉等多种矿产资源。铁矿主要分布在金屯镇、耳口乡，矿体为沉积变质型，金屯乌石坑矿点见磁铁矿，333 级储量约为 20 万吨，平均品位为 30.7%，矿石由磁铁石英岩和条状磁铁矿组成。稀土矿主要分布在文坊镇、塘湾镇、耳口乡、冷水镇一带。石膏矿分布于流口镇、雷溪乡、罗河镇一带，是贵溪市的优势矿产之一。石灰石分布在冷水镇、文坊镇、金屯镇及鸿塘镇、塔桥园艺场等地。瓷土（石）矿主要分布在流口镇、文坊镇、塘湾镇等地。花岗岩主要分布在文坊镇、樟坪畲族乡、塘湾镇、冷水镇。硅石分布在周坊镇、志光镇、鸿塘镇。

水资源

贵溪市内流域面积在 50 平方千米以上的河流有 11 条，可谓河溪纵横，雨水充沛，水量丰富。其中最大的河流为信江，其次是泸溪、罗塘河、湖陵溪。1992—2000年，即使是干旱年，这四条河也未断流过。

全市有6座中型水库，239座小（一）型和小（二）型水库，以及数千座山塘水库，蓄水量每年都在2.6亿立方米左右。

贵溪市河流水能理论蕴藏量为23万千瓦，可开发利用的有22万千瓦。截至2008年，实际开发水电装机规模达29 885千瓦，占可开发量的26.57%。

第三章 红色印迹

第一节 革命故址

一、红十军指挥部旧址群（包括周坊红十军反"围剿"作战指挥部旧址、周坊红十军改编为红十一军旧址、周坊暴动方志敏指挥部旧址、周坊暴动黄道指挥部旧址等）。

（一）周坊红十军反"围剿"作战指挥部旧址：位于贵溪市周坊镇姜家源村，为当地郑氏宗祠，建于民国五年（1916），建筑面积为468.59平方米。2018年维修后保存较好，2018年3月被公布为江西省第六批省级文物保护单位。

1931年2月，蒋介石调集三个师兵力对赣东北革命根据地发动了第二次"围剿"。红十军在取得贵溪墩上徐家等战斗胜利后，4月8日，主动撤退到周坊，驻扎在神前姜家源村，军部机关驻郑氏宗祠。1931—1933年，红十军多次挫败国民党的"围剿"，至今姜家源村民房子的墙壁上仍有当年红十军八十二团留下的标语。1950—1954年，周坊有1680名革命烈士的灵位被供奉于姜家源村。

图 3-1　姜家源郑氏宗祠

（二）周坊红十军改编为红十一军旧址：位于贵溪市周坊镇神前村北面，为当地的鸣山庙，始建于东晋，现存建筑为清代道光年间重修，总建筑面积为1 120.8平方米。2015年维修后保存状况较好，2018年3月被公布为江西省第六批省级文物保护单位。1933年1月，为实现"赤化金（溪）资（溪）余（江）贵（溪），逼近南（昌）抚（州），切实打通赣东北"的战略意图，中央电令红十军改编为红十一军，南渡信江与红一方面军会师，参加中央苏区的第四次反"围剿"斗争。1933年1月21日，红十军各部在曾洪易、唐在刚、邵式平、周建屏的率领下，分头从葛源、上饶、万年、富林等地将部队开拔至贵溪，驻扎于周坊镇神前村，指挥部设在鸣山庙。当晚，方志敏在鸣山庙主持召开领导干部会，阐明了红十军改编与红一方面军会师的重要意义，进一步统一了思想，进行了改编。自此，红十军改编为红十一军。

图 3-2 鸣山庙外景

（三）周坊暴动方志敏指挥部旧址：位于贵溪市周坊镇神前墩上汪家村，为当地汪氏宗祠。旧址为清道光年间建筑，总建筑面积为 441.25 平方米，2018 年维修后保存状况良好，2018 年 3 月被公布为江西省第六批省级文物保护单位。

1929 年 5 月 26 日，方志敏、黄道等人到周坊察看地形，筹划革命大计，在周坊神前汪家宗祠召开了贵溪、余江、万年三县党员骨干会议。会议对前一阶段的工作进行了总结，决定以周坊为中心，全面开展农民运动：一是成立周坊暴动总指挥部，以黄道为总指挥；二是将暴动范围定为周坊附近十里内；三是决定将横行乡里且反对革命的恶霸周茂太四兄弟和门上周家的"三崽仂"等人处决；四是没收豪绅地主的粮食和浮财，废除各种契约；五是派游击队到大村庄协助农民革命团开展工作。周坊暴动方志敏指挥部旧址为研究近代革命历史提供了重要参考。

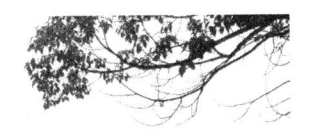

图 3-3　墩上汪氏宗祠

（四）周坊暴动黄道指挥部旧址：位于贵溪市周坊镇邵家，为当地邵氏宗祠，建于清代晚期，现仅存前厅（戏台）部分，建筑面积为255.47平方米，2015年维修后保存状况较好，2018年3月被公布为江西省第六批省级文物保护单位。

1929年6月6日晚，周坊暴动总指挥黄道在邵氏宗祠宣布暴动决定，揭开了周坊暴动的序幕。农民革命团在黄道的领导下以及中共横峰县委书记邵式平率领的红军支援下，一举粉碎了神前团练，消灭了土匪恶霸武装，处决了横行乡里且反对革命的恶霸周茂太四兄弟和门上周家的"三崽仂"，废除了各种不平等契约，取得了周坊暴动的胜利。周坊暴动打响了贵（溪）余（江）万（年）起义的第一枪，揭开了贵余万农民革命斗争的序幕。参加暴动的农民革命团后编入1930年7月成立的红十军。

图 3-4　周坊邵氏宗祠

二、岭西贵南特委旧址：位于贵溪市文坊镇岭西村黄坂组。整栋建筑坐北朝南，始建于清朝末年，原为黄氏老宅，建筑面积为 300.96 平方米，木结构，穿斗式梁架，缸瓦屋面，悬山顶。为区市级文物保护单位。

图 3-5　黄氏老宅

1933 年 3 月，在黄道的领导下，闽赣苏区得到迅速发展。根据革命发展形势需要，1933年8月，经闽赣省委研究，成立贵南县苏维埃政府岭西第三区委，下辖岭西、饶源、洞源3个乡，区委主席为郑庆云，区委机关驻岭西村黄家组黄氏民宅。

三、上清红军会师旧址：位于上清镇李家弄，包括上清红十军驻地、红一方面军医院旧址两处文物点。红十军驻地原为李家大屋，位于上清镇李家弄37号，为清末建筑，建筑坐北朝南，偏西10°。旧址由门厅、前厢房、前天井、前堂、中厢房、中天井、后堂、后院落等部分组成，总占地面积为485.57平方米，建筑面积为692.57平方米。红一方面军医院旧址原为蔡家私宅，位于上清镇李家弄13号，为清代建筑，坐北朝南，偏西15°。旧址总体呈长方形，由门厅、前厢房、前天井、前堂、后厢房、后天井、厨房等部分组成，总占地面积为282平方米。为区市级文物保护单位。

图3-6 李家大屋

1933年年初，中共苏区中央局电示，为了打通闽浙赣苏区与中央苏区的联系，集中两大苏区力量，粉碎国民党军对中央苏区的第四次"围剿"，开辟新苏区，实现江西全省的胜利，中央红军与闽浙赣红十军在贵溪县信江以南会合。1月22日,朱德总司令、彭德怀军团长率红三军团进入上清镇。1月24日,红十军经新田、彭湾、小岭,到达上清,中央红军与闽浙赣红十军在上清胜利会师。会师后,按照中共中央革命军事委员会命令,红十军整编为三十二、三十三两个师,与原属一方面军的三十一师合编为红十一军,归属中央红军系列。

上清红军会师这一革命历史事件,是中国革命事业的重要组成部分,上清红军会师旧址是中国革命军队建制变化的实证,具有重要历史价值。

四、红三军团第三十一师指挥部旧址:位于贵溪市耳口乡梅潭姚家村姚氏宗祠,始建于清康熙年间,总建筑面积为429平方米。为区市级文物保护单位。

图3-7 梅潭姚氏宗祠

1933年1月,为使红十军顺利与红一方面军会师,红一方面军总部派第三十一师前进至上清镇,并通过向鹰潭地带侦察,于19日晚发出了迎接红十军渡河的命令。20日,红三军团移驻上清附近,向贵溪、鹰潭、余江进行警戒侦察。为做好会师的准备工作,红三军团领导人彭德怀与三十一师领导人在耳口姚氏宗祠召开了军事会议，商议攻打上清。红三军团第三十一师指挥部旧址为研究近代革命历史文化提供了重要的参考。

五、资光贵中心县委机关旧址：位于贵溪市塘湾镇上祝村委会闽坑村小组詹氏民宅。建筑坐北朝南，建于清光绪年间，建筑面积为425.97平方米。为区市级文物保护单位。

图3-8 詹氏民宅

1936年5月，中共闽赣省委书记黄道派吴先喜、鲍永泉率四支队200余人到贵南寻找刘文学游击队，最后在贵溪闽坑会师。会师后，遵照中共闽赣省委指示，成立了中共资光贵中心县委，县委书记为吴先喜，副书记为刘文学（新中国成立后曾任上海警备区第三政治委员）、夏润珍（中共贵溪县委第一任书记）负责青委工作。县委机关驻地为詹氏民宅。

六、冷水红七军团机关驻地旧址：位于贵溪市冷水镇麻地村洞源村小组刘氏民宅。刘氏民宅为清晚期建筑，坐北朝南，总占地面积为372.94平方米。为县级文物保护单位。

1934年10月，红七军团奉命北上抗日，在途经贵南苏区时，将军团机关驻地设于刘氏民宅。屋内壁板上现存的多幅宣传标语，反映了共产党领导的工农红军坚决不妥协、不放弃的伟大革命精神，真实地再现了中国革命在特定历史时期的特性与工作重点。

图 3-9 刘氏民宅

第二节 纪念设施

一、贵溪市革命烈士纪念馆和周坊革命烈士纪念碑：贵溪市革命烈士纪念馆坐落在贵溪市周坊镇呈表墩山腰上。该馆原建在邵家村内，由江西省首任省长邵式平亲自选址，1952年第一次兴建，是全国第一批建设的革命烈士纪念馆。2003年重新择址，在呈表墩修建，占地面积为2 210平方米，建筑面积为520平方米。纪念馆全方位展现了贵溪市革命战争年代的奋斗历程，叙说了周坊暴动、上清会师、贵（溪）余（江）万（年）革命根据地创立与建设的峥嵘岁月，真实再现了贵溪地区的战斗场景，全面记录了老一辈无产阶级革命家方志敏、邵式平、黄道、汪群、江宗海、邵忠、邵棠、夏润珍、赵梓明等的光辉事迹。为县级文物保护单位。

图 3-10　贵溪市革命烈士纪念馆

周坊革命烈士纪念碑于 1968 年兴建于呈表墩山顶，1995 年被贵溪县委、县政府定为县级爱国主义教育基地。2014 年 10 月，在原址重新修建；2015 年 3 月底，正式落成揭幕。纪念碑在原塔身周围浇铸混凝土，由花岗岩贴面砌成。碑身坐北朝南，碑身正面镌刻着毛主席手写体"人民英雄永垂不朽" 8 个苍劲有力的大字，碑身正下方描绘了周坊暴动后成立中国工农红军第七连的场景。碑身背面镌刻着贵溪革命历史简介，讴歌了贵溪人民在革命斗争中的伟大业绩和重大贡献，颂扬了革命先烈崇高的爱国主义精神、共产主义精神和革命英雄主义精神。为县级文物保护单位。

二、夏润珍烈士墓塔：位于原贵溪县老革命招待所后山，坐东朝西，建筑面积为 448 平方米。夏润珍于 1955 年 3 月 27 日因病去世，江西省人民政府于 1962 年追认夏润珍为革命烈士。为县级文物保护单位。

图 3-11　夏润珍烈士墓

夏润珍（1909—1955），贵溪县文坊镇岭西村人。1932年担任岭西村苏维埃主席，同年6月加入中国共产党，9月在闽北红军五十八团、闽北独立师团任事务长和党支部书记。1935—1938年，任建松政（建阳、松溪、政和）特委供给部长兼第三纵队总支书记。从1940年3月到1942年，在中共福建省委任管理科长、省委总务队政委兼机关总支书记。1943—1945年，任中共闽北特委委员，兼管军事、经济工作。从1946年到1948年7月，任中共闽西北地委委员，兼管民运工作。1948年7月，任中共南古瓯（南平、古田、建瓯）中心县委书记。1949年4月，任中共贵溪地委委员兼民运部长。1949年7月—1953年3月，任中共上饶地委委员兼中共贵溪县委书记。从1953年到1955年3月，任上饶地委城工部长。1955年3月27日因病去世。

三、白田乡革命烈士陵园：位于白田村白田组王子源山，修建于2014年，占地面积为20亩。有831名有记载的烈士、200余名无名烈士在园内长眠。这些烈士主要牺牲于土地革命时期。其中，年纪最小的是一名13岁的儿童团团员，职位最高的是时任贵溪、余江、万年县委书记兼中心县苏维埃主席的赵梓明烈士。

图 3-12　白田乡革命烈士纪念碑

四、四门山红色堡垒纪念碑：由中共贵溪县委、县人民政府于 1952 年 10 月建立，立于"贵溪县第一红色堡垒"原址，即今白田乡姚家村标溪组村南的岸泥山顶上（这一带山冈统称为四门山）。

碑高 5 米有余，为红石砌成的长方体。正面上部嵌有长方形大理石，镌刻大字"红色烈士纪念碑"；下部方形大理石上所刻文字为"永垂不朽　中共贵溪县委书记夏润珍敬题"。背面上部镌刻有 22 名烈士的姓名、性别、籍贯、职务、参加革命年月、牺牲时年龄、牺牲年月和地点；下部方形大理石上所刻文字为"英灵千古　贵溪县人民政府代县长郑占魁敬题"。还刻有文字"一九五二年十月建立　石匠黄良兴、方兴伯造"。纪念碑周围植有翠柏。

2004 年，当地村民多方筹资，又对纪念碑进行了修建，修建后的纪念碑更加雄伟壮观。

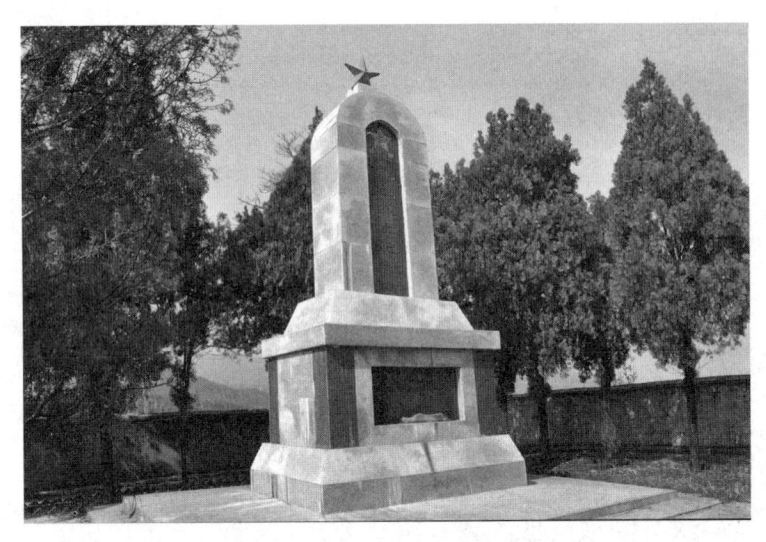

图 3-13　四门山红色堡垒纪念碑

五、岭西革命烈士纪念塔：由中共贵溪县委、贵溪县人民政府于1979年9月修建，地址在文坊镇岭西村三口组南面的狮子山顶。从山脚到塔底

图 3-14　岭西革命烈士纪念塔

砌有水泥台阶 90 级。1995 年，中共贵溪县委、县人民政府将其所在地列为爱国主义教育基地。

塔高约 8 米，坐西朝东，正面镌刻大字"革命烈士永垂不朽"。底座正面刻有"夏润珍同志简历"，其他三面刻有当地汪文庭、汪显成、黄金发、汪必阜等 31 名烈士参加革命的时间、地点、工作职务和牺牲的时间、地点。塔台为圆形，占地面积约为 50 平方米，由矮墙圈起，四周环植水杉。

附：贵溪市革命烈士纪念馆简介

距离贵溪县城 38 千米的周坊镇，四周高山环峙，中间田畴肥沃。在镇东南的呈表墩最高处，绿树掩映着周坊革命烈士纪念塔，塔下就是供奉着 5 600 多位烈士英灵的贵溪市革命烈士纪念馆。

中华人民共和国成立初期，时任江西省省长的邵式平多次回到周坊这块自己曾经战斗过的红土地考察，并在邵家村中央亲自选址，筹建了贵溪县革命烈士纪念馆。遵照江西省人民政府 1952 年 11 月 3 日通知要求，由中央拨款，贵溪县革命烈士纪念馆于 1953 年 3 月动工修建，并于次年开馆。该馆占地面积为 1 000 多平方米，建筑面积为 860 多平方米。

因原馆破损，且近年来参观人数剧增，2003 年在今址（呈表墩）重建新馆。新馆占地面积为 2 210 平方米，建筑面积为 520 平方米，并于 2004 年 4 月正式使用。

早在 1995 年，该馆已成为贵溪、鹰潭两级市的爱国主义教育基地。为更好利用红色资源，进行爱国主义教育，近几年来，该馆配备了专职工作人员 4 名（其中讲解员 1 名），完善了管理规章制度，提高了服务质量，制订了教育活动计划，不分节假日对社会各界免费开放，平均每年接待参观人数 5 万人次以上。

该馆内有记载的烈士为 5 639 人。馆内有老一辈无产阶级革命家方志敏、邵式平、黄道、江宗海、邵棠、邵忠、赵梓明等 50 多名烈士的遗像和事迹，以及第二次国内革命战争时期烈士们使用过的武器、生活用品和一些珍贵的革命文物。该馆还藏有一张贵溪县苏维埃政府签发的结婚证，全国罕见，尤为珍贵。

该馆外墙上有题词：发扬革命传统，争取更大光荣。进入馆内须拾级而上，迎面摆放的是贵溪市委、市政府等4套班子送的花圈。由馆左侧入内，历史画卷依次展开。沿着近百米的展览线向前，有马列主义第一次在贵溪传播的重要历史图片；有贵溪县第一个农村党支部——周坊党支部旧址照片；有反映周坊暴动过程的珍贵油画资料；有红十军的源头之一——红七连诞生过程的资料介绍；有方志敏、邵式平、黄道等老一辈无产阶级革命家亲自领导、在周坊降家坪成立的中共贵溪临时委员会旧址的珍贵图片；有命名志光镇的著名烈士、红十军团长——龙志光的生平事迹资料；有朱德、彭德怀、王稼祥率领的中央红军第三军团和赣东北红军第十军在上清会师的巨幅画卷和说明；有方志敏亲自指挥的奇袭关王殿战斗的简介和示意图，以及攻打夏家岭炮台、花屋大捷、湾头李家伏击战、夜战老虎岗等著名战斗的介绍。馆内还陈列着当年用过的响铳、鸟铳、挨丝炮、手雷、梭镖等实物，以及红军练兵和生活的照片。

英雄浩气贯长虹，光辉长照后人心。烈士英名永在，形象永远鲜活，将指引我们向前，建设富强、民主、文明的美好明天。

纪念馆内展品简介

进门后首先是悼念厅。正面墙壁上是红色绒布，上方和两侧饰以黑色绒布，毛泽东主席题写的"死难烈士无上光荣"8个金色大字相当醒目。下方是一排花圈和青松、鲜花。左边是毛主席的题词——"为人民而死，虽死犹荣"。边上还有一幅油画，描绘了革命志士临刑前的不屈。右边是周恩来总理的题词——"革命烈士们永垂不朽"。右边也有一幅油画，内容是控诉旧社会的罪恶。

从悼念厅左边进入展厅，在展览线起点上的是《前言》。据《前言》

介绍，毛主席在 1934 年曾高度称赞道："赣东北的同志也有好的创造，他们同样是模范工作者。"贵溪，是富有光荣革命传统的赣东北革命根据地的重要组成部分。土地革命时期，贵溪人民在方志敏同志的直接领导下，执行了毛主席的革命路线，坚决走井冈山革命道路，建立了党的组织，发起了农民暴动，开展了武装斗争，进行了土地革命，先后建立了以周坊为中心的贵北、贵南苏区。红军北上抗日后，克服了重重困难，坚持长期的革命斗争，终于迎来了 1949 年贵溪解放。

"为有牺牲多壮志，敢教日月换新天。"几十年来，贵溪人民在中国共产党和毛主席的领导下，同阶级敌人进行了长期艰苦卓绝的英勇斗争，为中国人民的解放和共产主义事业做出了重大的贡献。无数革命烈士献出了宝贵的生命，显示了赤胆忠诚、坚贞不屈的伟大襟怀和英雄气概。

为了缅怀革命先烈，继承先烈遗志，"发扬革命传统，争取更大光荣"，重修了贵溪市革命烈士纪念馆，概括介绍贵溪革命斗争史，重点展示各个历史时期有代表性的革命烈士的英雄事迹，以教育、激励我们世世代代永远高举革命先烈的伟大旗帜，在党中央领导下，把毛泽东、周恩来、刘少奇、朱德等老一辈革命家开创的无产阶级事业进行到底，夺取社会主义四个现代化建设的胜利！

接着是毛主席的题词："星星之火，可以燎原。"

展览主体内容共分为六个部分。

一、马列真理传贵溪

△油画：秘密聚会

△照片：第一个把马列主义传播到贵溪者——汪群

△照片：贵溪图书馆遗址

△照片：贵溪最早的农运者——江宗海

△照片：江宗海深入樟坪宣传马列的遗址

△油画：江宗海在樟坪

△油画：贫民夜校

二、革命征途党指路

△油画：农村第一个党支部成立，党员宣誓（1928年4月，贵溪县第一个农村党支部——周坊党支部诞生，使贵溪农民革命运动在中国共产党的领导下，走向有组织、有领导、有目的的新阶段）

△照片：周坊支部的创始人——邵棠

△照片：党支部成立地址

三、红旗卷起农奴戟

△照片：周坊暴动的总指挥——黄道

△照片：呈表墩

△油画：周坊暴动

△照片：红十军创始人——方志敏

△照片：红七连连部旧址

△展品：中国工农红军第七连军旗（复制品）

△油画：红七连在太上峰庙成立

△照片：第七连连部和练兵场旧址

△示意图：红军在贵溪作战的五大战例（共5幅示意图，关王殿战斗、花屋里战斗、獭家岭战斗、湾头李家战斗、老虎岗战斗各一张）

△油画：攻打夏家岭炮台

△照片：红色二分院旧址、红八连练兵场旧址等四张

△玻璃柜中陈列展品：过山龙土炮、三眼号铳、土铳、梭镖、大刀、长刀、木枪

△玻璃柜中陈列展品：手榴弹、木柄弹、迫击炮弹、子弹、小宝刀、竹签、地老虎、罐儿炮、地雷炮

四、红色政权建立起

△照片：土地革命歌

△照片：上山村的革命标语

△照片：姜家源的红军标语

△照片：贵溪县苏维埃第一届主席——邵忠

△照片：红八连驻地旧址

△照片：贵溪县委旧址

△油画：县苏维埃政权成立

△木刻画：打土豪分田地

△示意图：贵溪土地革命形势图

五、红军会师上清镇

△照片：上清会师领导者——邵式平

△照片：上清桂洲会师滩

△油画：上清会师

△照片：红军会师后进军闽北的贵南山路

△油画：送别

六、坚持斗争迎解放

△照片：游击斗争的领导者——夏润珍

△照片：夏润珍战斗的朗港山区

△油画：艰苦岁月

七、浩气长存烈士谱

△照片：方志敏肖像等5张

△油画：狱中

△油画：方志敏在苏区

△有代表性的50名革命烈士的照片和生平简介：包括在土地革命时期和在新中国成立后的剿匪斗争、抗美援朝、西藏平叛战斗、保卫鹰厦铁路、战备施工、追捕罪犯直至1992年7月抗洪抢险中牺牲的烈士。烈士依次为：邵式平、黄道、汪群、江宗海、邵棠、唐在刚、周建屏、邵忠、毕保厘、宋元生、胡林顺、赵梓明、夏润珍、龙志光、胡德发、郑秋莲（女）、张定忠、毕公事、赵百有、张桂清、夏仲仙、邵有道、汤维新、翁遇文、游兰香（女）、黄根来、丁贵凤（女）、邵金祥、裴太发、杨文翰、

陈祥长、赵锦辉、裴月山、江天辉、李福新、蔡金山、张良富、蒋春和、何雪廷、朱顶太、周秋林、江海棠、朱远华、陈小平、陈建东、黄美来

△油画：赵梓明三人英勇就义

△油画：四门山保卫战

△玻璃柜中陈列展品：土地使用证、土地完税证、结婚证、入社证、通行证，闽浙赣省苏维埃银行钞票、铜圆兑换票、银圆票、股票、临时借谷证，红军军衣符号、赤卫队袖章和符号、红军战士请假证，闽浙赣省委颁发的军事政治测验二等优胜奖章

△贵溪县各乡镇革命烈士统计表（合计5639名）

展览结束语：英雄浩气贯长虹，光辉长照后人心。千万先烈，为共产主义伟大事业英勇献身，在枪林弹雨中奋不顾身，冲锋不止；在白色恐怖下不屈不挠，斗争不息；面对严刑拷打，坚贞不屈；昂首赴刑场，大义凛然。英雄形象永活人民心中，光辉事迹永远激励前进。我们缅怀先烈，要学习先烈们为人民服务、为人民解放、为共产主义奋斗到底、同敌人斗争的无产阶级立场，密切联系群众、艰苦奋斗的作风，执行党的路线、英勇奋战、不怕牺牲的品德。

第二篇　血火征程

有着1 200多年建县史的贵溪，不仅有着深厚悠久的历史文化底蕴，还有着光荣的革命历史传统。在这块红土地上，革命先辈用鲜血和不屈谱写了一部部气壮山河的英雄史诗，为后人留下了一大笔值得永远学习和传承的伟大精神财富。

民国初年，贵南湖石农民张怀亮组织了洪江会，在冷水、耳口等地反抗暴政达三年之久；五四时期，深受革命思想影响的贵溪优秀青年汪群、江宗海等人主动钻研马列主义，不畏艰难困苦，在贵南、贵北传播革命真理，为即将到来的革命风暴和创建农村革命根据地播下了革命的火种。土地革命时期，在方志敏、邵式平、黄道等革命先辈的领导下，发起了周坊暴动并取得胜利，打响了贵余万暴动的第一枪，也为日后周坊成为贵余万苏区的中心奠定了基础，更为赣东北苏区拓展了纵横近百里的红色区域，使得赣东北革命根据地进入了大发展的全盛时期。

在贵溪这片红土地上，一北一南出现过两个由中国共产党领导的苏维埃县政权。一个是以北乡周坊为中心的贵溪县苏维埃政府，成为闽浙赣省的重要组成部分；一个是以南乡冷水为中心的贵南县苏维埃政府，属闽赣省，后成为中央苏区的一部分。贵溪人民为中国革命做出的重大贡献不可磨灭，贵溪人民敢于牺牲、勇于创造、争当模范的革命斗争精神值得我们发扬光大。

毛泽东在《星星之火，可以燎原》一文中指出："朱德毛泽东式、方志敏式之有根据地的，有计划地建设政权的，深入土地革命的，扩大人民武装的路线是经由乡赤卫队、区赤卫大队、县赤卫总队、地方红军直至正规红军这样一套办法的，政权发展是波浪式地向前扩大的，等等的政策，无疑义地是正确的。"这里提到的"波浪式"的政权发展，就是指方志敏在贵余万苏区的全面实践。

1949年5月4日，中国人民解放军二野第四兵团第十三军第三十七师第一一〇团在闽浙赣边游击纵队的配合下，解放了贵溪。5月6日，贵溪县召开了有5000人参加的庆祝大会，迎接解放。5月7日，南下干部支队第六大队第九中队100余人接管了贵溪县政权，成立了贵溪县人民政府。

第四章 参与大革命

第一节 成立贵溪青年社

1919年秋,在南昌省立第二中学读书的袁玉冰、黄道和贵溪籍青年黄在璇等8人,发起组织了以"改造社会"为宗旨的鄱阳湖社,1920年12月该社更名为"江西改造社"。1921年,贵溪青年汪群、江宗海、苏芬等11人先后参加了该社。时在省立一中就读的汪群在该社出版的《新江西》刊物上以犀利的笔锋发表了很多进步文章。1923年8月,汪群和汪伟兄弟俩同时参加了南昌地方团的组织,汪群任南昌地方团第三支部干事。

同年秋,汪群发起组织了贵溪青年社。该社的宗旨是:改造社会,振兴中华。青年社成立后发展很快,社员由最初的12人发展到30多人,最后发展到80多人。成员大部分是青年学生,也有少数小学教员。该社社员分布较广,贵溪、南昌、广州、北京等地都有,但以南昌居多。社址设在省立一中,理事(即负责人)为汪群。

贵溪青年社建立后,为了宣传马列主义,汪群、江宗海、杨庸(杨劲秋)、张石樵于1924年4月创办了《溪音》社刊,主编是汪群。刊名"溪音"形象地将贵溪青年社发出的"改造社会"的声音喻为涓涓溪水的微弱之音,当它走出山涧,汇集江河,归入大海,终要形成翻江倒海的巨大声浪。1925年,《溪音》易名为《贵溪青年》。尽管因资金及其他原因,刊物只时断时续地出了4期,但其所发文章受到了广大青年的欢迎。

贵溪青年社除了出版社刊外，还开展了一系列革命活动。其主要活动有：

举办平民夜校。1923年冬，贵溪青年社社务会议决定，寒假期间社员们回到家乡后，都应深入工农群众，进行社会调查，宣传马克思主义，启发群众觉悟。家在县城的社员，还要积极参加筹办平民夜校的工作。因时在年终岁暮，很多人都忙于自己的生活，只有少数有志求知的普通群众答应上夜校学习。开学那天，50多名手工业工人和商店学徒兴致勃勃地来到夜校，诉说了自己的不幸身世。后来，这些学员大多数都成了工会、农会的积极分子。

创办平民图书馆。1925年暑假，平民图书馆（原址在今市二小西边）在贵溪县城成立。它吸引着众多的青年来此读书，《共产党宣言》《共产主义ABC》《向导》《新青年》等进步书刊，引导不少青年走上了革命道路。

为济难会义演。1925年，"五卅惨案"引起了上海人民的极大愤怒，反帝民族革命运动迅速遍及全国，在南昌的贵溪青年社成员参加了省城的反帝示威游行。1926年春，青年社抓住社员回乡度假之机，组织家住县城的社员义演，演出由青年社社员杨庸、张石樵将莎士比亚的话剧《威尼斯商人》改编成《一斤肉》，连演数天，场场爆满，得票款120余元，汇给了上海中国济难总会。

第二节　建立中共贵溪支部

1925年5月，就读于北京大学的汪群经李大钊等人的教育培养，成为贵溪县第一个中共党员。在北京师范大学修业的江宗海和在北京大学一院旁听的杨庸也在同年下半年先后加入了中国共产党。

1926年夏，中共北方区委为了配合北伐战争，开展南方工农革命运动，选派了一批优秀的革命骨干到南方工作。汪群被分配回江西，先后担任了共青团江西省常委、中共江西地委宣传部长等职。8月，汪群受中共江西地委派遣，回原籍贵溪了解革命斗争情况和计划筹建中共贵溪支部。

一天晚上，汪群和杨庸坐在贵溪图书馆前面的操场草坪上，商量筹建共产党支部。经过谈话、考察，汪群认为黄慰民基本符合条件，接纳其为党员（但事后汪群有事返回了南昌，党员实际上还是2人）。10月，江宗海由北平归来，在贵溪县城老当铺（今儒学头弄附近）宣布正式成立中共贵溪支部，书记为杨庸，隶属中共江西地委。12月，地委升为区委，隶属中共江西区委。

中共贵溪支部建立不久，就接收了进步知识青年江咏南（又名江有汜）、江一鉴（又名江小珍）、程炘为中共党员，后又发展了李阳、龚相儒、张景福等人为中共党员，壮大了党组织。

1926年秋冬之交，北伐军向赣东挺进。以江宗海、杨庸为首的中共贵溪支部为迎接北伐军的到来，积极筹建国民党县党部，着手进行国民党县党部的组织工作。11月，由中共贵溪支部主持，在贵溪县图书馆成立了中国国民党贵溪县党部，共产党员黄导、杨庸、江一鉴、江咏南等均在党部内任要职。同时，在雄石、上清、冷水、周坊、花桥、塘湾等地也成立了国民党区党部。

第三节　开展工农运动

1926年12月，贵溪县总工会在县城赵公庙成立，负责人为张光华。次年春，在雄石、塘湾、上清、文坊、鹰潭等集镇，按行业先后成立了各行各业工会，全县工会会员超过3 000人。各地以工会中的积极分子为骨干，又组建了工人纠察队。工人有了自己的组织，向资本家展开了增加工资、减少劳动时间的斗争。1927年1月，贵溪县农民运动筹备委员会成立，负责人为江宗海。3月，各区也相继成立了农民协会。其中组织健全、活动经常的有14个，即县城附近的沙井头、中航渡，北乡的鲤塘江、三板桥，南乡的板桥、新田、樟槎、傅家、上清、冷水、茶山、塘湾龚家、港西、江坊。全县农民协会会员发展到1万人左右。在农村，农民协会掌握了部分政权，开展了减租减息的斗争，并在农忙季节组织了长工罢工，迫使地主增加了工钱。

土豪龚质轩是塘湾的大恶霸。在农会成立初期，他依仗龚姓是大族，处处和农会作对。为长工农群众的志气，灭恶霸豪绅的威风，塘湾农会和工会联合行动，团结教育了一批无产者入会，壮大了工农队伍的力量。同时，成立了清算委员会，决定清算龚质轩经管的会产。最终，不可一世的龚质轩落了个威风扫地、银铛入狱的下场。

接着，农会领导农民和封建势力集团展开了各种经济斗争。农会规定：在春荒期间，为了保障村民的粮食需要，保证春耕生产的顺利进行，不准米谷出县，不准高抬粮价，不准囤积居奇。由于农会势力强盛，地主豪绅不敢反抗，只能听从，这在一定程度上解决了农民的粮食问题。随着革命运动的发展，为了更广泛地发动群众起来斗争，破除封建迷信，铲除天师府这个封建堡垒便被列为当时革命的重要任务之一。1927年年初，农民自卫军开始酝酿一次攻打天师府的大行动，并要求省农民协会派人声援。1月，在国民党江西省第三次代表大会上，应共产党人的强烈要求，省党部同意了没收天师府财产的意见，并设立了"没收张天师财产委员会"，任命邵式平前往贵溪，指导农民开展反对张天师的斗争。

1927年1月，农民自卫军和上清的工人、农民、部分青少年学生，在中共贵溪支部的领导下，肩扛梭镖、土枪、锄头，手持大刀、长矛、木棍开进天师府，活捉了自称能呼风唤雨的天师张恩溥，清算了他利用道术欺压百姓的罪行，揭穿了他"撒豆成兵"的骗术，焚烧了符箓，砸碎了所有神像和几十个"藏妖"陶罐，封闭了10余间装满稻谷的粮仓，还收缴了鸦片烟枪、麻将牌等。

在江宗海的建议和主持下，1927年3月，中共贵溪县支部研究和部署了灭神运动，并以国民党县党部的名义召开了灭神动员大会。江宗海在会上做了反封建、灭鬼神的演讲，说明了世界上并没有鬼神。所谓鬼神，不过是统治阶级用来统治和愚弄人民的工具，要大家不要信鬼神，要相信科学，工农群众要团结起来主宰自己的命运。大会提出了"打倒菩萨！禁止烧香拜佛！各庙会财产归公！"的口号。大会结束后，立即开展了灭神运动。江宗海率领上千名农民、工人和学生冲进了县城城隍庙、青莲寺等6座庙宇，捣毁了所有的菩萨和神像。一时间，贵溪城乡寺庙宫观的大小菩萨一个不留地全部被打倒了。同时，动员妇女剪发和放脚，冲破了"宿命论"的束缚，挺身而出，敢于斗争。

第四节　革命运动受挫

1927年，蒋介石发动"四一二"反革命政变后，为巩固发展革命形势，揭露蒋介石叛变革命的丑恶面目，唤起民众推动革命斗争，4月底，共产党员邵式平以国民党江西省党部赣东北特派员的身份来到贵溪，主持召开了中共贵溪支部会。在会上，邵式平向全体党员做了关于政治形势与党的任务的讲话，并决定在5月7日召开反蒋大会和示威游行。

5月7日，天气晴朗。近千名工人、农民、市民和青年学生，有的荷锄持棍，有的操刀执矛，有的扛着反蒋漫画，有的举着反蒋标语，秩序井然地走进公共体育场（现市二小）内，把偌大的体育场挤得满满的。会上，特派员邵式平做了重要讲话，县农会负责人江宗海发表了演说，揭露了蒋介石的"四一二"反革命罪行。会后，农民扛着锄头、工人举起锤子和棍子游行示威，并捣毁了劣绅汪楚书（江西省参议员）的住宅。下午，部分农民协会骨干又到了张宿垣等人的家，把来不及逃跑的劣绅抓起来，关了一夜。

5月8日，李烈钧部吴都俊领兵两三百人经贵溪去上饶，突然窜进贵溪县城。当时，在贵溪的共产党组织领导人不知道这突发事变，还是照常进行革命活动。邵式平和张石樵等人正在天主堂（原市委院内，今擂鼓岭小区）内向中学生做形势报告，号召青年学生要关心国家大事，团结起来打倒蒋介石。江宗海因为牙痛去药店买药，由于有人告密，在解元坊同德堂药店门前被捕。当天，江宗海被押解到东门外十亩地，惨遭杀害。

在群众的掩护下，邵式平和张石樵离开了天主堂。邵式平跳下城墙脱险。随后，劣绅汪楚书伙同反动势力，到处搜捕共产党员和革命群众，工会、农会被破坏，白色恐怖笼罩了贵溪。支部书记杨庸，党员黄导、江一鉴、江咏南、程炘等外逃脱党，中共贵溪支部解体。

第五章　土地革命风暴

第一节　周坊暴动

1929年5月，周坊暴动的准备工作基本就绪，群众要求暴动的呼声越来越高。中共贵溪县委召开会议，研究了形势，认为暴动等条件成熟，可以举行暴动，并报告了中共信江特委。特委领导方志敏化装来到贵溪指导工作，和黄道等人研究如何发动农民革命团举行武装暴动等有关事宜，并在周坊村后太上峰庙中召开了一次党员骨干会议。

6月初，正当各地党组织发动农民、筹划暴动之时，地主豪绅也行动起来，他们一面指挥反动团练梭镖队到处威吓农民，一面到县城告密，说周坊出了"土匪"，要县长派兵捉拿共产党人黄道、邵忠等。岭脚底村为虎作伥的恶棍周茂太（外号"水蛇崽"）、周水太、周乌太、周禾太四兄弟和门上周家恶霸周铜山（外号"三崽伢"），也跳出来训诫农民，说"你们要安分守己，不要听信'谗言'，犯上作乱，不然大兵一到后悔莫及"。

情况一时变得异常紧张。恰在此时，邵棠在弋阳县不幸被捕、惨遭杀害的噩耗传来，周坊群众怒不可遏，要求立即"掀开"（指发动暴动）。黄道认为条件成熟，机不可失，立即召开三县中心县委会议，制订了暴动计划，轰轰烈烈的周坊暴动开始了。

1929年6月6日（农历四月二十九）晚上，农民革命团团员带着梭镖、鸟铳、马刀,颈上系着红布条,打着灯笼、火把,聚集在周坊畈背江家佬家。黄道宣布暴动决定后,农民革命团除了留下几人在厅堂,其余皆在江家佬家屋里屋外进行埋伏。半小时后,"水蛇崽"四兄弟被农民革命团团员请来"开会",会议开始后黄道讲了几句话,之后向两旁使了一个眼色,两旁人马上拔出手枪对准"水蛇崽"。农民革命团团员蜂拥而上,捉住了无恶不作的"水蛇崽"四兄弟。接着,黄道、邵忠派农民革命团到门上周家捉住了恶霸"三崽仇",然后召开群众大会宣布了"水蛇崽"四兄弟和"三崽仇"的罪恶。这五个恶棍受到了惩罚,被杀死在周坊畈背岗脚底。

杀死五个恶棍,揭开了周坊农民暴动的序幕。农民革命团团员在黄道领导下,乘胜一举粉碎了神前团练。同时,把周坊附近较大村庄的地主豪绅通通捉了起来。罪大恶极的邵书先企图反抗,当场被农民革命团团员斩首示众。附近村庄的地主豪绅听到周坊暴动的消息,个个吓得屁滚尿流,跪地求饶。农民革命团要求地主交出契据、租约、当票,并当场烧毁,同时平债分田、镇压反革命。

周坊暴动胜利后,当地农民革命团杀鸡宰猪,设宴相庆。在锣鼓喧天、鞭炮齐鸣中,周坊村举行了群众大会,焚烧了地主豪绅的田契、借据、账簿、典押,宣布成立村苏维埃政府,升起了象征解放的大红旗。贵溪的土地革命运动从此由秘密转为公开,震动了贵溪县城。

第二节 土地改革

在贵北苏区,土地改革前农村各阶层的土地占有状况为:占总户数93.57%的贫、雇、中农,仅占耕地的26.3%;而占总户数6.43%的地主、富农,却占有耕地的73.7%。农村土地集中在地主手中,农民受地主压迫和剥削,苦难深重,苏区农民迫切要求对土地所有制实行变革。

周坊暴动后，第一个苏维埃政府就提出了"平债分田"的口号，并在苏区农村实行"不交租，不还债，谁种谁收"的政策。随着苏区县、区、乡政权的建立，于1929年冬至1930年冬，在一、二、三、四、五、六、七等区先后进行了三次土地改革。1932年创建的第八区，系苏区的前哨，于同年春、冬也进行了两次土地改革。

土地改革中执行的路线和政策是：在阶级路线上，"依靠贫雇农，团结中农，反对富农，打倒土豪劣绅，消灭地主阶级"。农村划分阶级的政策规定是："无田或少田欠债受剥削的划为贫农；无田无地又无房，以出卖劳力为生的划为雇农；大部分耕种自己的田，不欠债基本够吃的划为中农；自己劳动有雇工和放债剥削的划为富农；靠收租和放债生活的划为地主。"根据这个路线和政策，中共贵溪县委、贵溪县苏维埃政府于1929年冬在所辖的七个区内进行了第一次土地改革。在土地改革中，没收地主、富农、反革命分子与祠堂、庙宇的土地；以村为单位进行平均分配；地主不分田和房，富农分坏田；红军家属、雇农分好田和好房；中农土地不动。1930年2月，方志敏来县视察，发现苏区土地改革政策中，对地主不分给土地，是不给生活出路的政策；对待富农不是限制、孤立的政策，而是与地主同样对待。这种做法偏离了中共信江特委的政策，促使地主、富农更加反动，外逃增多，个别中农对革命产生怀疑动摇。为了纠正这种偏差，方志敏在中共贵溪县第二次党代会上做了指示，并部署了第二次土地改革工作。

第二次土地改革工作于1930年2月中旬开始，在早稻插秧前结束。中共贵溪县委在第二次土地改革中，制定了新的土地分配政策：没收一切土地，进行重新分配；以乡为单位，以近为原则，由里向外分；土地分上、中、下三等九级，好坏按人口搭配分配；红军家属、雇农分好田；地主、富农分坏田；出生人口补田，死亡人口将田调回。以贫农团为核心，将土地分配政策张贴文告，广泛发动群众讨论。第二次土地改革纠正了第一次土地改革的缺点，但"没收一切土地，重新进行分配"属脱离实际、思想超前的做法，使私有观念较浓厚的农民难以接受，特别是侵害了中农的利益，使其更为不满。因此出现了争好田、瞒田、漏田等现象，加上时间短、春耕迫在眉睫，个别地方不得不草率"收兵"。

1930年冬，遵照中央苏区制定的"依靠贫农，团结中农，限制富农，消灭地主阶级，保护小工商业者"的阶级路线和信江特区苏维埃政府颁布的《临时土地分配法》，结合本县具体情况，又制定了第三次土地分配政策：没收豪绅地主、军阀官僚和其他私有主的土地及一切财产，同时销毁田契、借契，宣布一切高利贷债务无效；没收祠堂、庙宇及其他公共土地；在土地分配中，以原耕为基础，采取抽肥补瘦的方式，不分性别，土地按人口均匀搭配；军烈属有分得好田的优先权；对富农征收其多余的土地、房屋、耕牛农具等财物；对地主在没收其土地财产后，可分给其较坏的劳动田，但规定必须自己耕种；手工业者和乡村失业独立劳动者，根据其需要，在农民的赞同下，也可分得土地；老弱病残孤寡及无依无靠者，由苏维埃政府实行社会救济或分给土地、另行处理。

第三次土地改革以贫农为核心，充分发动群众学习、讨论土地改革的路线和政策，细致地丈量了土地，划分了土地等级，重新审定了阶级，等等。贵北苏区的第三次土地改革，既接受了第一、二次土地改革的经验和教训，又认真地贯彻执行了党的路线、方针和政策，满足了农民祖祖辈辈对土地的渴望。为粉碎国民党军的"围剿"和保卫胜利果实，翻身后的农民积极参军参战，使方圆百余里的苏区不断得到巩固和发展。

贵南苏区土地改革前的各阶层土地占有状况为：占总户数8.3%的地主、富农，占有耕地的80%；占总户数91.7%的贫、雇、中农，仅占有耕地的20%。苏区人民受封建土地所有制的压迫和剥削，生活在水深火热之中，渴望打倒土豪劣绅，翻身得解放。

1933年8月，贵南县苏维埃政府成立以后，立即成立了贵南县土地改革委员会，抽调区、乡干部，组织力量，在全县范围内开展了土地改革运动。土地改革划分了阶级，在全县4 800余户中，仅划定143户地主、256

户富农。至于贫、雇、中农的划分，未具体确定。在土地的分配上，以原耕为基础，没收地主、官僚、富农的土地，分给无地或少地的农民；贫、雇农和红军家属分好田，富农分坏田，地主不分田。贵南县苏维埃政府建立的时间不长，多处于游击战争状态。虽然土地改革运动未能全面实施，但这次翻天覆地的行动深深地铭刻在了农民心中。

第三节　红军建设

在贵溪苏区，1929年4月，黄道、邵忠在组织和领导周坊暴动前，从弋阳县苏区运来了6支步枪，秘密地组织了吕良生、华喜长等16名有阶级觉悟的进步青年，由罗鸣皋负责，在周坊太上峰庙里进行军事训练。当时，这支秘密游击队既是周坊暴动的唯一武装力量，又是之后组建的中国工农红军第七连的前身。随着周坊暴动的胜利，这支游击队经过了实战的锻炼，在农民革命团的配合下，于同年7月在桃源胡家战斗中一举歼灭了进攻周坊的贵溪县靖卫团，缴获步枪18支。

1929年8月，在成立贵溪县苏维埃政府的同时，又宣布成立了中国工农红军第七连，有步枪18支，战士36名，匡龙海任连长，并在太上峰庙里举行了建连大会。黄道在会上发表了讲话，同时宣布了六条军纪。同年11月，随着革命形势迅速发展，从国民党统治者手中夺得的枪支弹药不断增多，又在标溪汪家组建了中国工农红军第八连，有步枪80多支，战士120名，黄立贵任连长。到次年元旦，红七连、红八连遵照中共赣东北特委的指示，统一编入赣东北红军独立第一团。

1930年2月，中共贵溪县第二次党代会决定成立县游击大队，有队员30多人，步枪10多支，谭金才任队长。2月下旬，为提高战士的军事知识水平和作战能力，贵溪县苏维埃政府在周坊开办了游击队训练班。在战斗间隙，除集训县游击队以外，还从各区抽调了30名优秀青年集中进行训练，培养和造就了各区军事干部。10月，贵溪县游击大队发展到90多人，有60余支枪。中共贵溪县委决定将县游击大队改编为县独立连，陈雅南任连长，姚银才任连指导员。

1931年10月，赤卫军经过战斗的锻炼，不断地补充到县独立连，县独立连已扩编为两个连。中共贵溪县委在周坊河上宣布成立贵溪县独立营，有战士200多名，步枪180多支，编成3个连，程银桥任营长。贵溪县独立营当时是一支精锐部队，在各区游击队和赤卫军、少先队的配合下，多次阻击了国民党军的侵扰，保卫了苏区的安全。

1932年12月，为集中兵力粉碎国民党军的第四次"围剿"，遵照中共闽浙赣省委指示，将贵溪、余江、万年三县独立营统一合编，成立了贵、余、万三县独立团。全团有900多名战士，500多支枪，编成3个营，9个连。团长姓项，副团长为程银桥（别号"一撮毛"）。独立团成立不久，又将独立团编入闽浙赣省赤警师。1933年1月25日，邵式平、周建屏率领红十一军（由原赣东北红十军改编）与中央红军第三军团会师上清，随后将赤警师扩编为新红十军。1933年5月，贵溪县又重新组建了县独立营，并在县独立营下增设了地雷队、拉丝炮队。

1934年10月，方志敏率领抗日先遣队北上。在主力红军撤离后，贵溪苏区遭受国民党军的重重包围，处境艰难，到12月，贵北的四、五、六、七、八区先后陷落。为了打击敌人，恢复苏区，响应闽浙赣省苏维埃的号召，贵溪县苏维埃于12月30日在裴源将县独立营改编为挺进连。全连有100多人，70支枪，连长为程银桥，在县苏主席赵梓明的率领下，向沦陷的四、五、六、七、八区出击。红军在极端困难的情况下，发扬了顽强的战斗精神，运用了灵活机动的战略战术，智取敌堡，打了多次胜仗。到1935年5月初，挺进连已发展到140多人，110多支枪。因武装斗争的胜利，革命形势出现好的势头，于是又将挺进连改为精干连，由程银桥任连长，周加春任指导员。不久，连长程银桥带领排长周凤堂叛变投敌。为了紧急应变，赵梓明立即召开干部会议，研究对策。会议决定经由吞头山将部队撤回裴源横岭背进行整顿。次日清晨，大雾弥漫，当赵梓明率领部队走上棱角尖时，被叛徒程银桥带领的国民党军五十七师一个旅的兵力重重包围。经过一场激战，终因寡不敌众，赵梓明、宋元生、胡林顺等在突围中不幸被捕。贵北苏区因失掉了自己的武装，革命活动亦随之停止。

贵溪县在组建县级游击大队（独立连、营）的同时，还进行了区级游击队的组建。七区系灰白交界地区，地处贵溪、余江间的交通要道，对敌斗争激烈，国民党军常来骚扰。为保障群众的生命财产安全，于1930年1月在新家垄组建了区游击队。游击队一开始只有4支步枪，大部分使用梭镖、鸟铳等武器，人数不多。随着革命形势的发展，这支游击队逐步发展壮大为70余人的队伍；同年六七月间，第四、五、六区游击队相继组建。第六区游击队主要在河潭埠一带对信江过往船舶进行检查，故又名船舶检查组。第一、二、三区系巩固的苏区，游击队组建最晚，直到1933年10月才组建。第八区是1932年新开辟的苏区，地处对敌斗争前哨阵地，在区苏维埃政府成立时，就组建了游击队。

区游击队自诞生之日起，就成为苏区的一个独立作战单位，在战斗中机智勇敢，战功显著。第六区游击队在对信江上过往船舶的检查中，有一次把国民党军调运的一船布匹、食盐、子弹全部缴获。第七区游击队于1931年9月10日奇袭横田罗家，捕获了地主头目罗金山、罗秀山两人。1932年夏，第二、四区游击队联合行动，击溃了江背邹家的挨户团，缴获了步枪20支、驳壳枪3支。第八区游击队在队长万崇德的率领下，紧密依靠群众，在赤卫军的配合下，多次打击国民党地方武装挨户团和靖卫团。尤其是1933年7月，在龙岩峰战斗中，全歼了敌堡驻军，威慑了贵溪县城的国民党军。同时，区游击队还深入白区打土豪筹款，也出色地完成了任务。

在贵南苏区，1932年11月就秘密组建了100人的游击队，武器装备只有梭镖、鸟铳、土炮等。1933年8月，这支游击队被改编为贵南县独立营，有345名战士，140多支枪，胡佑民任营长。县独立营成立后，在文坊、岭西、花桥、高畈、东港、南源李家等地打了几次胜仗,军威大振。9月,国民党军以强大兵力围攻金溪、资溪、贵南苏区,为保存实力,贵南县、区、乡干部和县独立营一道,转移至贵、资边界的姚家岭、港东(两地原属贵溪县,1934年年底被划入资溪县)一带。1934年1月,他们与资溪和金溪的干部、游击队合编为一个营,下辖贵南一连、资溪二连、金溪三连。同年2月,独立营政委刘新友率营转战闽北苏区,在福建省崇安王坑将三县独立营改编入闽北军分区红军第五十八团。

贵南县4个区均于1933年8月组建了各区游击队,每区有游击队员80多人,在坚持游击战争和配合县独立营的作战中,发挥了牵制和打击国民党军的作用。

苏区的红军在作战中采取了方志敏拟定的"出敌不意、攻敌不备,声东击西、避实就虚,集中兵力、争取主动,打不打操之于我;扎口子、打埋伏,打小仗、吃补药,吃得下就吃,吃不下就跑"的战略方针,努力掌握战斗的主动权,因此在对敌斗争中往往能收到以弱胜强、以小克大的效果。在具体战术上,采取了以下几种形式:一是埋伏要道,截击敌军(扎口子);二是诱敌深入,埋伏截击;三是围魏救赵,敌军向革命区域进攻,我即进攻其老巢解围;四是避实击虚,打得赢就打,打不赢就走;五是黑夜扰乱敌营,如敌驻扎我革命区域,我晚间即派小部队去放枪扰乱,使其不得安眠,第二天如有可能就乘其疲而攻之;六是截击敌军交通线和粮食,使其得不到给养而退却;七是有时分散,有时集中,视敌人兵力大小而确定。

第四节　苏区党政建设

中共贵溪县委员会　1929年周坊暴动以后,贵北的土地革命由秘密转为公开,党的基层组织由1个支部发展到88个支部,党员已有500多名。遵照中共信江特委指示，贵溪县党组织于1929年8月在周坊邵家召开了中共贵溪县第一次代表大会。会上，选举产生了中共贵溪县执行委员会，有执委11人，常委5人，李上达为县委书记。县委下未设部的机构，委员大部分赴各区领导工作。会上还决定成立县苏维埃政府。9月，李上达调离贵溪，县委书记由方志敏兼任。自1929年8月起，到1934年10月止，中共贵溪县委会先后隶属于5个单位，即1929年8月至1930年6月，隶属于中共信江特委；1930年7月至1930年9月8日，隶属于中共赣东北特委；1930年9月9日至1930年12月24日，中共赣东北特委改名中共赣东北行动委员会，隶属于中共赣东北行动委员会；1931年8月，隶属于中共赣东北特委；1931年9月至1932年11月，隶属于中共赣东北省委；1932年12月至1934年10月，隶属于中共闽浙赣省委。

贵北苏区共辖8个区、75个乡，共有中共支部184个，党员2 835名。1929年9月，一、二、三、四区相继成立；11月，五、六、七区也先后建立；1932年1月，在信江两岸地区又开辟了第八区。

中共贵溪县第一区委员会　1929年9月在周坊邵家成立。有支部33个，党员800余名。历任区委书记为余川才、赵子龙、冯金福、徐永发、熊加里、宋万成、朱贵生、邵贵波。

中共贵溪县第二区委员会　1929年9月在大屋邓家（现属周坊镇）成立。有支部8个，党小组32个，党员800余名。历任区委书记为周拱柏、张邵平、周庆春、吴佐才、夏河水、徐耳金、胡庭辉、毕荣成、张德良、裴有志、程泉水。

中共贵溪县第三区委员会　1929年9月在三县岭裴源村成立。区委机关驻在行马桥（现属白田乡），后迁至白田毛家、苏湾、标溪丁家。有支部11个，党员400余名。历任区委书记为黄细堂、张文哉、周庆成、周金辉、周银山、余良宪、汪长久、宋海洲、陈启吉。

中共贵溪县第四区委员会　1929年9月在谢源（现属泗沥镇）成立。1932年区委机关迁至西坊。有支部21个（其中灰区支部11个），党员 105 名（其中灰区党员 55 名）。历任区委书记为刘大辉、周金辉、吴佐才、吴福明、程洪良、姚教才、李春生、周家春、赵子龙、宋金保。

中共贵溪县第五区委员会 1929 年 11 月在小田成立。区委机关驻泗塘周家（现属河潭镇），后迁至花屋叶家、桥头杨家（现属泗沥镇）。有支部 51 个，党员 315 名。历任区委书记为毕公事、赵伯有、吴佐才、张德良、方振、张文斋、夏河水、方保兴、徐永发、杨文开。

中共贵溪县第六区委员会 1929 年 11 月在里汪（现属河潭镇）成立。区委机关驻里汪，后迁至上邹、山里毛家。有支部 45 个，党员 215 名。历任区委书记为李风民、汪长久、周拱柏、夏河水、杨文新、饶进扬、徐汉太、陈光喜、李思清。

中共贵溪县第七区委员会 1929 年 11 月在新家垄（现属志光镇）成立。区委机关驻新家垄，后迁至杨源张家、皇桥何家（现属志光镇）、前山邓家（现属鸿塘镇）、牛石塘郑家（现属鸿塘镇）。有支部 15 个，党员 200 余名。历任区委书记为何映辉、周拱柏、汪长久、张天福、方德进、夏河水、江天辉、徐永发、李春生、陈祥长、毕荣成、刘宁贵。

中共贵溪县第八区委员会 湖塘张家战斗胜利后，中共贵溪县委为了巩固第二、第七区，向七董八孔开辟新苏区，打通通道，与贵南苏区连成一片，为此，将二区的邹家、西洋、赤溪、箬港、中湖山、山背李家和七区的里源、韦项等地划出作为基础，另行组建了第八区。1932 年元月，在蟠龙石李家（现属志光镇）成立中共贵溪县第八区委员会。区级机关先驻蟠龙石李家，后迁至西洋丁家（现属滨江镇）、山背源张家（现属泗沥镇）。历任区委书记为赵子龙、张艾生、邹水山。1934 年 2 月 14 日，该区在第五次反"围剿"开始时全部失守。区委实际存在的时间仅有两年零两个月，但作为贵北苏区的前哨，为巩固整个苏区起了重大作用。

中共贵南县委员会 为适应贵南苏区革命形势的发展需要，遵照中共闽赣省委指示，于 1933 年 8 月在冷水坑（现属冷水镇）召开了全县党、团员、村苏维埃主席和群众积极分子大会。会上宣布成立中共贵南县委员会，委员为刘新友、张炳旺、雷三和、李日亮、李日山、叶金太、丁荣生、韩冬州，由刘新友代理县委书记。县委下设3个部：组织部，部长先由刘新友兼任，自1933年9月起由张炳旺接任；宣传部，部长黄志高；妇女部，部长胡火兰（女）。全县辖4个区，18个乡，60多个村，人口约为15 000人。县委机关驻冷水坑，隶属中共闽赣省委。

9月，刘新友调离贵南，中共闽赣省委派张良兴任中共贵南县委书记。10月，张良兴执行"左"倾冒险主义的军事路线，强令贵南独立营到国民党统治区小岭乡南源李家（现属彭湾乡）打土豪筹款，结果损失惨重，不少战士遇难。尔后，中共闽赣省委派组织部部长刘炳龙到贵南县，宣布撤销张良兴的县委书记职务，调刘新友回贵南任县委书记。

1933年12月20日，国民党军陆军第五、二十一、七十九师，分三路围攻贵南苏区，在敌我力量悬殊的情况下，经过顽强战斗，为保存革命的有生力量，中共贵南县委和县苏于1934年1月撤离冷水坑，向资溪县转移，与资溪县游击队合编，组建了金资贵独立营，刘新友任营政委。贵南县委下辖4个区委（增设第四区，辖原3个直辖乡）。

中共贵南县第一区委员会　1933年8月在杨梅潭（时属贵溪县，次年划归资溪县）成立。吴其林、雷三和先后任区委书记。

中共贵南县第二区委员会　1933年8月在富庶岭成立。李日山、程福顺先后任区委书记。

中共贵南县第三区委员会　1933年8月在岭西（现属文坊镇）成立。叶金太任区委书记。

中共贵南县第四区委员会　1933年8月在冷水坑（现属冷水镇）成立。李冬州任区委书记。

中共贵余万中心县委员会　第五次反"围剿"失败后，为领导贵溪、余江、万年三县仅存的苏区，1934年11月，在贵溪三县岭成立了中共贵余万中心县委员会。委员为陈际厚、赵梓明、胡林顺、宋元生、宋海州、周荣生、闻春香（女），常委为陈际厚、赵梓明、胡林顺、宋元生。陈际厚为中心县委书记。县委设3个部：组织部，部长宋海州；宣传部，部长周荣生；妇女部，部长闻春香（女）。下辖万年县委、余江区委。贵溪县直接归中心县委领导，未设县、区两级组织。中心县委隶属中共乐河特委领导。

1935年2月，中心县委常委赵梓明探知裴源有国民党军进剿的情报，打算立即通报驻弋阳马鞍山的红军挺进师。赵梓明因忙于部署防务，便将情报告知中心县委书记陈际厚转达。陈际厚因对赵梓明有成见，未及时通报，致使挺进师在裴源战斗中损失较大。因此，组织决定将陈际厚停职审查。审查期间，陈际厚乘隙逃离苏区，后被国民党捕获，死于贵溪县监狱。中共乐河特委决定由赵梓明接任中共贵余万中心县委书记。

5月3日，赵梓明率领挺进连120多人（枪），攻打墩上徐家的（现属泗沥镇）民国政府驻军，回师上坊余家宿营时，挺进连连长程银桥以查哨为名，伙同排长陈凤堂、班长陈仁拓携带短枪2支叛变投敌。赵梓明发现后，立即集合部队转移到吞头山。第二天清晨，叛徒程银桥指引国民党军第五十七师一个旅的兵力，将吞头山重重包围，赵梓明指挥部队奋勇突围未果，腿部中弹，不幸被捕。中心县委23名干部，在岭家尖被捕的有21人。中共贵余万中心县委员会也因此解体。

贵溪县苏维埃政府 周坊暴动取得成功后，农民武装暴动风潮席卷了贵溪、余江、万年三县。东起弋阳边界，西迄余江锦北，南至泗沥，北至万年，全部变为红色区域，与弋阳连成一片。

1929年8月，在周坊邵家召开了贵溪县第一次工农兵代表大会。选举产生了7人主席团，宣布成立贵溪县苏维埃政府，邵忠当选县苏主席。县苏下设军事、土地、财政、文化四个委员会。县苏维埃政权建立后，立即领导全县人民平债分田地、打土豪筹款、开展武装斗争、深化土地革命和建立各级组织等。

1930年2月，在标溪夏家祠堂召开的贵溪县第二次工农兵代表大会，改选了县苏维埃政府领导成员，刘臣益当选县苏主席。会议决定增设惩治反革命委员会和裁判委员会。

1930年11月，在库桥祠堂召开的贵溪县第三次工农兵代表大会上，赵梓明当选县苏主席。会议决定增设交通委员会。自此以后，到1934年10月，赵梓明一直连选连任县苏主席。从贵溪县第五次工农兵代表大会起，县苏下设的各个委员会改称"部"。

由于战斗频繁，县苏机关驻地流动性较大：1930年1月以前驻周坊邵家，1930年2月迁驻库桥祠堂，1931年10月迁驻墩上汪邵（现属周坊镇神前村），1932年11月迁驻长塘祠堂，1933年7月迁驻三板桥。

贵溪苏区位于贵溪北部地区。它东连弋阳县，西接余江县，南临信江河，北界万年县。其版图相当于贵溪市现在的周坊镇、白田乡、泗沥镇、河潭镇的全部地区，以及滨江镇、志光镇、鸿塘镇的一部分地区，面积约为800平方千米。贵溪苏区全盛时期辖8个区，75个乡，共有28 520户、113 080人，耕地面积为281 505亩。游击区和灰区共有5 590户、26 795人，耕地面积为81 936亩。

贵溪县第一区苏维埃政府 本区系盆地，四面高山，土地肥沃，盛产稻米。西南和西北与余江、万年毗邻，是贵余万三县边区的中心和土地革命的发祥地。1929年6月初周坊暴动胜利后，成立了周坊苏维埃政府。6月中旬，小山嘴、桃源、高门、三板桥、河上、华湾、白沙岗等多个村庄暴动胜利，村村升起红旗，成立了苏维埃政府。12月，正式成立了区苏维埃政府。全区辖周坊、神前、库桥、小山嘴、桃源、高门、三板桥、河上、华湾、白沙岗10个乡，共有6 200户、24 600人。历任区苏主席为邵仁继、周明仁、杨绍有、吕登梅、周加启、程正生、程炉色、周满兴。区苏机关驻周坊邵家。

贵溪县第二区苏维埃政府 1929年9月，在墩上汪邵成立区苏维埃政府。全区辖墩上汪邵、桃源胡家、长塘、上下翁、中村邱家、龙溪、塔桥、白家畈、湖塘9个乡，共有1 730户、6 919人。历任区苏主席为叶春茂、刘多德、翁兆邦、朱贯生、叶茂喜、吴长生、郑寿发。

贵溪县第三区苏维埃政府 本区与弋阳毗邻。受弋阳革命的影响很大，革命活动与周坊同时起步。1929年6月13日开始暴动，因标溪夏家和白田两村封建势力较大，暴动受挫。黄道派方佩龙、廖仲海两人前去组织领导，农民革命团分别攻下了标溪夏家和白田村，革命很快打开了局面。1929年9月，在行马桥成立了区苏维埃政府。全区辖八都、裴源、白田、标溪、蓝田、小田、行马桥、甘苏、港黄、裴家、北山11个乡，共有4 106户、16 023人。历任区苏主席为夏学真、邵天喜、汪耀堂、毕寿成、金义生。

贵溪县第四区苏维埃政府 本区北靠周坊，南临信江，与白区接壤。邻近周坊的村庄革命起事早，于1929年6月成立了中共第四区委员会。接近白区的村庄革命较晚，因此区苏维埃政府直至1929年12月才在赤石杨家（现属泗沥镇）成立。全区辖站前、泗沥、周湾、西坊、新塘、中村、东洪、老底、郑家坊9个乡，共有3 950户、15 000人。同时还管辖上下蒋、洪家坊夏家、杨源叶家、童家塘、合盘石童家、鸬鹚湾罗家和何家、洪泉塘、李家塘、柏树里、印里石、邱古垄李家、水碓泉、洲上江家、石屋江家、东洪桥、桃源江、五都蒋家、野鸡坑、杨家山方家和邓家、上里头、九牛岗陈家、鲁家塘、三里塘等灰色村庄。历任区苏主席为李定国、毛贵彩、熊必太、宋海生、江登样、宋金保、江春太。

贵溪县第五区苏维埃政府 1930年2月，在圳畔上叶家（现属河潭镇）成立了区苏维埃政府。全区辖谢家、三毛、老屋叶家、老屋张家、荷山、花屋、茅岭、陈家坊、桥上杨家9个乡，共有2 846户、11 850人。历任区苏主席为葛水荣、张遇旺、罗普才、张金盛、翁杨林、宋金保、徐金火。

贵溪县第六区苏维埃政府 1930年2月，在丰田李家（现属河潭镇）成立了区苏维埃政府。全区辖河潭、九夏、楼岭、自古龙、柯余、丰田、桃源江7个乡，共有2 641户、10 500人。历任区苏主席为李黄金、徐辉成、李绅喜、邹良金、郑有忠、郑仁忠。第六区苏维埃政府同时还管辖马背邱家、官里源李家、何阮、簪岭埠倪家、大岩王家、大岩苏家、花园张家、钓鱼滩吴家、沙姑桥郑家和陈家、鸡笼石邓家和王家、满泥桥陈家和张家、东门外王家等600多个灰色村庄。

贵溪县第七区苏维埃政府 1929年11月14日，在塔桥（现属志光镇）成立了区苏维埃政府。全区辖水碓前、藏前、严家、炉东、皇桥、杨源、湖石、薯铺、毫源、太岭、西江、古城、麻塘、辛塘、板桥15个乡。1931年把薯铺乡划归余江管辖后，为14个乡，共有6 500户、26 000人。历任区苏主席为彭日明、郑普发、雷长才、姚教才、张新江、余喜发、李欢生、张富开、夏学贞。

为了纪念在夏家岭战斗中牺牲的龙志光烈士，1933年闽浙赣省第二次工农兵代表大会主席团提议，改贵溪县第七区为志光区。

贵溪县第八区苏维埃政府 本区地处第二、第七区南端，横跨金沙地区信江两岸，地势平坦，盛产小米、花生、芝麻，也产稻米。土地革命前，由于农田水利失修，常闹水旱灾害，加上地租苛重，捐税繁多，人民终年劳动却不得温饱。1932年1月，在珍田邹家（现属志光镇）成立了区苏维埃政府。全区辖邹家、西洋、赤歧、箬港、理源韦项、中湖山、山背7个乡，共547户、2 188人。历任区苏主席为叶茂水、邹水山、徐林生。

贵余万中心县苏维埃政府 1934年11月，在三县岭成立了贵余万中心县苏维埃政府，赵梓明任中心县苏主席。1935年2—5月，赵梓明任中心县委书记时，仍兼任贵余万中心县苏主席。县苏下设7个部：军事部，部长为周加启；土地部，部长为朱茂龙；财政部，部长为胡林顺；内务部，部长为蔡金山；劳动部，部长为陈留太；监察部，部长为吴德雨；裁判部，部长为宋元生。另设1个局：政治保卫局，局长为李咸清。1935年5月4日，赵梓明不幸被捕，中心县苏维埃政府停止活动。

贵南县苏维埃政府 遵照中共闽赣省委的决定，1933年8月在冷水坑成立了贵南县苏维埃政府。县苏由7名委员组成，李日亮、雷三和、吴时成先后担任县苏主席。下设6个部：军事部，部长为丁荣生；财政部，部长为李义德；卫生部，部长为项云辉；妇女部，部长为周保婶（女）；惩反部，部长为郑发良；裁判部，部长为郑东良。

贵南苏区因地处贵南部山区而得名，东南与福建省光泽县接壤，西南与资溪县、金溪县毗连，其区划相当于贵溪市现在的冷水镇、耳口乡全部地区和塘湾镇、文坊镇的部分地区，还有当时属贵溪县、1934年年底划归资溪县管辖的今马头山镇和马头山林场全部地区。贵南苏区面积约为800平方千米，辖4个区、19个乡，共4 800户，人口约为15 000人。

贵南县第一区苏维埃政府　1933年8月，在杨梅潭（当时属贵溪县，现属资溪县马头山镇）成立了区苏维埃政府。全区辖杨梅潭、湖石、饶桥、斗垣、前坑、昌坪、姚家岭7个乡。区苏主席为李山宝。区苏委员有：财政委员吴清，军事委员（名不详），土地委员张高兴。

贵南县第二区苏维埃政府　1933年8月，在富庶岭（现属冷水镇）成立了区苏维埃政府。全区辖富庶、港口、耳口、官桥、毛村5个乡。区苏主席为吴桥新。

贵南县第三区苏维埃政府　1933年8月，在岭西（现属文坊镇）成立了区苏维埃政府。全区辖岭西、饶源、洞源3个乡。区苏主席为郑庆云。

贵南县第四区苏维埃政府　1933年8月，在冷水坑成立了区苏维埃政府。全区辖冷水、麻地、茶山3个乡。区苏主席为吴连春。区苏委员有：财政委员郑水龙，土地委员（名不详），军事委员郑冬良。

第五节　教育、文化、卫生建设

教育　1930年1月，贵北苏区在周坊小山嘴创建了全县第一所列宁小学。后又在站前、泗沥、西坊各建一所列宁小学。到1933年年末，贵北苏区县设中心小学（由贵溪、余江、万年三县联办）于圆明书院旧址，相当于现在的完全小学。8个区共建4年制的初级小学和2年制的高级劳动小学29所。适龄儿童入学率为80%以上，在校学生4 000余人。列宁小学或劳动小学，规模较大的配备负责人1人，教员2~3人；规模较小的配备主教1人，助教1人。村劳动小学一般只配1名教员。同时，对成年业余教育，全县建立了工农补习夜校25所、识字班30个，并在凉亭、桥头、渡口等处设置了识字牌，利用多种形式帮助工人、农民在劳动间隙抓紧识字。教育事业的发展使延续千余年的私塾销声匿迹，苏区的少年儿童和青壮年普遍有了受教育的权利。

苏区各乡、村小学，大都是复式班，乡小开设1~4年级，村小开设1~3年级。课程有国语、算术、常识、音乐、图画、手工和游戏体操。县中心小学开设政治、国语、算术、常识、历史、地理、军事体操等课程。教材内容在"为提高广大工农群众的文化和政治水平，使文化教育为革命战争服务"的总方针指导下，废除了旧课本，由省苏维埃政府教育部统一编定了新教材。教材紧密配合了土地革命战争的需要，具有鲜明的时代性和革命性。

苏区各级苏维埃政府非常重视教育事业，加强了对教育的行政领导和业务管理。1930年1月，贵溪县苏维埃政府内设文化委员，专管教育行政。后又升格为文化部，首任部长为江源远。各区苏维埃政府均设文化委员，主管本区教育行政工作。关于业务管理，1931年8月成立了贵溪县教师联合会（简称县教联），设主任1人，具体管理教学业务。各区成立教联小组，设小组长1人，由教员兼任。各区每月开1次教育会议，会期1天，由县教联主任主持，区苏主席出席，全区教师参加，具体研讨教学业务，交流教学经验。

苏区师资培训，统一由省苏维埃政府规划安排。凡是当教师的，都要到省苏维埃政府创办的列宁师范及其附设的红色养成学校（后改为列宁师范教员训练班）受训。列宁师范校址在横峰县葛源村，红色养成学校设在葛源枫树坞，校长为余一之。胡德兰、缪敏、余少袭、潘式晶等都曾在这里任教，方志敏、邵式平等领导有时来校上政治课。学校开设政治、国语、数学、自然、音乐等课程。学员大都只读了几年私塾，因此受训结业时，要经过严格的考试。考试及格的发给毕业证书，次等的发给试教证，成绩太差的不准当教师。关于师资待遇，教员工资统一由省财政拨款。1930年前后，教员平均月工资为3元（银圆），全年以10个月计薪，平均年工资为30元。教员分四级，甲级教师年工资为32元，乙级教师年工资为30元，丙级教师年工资为28元，丁级教师年工资为26元（当时苏区物价：1枚银圆可买猪肉16斤或稻谷1石5斗）。1932年以后，教员工资改发苏区纸币，每月5元。

贵南苏区由于建立革命政权时间短，长期处于游击战争状态，因而仅有几所村劳动小学。

卫生 贵溪县苏维埃政府为增强工农兵的体质，根治传染病，于1931年1月在行马桥标溪汪家的丁家坞建立了工农药店和赣东北工农红色二分院。1933年1月，在神前邓家建立了县工农医院等医药机构。同时，开展了群众性的爱清洁、讲卫生运动。

文化 在"面向工农兵，为政治、生产服务"的路线、方针指引下，在方志敏亲自以贵溪武装暴动为背景编写《年关斗争》的剧本后，一个由工人、农民、战士自创自演自唱的文艺创作高潮应运而生。土地革命风起云涌，每逢激动人心的战斗场面，人们就把它写成歌舞或剧本到处演唱，如反映革命战争的歌舞《红军打贵溪》《红军打鹰潭》《红军来过年》《马刀舞》《团结舞》《红军歌》；反映革命和生产斗争的歌舞《革命歌》《播谷歌》《放脚歌》《农民舞》《劳动舞》《大生产舞》《分田分地真忙》等；反映扩红运动的《扩大红军》《武装上前线》《劝郎当红军》等。歌词内容既充满了新思想、新感情，又结构严谨，浅显明快，深受群众喜爱。苏区歌舞，振奋了人民精神，鼓舞了革命斗志，促进了苏区的巩固和发展。

在贵溪苏区，县里有赣东北工农剧团（亦名红色剧团），村村有俱乐部。赣东北工农剧团经常到各地巡回演出。而俱乐部则是群众的文娱活动中心，内有宣传队、慰劳队，红军一到哪里，哪里的宣传队、慰劳队就以歌舞相迎。苏区时期，群众性的大唱革命歌曲、大跳革命舞蹈的场景风行一时，上至六七十岁的老人，下至七八岁的儿童，常常在舞台上翩翩起舞。

第六节 反"围剿"失败和苏区沦陷

1930年12月，蒋介石在结束冯阎中原大战之后，立即调兵遣将，开始对各个革命根据地进行全国性的"围剿"。在对赣东北苏区的"围剿"中，蒋介石命令国民党军陆军第五师胡祖玉部、第五十五师阮肇昌部，由都（昌）、湖（口）、彭（泽）、鄱（阳）向乐（平）、万（年）、贵（溪）急进；新编十三师路孝忱部李坤团，由南昌经贵溪压向铅山河口。国民党军兵分三路进攻贵北苏区：第一路由夏家岭到塔桥，第二路由贵溪县城经泗沥到周坊，第三路由弋阳芳家墩到白田。企图包围苏区，寻找红军主力决战。红十军避实击虚，克上饶，取河口，占弋阳，歼灭上饶、玉山、铅山、广丰、横峰五县靖卫团和蒋军新编十三师李坤团，缴获了机枪4挺、迫击炮4门、长短枪400余支，子弹万余发。之后回师贵溪县，于1931年1月在墩上徐家歼灭了江西省警备第一团。而后又诱敌深入，于弋阳七星尖给敌五师一部以歼灭性打击，取得了第一次反"围剿"的胜利。

2月，蒋介石发动了第二次"围剿"。国民党军陆军第十八师补充旅1个团，于3月间孤军深入周坊，建造了碉堡。4月8—10日，红十军开赴贵（溪）、余（江），连续三日三仗，三仗皆捷。敌军被迫撤出周坊，原被敌占之四区和六区被收复，贵、余苏区巩固下来。5月，红十军在横峰何家坝，将敌驻军第九师全部击溃，胜利粉碎了蒋军的第二次"围剿"。

7月上旬，蒋介石发动了第三次"围剿"。国民党军陆军第五十五师李松山部、第四师徐庭瑶部、第七十九师王锦文部、第五十三师李韫珩部、戴岳独立第三十六旅共16团的兵力进犯赣东北苏区，其战略是"修筑碉堡，步步为营，合围进推"。20日，红十军在贵溪县花屋歼敌第五十五师一部，缴获了机枪3挺，步枪700余支，时称"花屋大捷"。是年年底，赣东北军民取得了第三次反"围剿"的胜利。

1932年6月上旬，蒋介石发动了第四次"围剿"。成立赣浙闽边剿匪司令部，赵观涛任司令，统率国民党军第五师周浑元部、第五十三师李韫珩部、第五十五师李松山部、第五十七师阮肇昌部、第七十九师王锦文部、戴岳独立第三十六旅及浙、赣保安团共36团的兵力，大举进犯赣东北苏区。红十军决定在敌兵力尚未全面部署之际，主动出击，打乱其部署。22日，邵式平等率领赤警师从周坊出发，去信江南岸游击，在贵、余交界处渡河时，截获了江西省政府派往贵溪的新任县长及其随行人员30余名。红十军与之相呼应，于次日在贵溪县湾头李家击溃了敌第五师一部，缴获了迫击炮3门、机枪3挺、步枪200余支。8月中旬，当红十军攻克余江县城时，国民党军3个团乘机占领了周坊。红十军和赤警师闻讯迅速回师，黉夜摸进周坊敌营。时国民党军正酣睡，红十军杀死国民党军三四百人，后因一红军战士枪走火，惊醒了敌军，部分敌军脱逃。10月初，国民党军第五十三师一、二团又乘红十军开赴闽北行动之机，复占周坊，大肆骚扰。中共贵溪县委采取群众武装与工事包围战术，组织群众作战队，并辅以赤少队，在周坊周围的白沙岗、岭脚底、东洲邱家、二堡城等地要道布设了竹签、地雷、虎箭、石头炮、松树炮、挨丝炮等武器。周坊白军每次出来行动，均被杀伤不少。同时截其交通，断其给养，使周坊困敌不仅油盐空乏，连米菜也严重不足。11月中旬，中央红军攻克资溪、金溪后，敌军见势不妙，仓皇撤离周坊。1933年元月上旬，贵溪县独立营捣毁了中村邱家敌堡。中旬，红十军在贵溪县独立营的密切配合下，围点打援，又摧毁了湖塘张家敌堡，并击溃了前来增援的国民党军两个团。

为了在信江南岸开辟新苏区，把中央革命根据地与闽浙赣革命根据地连成一片，消灭抚河敌人，争取一省数省的首先胜利，红十一军奉命南渡。由邵式平、周建屏率领，从周坊、神前、长塘等地出发，在箬港、杨家渡、潭头等地横跨信江，于1933年1月25日（农历除夕），在上清镇桂洲沙滩上与朱德、王稼祥、彭德怀等率领的中央红一方面军第三军团会师，之后红十一军被列入中央红军编制，开赴金（溪）资（溪）余（江）贵（溪），创立了信抚苏区，并牵制了进攻中央苏区的敌军之左翼，使红一方面军顺利地获得宜黄两次大捷，粉碎了国民党军的第四次"围剿"。由于第四次反"围剿"的胜利，贵北苏区扩建了第八区。贵南特区升格为中共贵南县委员会。

1933年10月17日，蒋介石发动了第五次"围剿"。国民党军赣浙闽边区警备司令部司令赵观涛驻上饶，指挥东、南、西、北四路军进犯闽浙赣苏区。其所属国民党军陆军第十二师唐淮源部驻河口，第二十一师梁立柱部驻横峰，第五十五师李松山部驻乐平，第五十七师阮肇昌部驻贵溪，补充一旅王耀武部驻婺源江湾，独立四十三旅刘震清部驻婺源，浙江保安第一纵队俞济时部驻玉山等，总兵力10万余众。其战略是"筑路建堡，步步为营"，对苏区实行经济封锁，在沦陷区实行移民并村。12月，国民党军陆军第五师、第二十一师、第七十九师一部，分三路合击贵南苏区。当时贵南无红军主力，县独立营迎战失利，苏区沦陷。

在贵北，1933年10月，国民党军陆军第五十七师阮肇昌部由南而北，向根据地步步逼近。中共贵溪县委采取紧急措施，迅速扩大了红军与地方武装，组织了地雷队，各级工作人员均实行军事化，率领苏区军民奋勇杀敌。1934年2月，根据中共六届五中全会"以红色堡垒反对白色堡垒"的精神，贵北开始构筑赤色堡垒，实行"短促突击"，与国民党军打堡垒战，拼消耗。4月，周坊失守，第二、五、六、七区大部丢失，第四、八区全境沦陷，但苏区军民仍以埋地雷、断汲水、摸敌哨等游击方式与敌周旋。5月底，连日进攻小田一带的国民党军陆军第五十七师被红十军击溃4个营，此战毙敌 300 余名，缴枪 300 余支。7 月，第二、五、六、七区全部丧失，第一、三区亦大部沦陷。中共贵溪县委迁驻三县岭，继续领导贵北军民浴血奋战。11 月，红十军与红七军团合编为红十军团，肩负抗日先遣重任，挥戈北上。贵北苏区已无红军主力，第一、三区全部失陷。而贵溪县第一红色堡垒（建于标溪夏家四门山）守备队的 19 名勇士，一直坚持守土抗敌，到 1934 年 11 月 26 日，弹尽援绝，始引爆毁堡，与攻入堡垒的敌军同归于尽。至此，第五次反"围剿"斗争宣告失败，贵南、贵北所有苏区全部沦陷。

1934 年 11 月，中共贵溪县委解散，同时组建了中共贵余万中心县委，领导三县边区的革命斗争。斗争从此进入了游击战争时期。

第六章 游击战争的开展

第一节 贵北游击战

1934年11月在三县岭成立了中共贵余万中心县委员会。12月30日在李家门将贵溪县独立营改编为挺进连,连长为程银桥,指导员为周加春,战士100多人,枪70多支。同时动员家属和老弱病残人员自行投亲靠友,县委、县苏机关精简为23人,随同挺进连一道打游击。采取"避实击虚、敌进我退、打了就走"的战略战术,以三县岭为基地,深入敌后进行游击战争,攻敌人碉堡,速战速决,打得敌人晕头转向。1935年5月,挺进连已发展为140余人,枪110多支。后因连长程银桥叛变投敌,挺进连在吞头山被国民党军第五十七师一个旅的兵力重重包围,中共贵余万中心县委书记赵梓明等领导人在突围中被捕。游击队的活动由此告终。

1936年4月,中共闽浙赣省委为了加强对游击战争的领导,巩固扩大游击根据地,在郜公山召开了扩大会议,决定由杨文翰、裴月山率几位同志到磨盘山组建弋阳、横峰、上饶、德兴中心县委,裴月山主管军事。后遵照省委指示,将磨盘山地区分为3个中心区,裴月山负责三县岭中心区。裴月山率队到三县岭,积极联络就地坚持斗争的老同志,深入发动群众,建立了秘密的贫农团、妇女会等群众组织,动员贫苦农民参加游击队,使队伍得到较大的发展。同年8月29日,裴月山率队突袭了贵溪三县岭的下黄村,抓获了梭镖队队长黄茂喜,命其带路捕捉古港恶霸裴礼臣,但狡猾的黄茂喜故意转移目标,使裴礼臣闻风潜逃。因此,裴月山将黄茂喜押回三县岭,审讯后予以处决。随后,裴月山又率队攻打古港,捕获了作恶多端的裴显哉(裴礼臣之子),就地执行枪决。泗沥乡圳上保长张义山欺压百姓,百姓怨声载道,裴月山闻讯便率领游击队黑夜出山,奔袭30里将其拿获,押到杨前岗处决。裴月山在镇压首恶的同时,与一般民国政府的保长和豪绅地主约法三章:一、不许抓贫苦农民当兵夫;二、不许告密游击队和地下党活动的消息;三、不许向贫苦农民勒索捐税。采取镇压与宽大相结合的政策,分化瓦解了敌人。贵溪三县岭地区的人民奔走相告:"红军又回来了。"

1937年7月,裴月山率队由万年来到贵溪老昌坞,同在当地坚持斗争的翁贤良、邵忠生等接上关系,指示翁、邵大力恢复和发展党的组织,动员群众投入游击战争。经过翁、邵等当地党员的工作,仅在2个月的时间里,就吸收了70余名骨干分子入党,建立了党小组22个。与此同时,又同余江的共产党员陈新美、陈成功等在三县岭取得联系,并要他们返回余江县内,动员群众参加游击战争。经过一个多月的串联发动,裴月山在贵、余两县动员200余人加入了游击队,进一步增强和壮大了游击队的力量。9月,组建贵余万三县游击队。10月,裴月山率游击队袭击上饶沙溪碉堡、万年裴梅等处,缴获了大批枪支弹药、油盐布匹及现款,解决了游击队的给养问题。游击队的活动范围扩大到了磨盘山、三县岭、怀玉山周围的弋阳、横峰、德兴、贵溪、余江、万年、乐平、上饶8个县。有地下党员400余人,游击队员500余人,拥有步枪200余支、机枪1挺,以及较充裕的手榴弹、各类子弹等。正式成立赣东北游击大队,裴月山任司令员,杨文翰任政委。下辖三县岭支队、磨盘山支队、怀玉山支队。

1939年3月上旬,裴月山率赣东北游击大队攻占了弋阳、德兴交界处的梅溪炮楼,击毙敌连副1名,夺得步枪12支、手枪1支,弹药一批。接着又攻打余江蟠墙、邹家界,在返回基地途中,路经贵溪畈上吕家,遭到江西省保安十六团及地主保安队200余人的伏击,伤亡惨重,主力被冲散。游击队所剩不足100人,在裴月山、杨文翰的领导下,转移到赣皖边界山区,坚持艰苦的游击活动。

1943年3月,受皖赣国民党军联合"围剿",游击队处境艰难,被迫向磨盘山转移。游击队行进至德兴张村时,因邵恒竹的叛变投敌,又遭国民党军的围击,损失很大。裴月山以先头部队率十几名战士提前出发,幸未遇难。裴月山率领部分游击队员日伏夜起,经磨盘山辗转游击到贵溪三县岭大禾源,开展秘密活动。7月,因人告密,古港恶霸裴礼臣带领保安队搜捕,当地秘密工作者被捕叛变。裴礼臣设下圈套,于7月12日以给游击队改善生活为名,引诱游击队下山,导致游击队被国民党保安队包围,游击队员周桂生、胡日东、吕根友、胡欢保以及杨文翰的警卫5人被捕,裴月山和邵河水各自逃离险境。

1944年9月,裴月山孤身一人来到余江狮马源。因长期缺衣少食,营养严重不良,裴月山患了夜盲症,再也无法一人行动。他想方设法到城市求医治病,在余江县城被捕,年底被民国政府杀害于锦江镇。杨文翰、裴月山先后牺牲。在白色恐怖下坚持长达9年之久的游击战争至此停止。

第二节 贵南游击战

1935年8月,中共闽北分区区委在黄道的主持下召开紧急会议,决定闽北红军独立师兵分三路向外线出击。其中一路是由军分区司令员吴先喜和邵武独立团政委刘文学率领独立团80余人向资溪的昌坪、贵溪的冷水坑一带进发,并很快站稳了脚跟,成立了中共资光贵中心区委,刘文学任区委书记。中心区下设柴家、昌坪、冷水3个区,中心区和机关先后设在资溪的昌坪、贵溪塘湾的闽坑。尔后,吴先喜率领二团回闽北,仅留下一个班、十几个干部和刘文学领导的游击队,就地坚持斗争。随着局势的日趋紧张,刘文学领导的游击队与闽北分区失去了联系。

1936年4月，中共闽赣省委成立，黄道任省委书记。有一次黄道在民国政府出版的报纸上看到关于刘文学领导的游击队仍在贵溪、资溪一带坚持游击战争的报道，于是又派吴先喜、鲍永泉率四支队200余人，到资光边区寻找刘文学游击队。不久，双方在贵溪闽坑会师。会师后，遵照中共闽赣省委指示，撤销中共资光贵中心区委，成立了中共资光贵中心县委，吴先喜任书记，刘文学任副书记，鲍永泉任组织部部长，曾广贤任宣传部部长，叶金太任民运部长，夏润珍负责青委工作。县委分工是刘文学负责地方工作；吴先喜、鲍永泉率领部队主动出击，消灭地方民团。部队接连打了几个胜仗以后，声势很大，曾一度攻打资溪县城，民国政府大为震惊，于是调集保安团和地方民团，对游击根据地进行了"围剿"。在金资贵交界的五里峰战斗中，部队损失较大，吴先喜也负了伤。中共闽赣省委闻讯后，于同年7月底又派二纵队一支队政委陈仁洪率领300余人，到资光贵根据地找吴先喜。他们边行军边打仗，经过长途跋涉，于8月到达冷水坑附近。不日，在冷水坑街上打了一仗，消灭民团六七十人，打了土豪，将粮食和布匹分给了劳苦农民。随后又袭击了花桥，消灭了一个民团，抓到十几个土豪，筹集了一批现款。吴先喜得知这一消息，立即派便衣与其联系，接上关系后，两军在闽坑附近的板石坑会师。这时，资光贵根据地已有五六百人的武装，便改编为闽北独立师四纵队，吴先喜任政委，吴德初任纵队长。中共资光贵中心县委又开辟了中共金资贵特区，活动范围扩大到天台山两侧，最远到达金溪黄通一带。1937年2月初，吴先喜、鲍永泉率领60余名游击队员，到光泽柴家活动，与国民党军第五十二师部队遭遇，敌军以优势兵力，分两路向游击队包围，隐蔽在山上的鲍永泉指挥游击队迅速撤离。吴先喜等6位游击队员在山下被敌人重重包围，全部壮烈牺牲。此后，纵队长吴德初率领四纵队主力回闽北，留下100余人在根据地坚持游击战争。刘文学接任中共资光贵中心县委书记，并担任军分区司令员兼政委。

1937年7月，抗日战争全面爆发，国民党正规军分批撤离根据地，形势日趋缓和。8月，游击队集中兵力，攻克了资溪县第二大集镇嵩市，继而又克饶桥，全歼民团，缴枪42支。

第三节　闽浙赣边游击战

"西安事变"以后，第二次国共合作达成。1938年1月，中共资光贵中心县委书记刘文学奉命率领抚东分区游击队下山去铅山石塘，被改编为新四军三支队五团。2月，刘文学调离时，鲍永泉、叶金太等20余人仍留在原地坚持秘密斗争。闽赣省被撤销后，中共资光贵中心县委改称中共金资贵中心县委，鲍永泉任中心县委书记，隶属中共福建省委领导，对外则称"新四军三支队五团驻金资贵留守处"，常驻贵溪冷水坑附近的下张村（1934年12月底由贵溪县划入资溪县）。时任民国政府资溪县县长的王恩荣玩弄两面手法，一面派员不断邀请游击队去县城谈判，一面又声称"共产党被国民党合并了"以造谣惑众。为揭穿其阴谋，经请示上级同意，鲍永泉、叶金太等10余人于同月下旬前往资溪县城谈判。鲍永泉对聚集在城门口的群众发表演说，阐述了共产党对民族统一战线的主张，戳穿了"共产党投降了"的谣言。当晚，鲍永泉又对正在县城集训的保长、联保主任讲话，论述了抗日救亡的道理和共产党反对对日本侵略者妥协投降的主张。次日，在谈判会上，鲍永泉首先提出了共产党的主张："抗日救亡，要有钱出钱，有力出力，办事公道；减少苛捐杂税，实行减租减息；反对贪官污吏，提倡廉洁奉公；要给人民抗日救亡的自由，抽丁要公平，不能乱抓兵，不准买壮丁；释放从根据地抓去的干部和群众。"他义正词严，国民党代表十分狼狈，先沉默寡言，后又推诿说抓去人员已上解，其无权处理，并提出根据地动员群众参加新四军也是抽壮丁，妄图反咬一口。鲍永泉针锋相对，据理驳斥，说明群众是自愿参加，目的在于抗日救亡，与抽壮丁在性质上有根本的区别。同时，敦促国民党代表向上呈述，放回根据地被捕人员。

1938年2月，中共金资贵中心县委在昌坪（1934年12月底由贵溪县划入资溪县）召开了第一次县委扩大会议。会议做出了四项决定：一、成立昌坪、上清、闽坑、冷水4个区；二、发展党的组织；三、同国民政府进行合法斗争；四、广泛宣传抗日道理，动员群众参军，壮大革命力量。4月，国统区执行"北和南剿"、明和暗剿的政策，组织部队围剿中共游击队。为紧急应变，中共金资贵中心县委于横坑（今冷水镇内）召开了第二次县委扩大会议，着重研究了在新形势下的新任务："保守秘密，隐蔽组织，保存力量，长期扎根，发展党的组织，做好后方抗日救亡工作。"会后，国民政府当局千方百计地破坏"留守处"，形势十分紧张。10月，中共贵溪县委书记叶金太在塘湾镇突然被杀害。鲍永泉又被调任中共福建省委青年部长。中共金资贵中心县委又在龙虎山薛家寨的树林里召开了第三次县委扩大会议，会上决定由谢文翰代理中心县委书记，王钧代理中共贵溪县委书记。由于国民政府地方部队保安团的围剿，中共金资贵中心县委为保存有生力量，率领机关干部和游击队转移到闽北。

1940年8月，中共福建省委派左丰美率领游击队200余人（枪），来贵南一带开展活动。10月28日凌晨2点，游击队冲进文坊乡，占领乡公所，缴获步枪2支，驳壳枪1支，木柄手榴弹40枚，电话机1台，同时没收了资本家的一批布匹和金、银等。11月11日，左丰美派出20余人的游击小分队，在白云山庙击退了国民党军陆军三十二旅六九八团二营的三次进攻，后胜利撤离白云山。16—20日，左丰美游击队化装深入白区的天禄、月湖、蟹甸等乡打土豪，缴获大批食盐等物资。28日，又进耳口务义港曾家打土豪，筹到大批钱款。12月24日，左丰美游击队在花桥打土豪筹款。29日，在花桥乡楼蓬休整时，被国民政府冬防部队包围，战士左水泉、陈明、老艾3人在突围中壮烈牺牲。31日，左丰美率游击队再进花桥，捕获土豪劣绅熊春甫。1942年1月2日，左丰美率领全部游击队开进了花桥乡楼蓬，追悼3位不幸牺牲的烈士。随后率队返回闽北。1943年7

月，中共福建省委再次派左丰美、汪林兴、夏润珍率领120余人（枪）的游击队从建阳来贵南活动。尔后，苏俊泉又带领100余人（枪）的游击队在资贵边界活动。这两支游击队互相配合，出没在资贵边区。8月15日，左丰美游击队在贵南饶源方、华、李三村打土豪筹款。土豪华谓清不按期交款并潜逃，被游击队抓获。9月初，江西保安二团一大队、保安八团一营，会同贵、余、弋、资等县保警队，兵分三路向贵南朗港围剿。左丰美、汪林兴、夏润珍各领一支游击队，化整为零，转向敌后。12日深夜，一支游击队进攻塘湾天堡墟、溪南，捕获了塘湾大地主龚继祥，筹款法币30万元，并缴获了绿色军装24套、力士鞋24双、驳壳枪1支。28日深夜，游击队行动到花桥一带，在胡瑞国家缴获了敌人寄存的79子弹4箱、短枪子弹2箱、手榴弹100余枚、军衣6套、食盐60斤和一批生活用品。10月18、19两日，左丰美游击队在饶桥击溃民团，缴枪20余支。11月3日，左丰美率领游击队回闽北，留下夏润珍、汪铁崽、汪碧生（绰号"汪化子"）等人埋伏在岭西龙潭的深山中。汪碧生禁不起恶劣环境的考验，一日趁夏润珍如厕之机，偷走了夏润珍的3号驳壳枪，下山投敌。1944年1月，夏润珍、汪铁崽由贵南返回闽北。1946年4月，中共闽北地委派周龙息等4人来贵南山区活动，发动群众，了解敌情，以恢复贵南党团组织。1947年7月，中共闽北地委书记王文波率游击队20余人，带轻机枪2挺、短枪9支、步枪11支，由崇安进光泽再至资贵边区开展活动。1949年1月，中共闽浙赣人民游击纵队机关及一、二、三支队、教导队等，从峡阳镇（今南平市内）挺进贵南，后整编为中国人民解放军闽浙赣边游击纵队。

第七章　全民抗战

第一节　抗日救亡活动

1938年1月，中共中央东南分局在领导组建新四军的同时，决定在江西各地建立新四军留守机构。2月，新四军驻贵溪雄石镇办事处在城西犁头街成立，对内为中共赣东工委，后为赣东北特委的公开机关。3月，中共金（溪）资（溪）贵（溪）中心县委成立，中心县委对外称新四军第三支队第五团驻金资贵留守处，后迁往贵溪县上清镇，称上清留守处。办事处、留守处是新四军在国民党统治区的公开办事机构，具有合法身份，公开任务是联络收编赣东北地区的红军游击队。中共党组织利用办事处和留守处的合法名义，进行党的活动，发展壮大了党的力量，为新四军输送了兵源和军需物资，同国民党地方当局进行了合法斗争。1938年10月至11月，国民党当局出于限制异党活动的目的，不断制造摩擦和纠纷，强迫贵溪办事处和上清留守处停止活动。10月，上清留守处被撤销。12月，根据中共中央东南局（由东南分局改称）的指示，新四军驻贵溪办事处与赣东北特委迁往南昌，继续领导赣东北的工作。翌年3月，日军侵占南昌后，办事处停止活动。

是时，热血沸腾的京、津、苏、浙、沪流亡青年和苦于"抗日无门"的焦躁、苦恼、彷徨的赣东北青年，在办事处掩护下的赣东北特委的领导下，会合成抗日救亡的洪流。形形色色的青年服务团、宣传队、读书会，如雨后春笋般发展起来。特委先后同"江西省乡村抗战宣传巡回工作团第六队""军委政治部抗敌宣传第二队"和"江西青年服务团五大队"等救亡团体中的党组织取得联系，并领导这些组织开展救亡宣传活动。周平非领导的"乡抗团"先后在贵溪、弋阳、余江、上饶等乡镇开展了抗日宣传工作，上演了《东北流亡三部曲》《大刀进行曲》《放下你的鞭子》《三江好》等抗日救亡节目，并深入国民党第三战区所属的各新兵团，教唱抗日歌曲，激发了人民群众和前方将士的抗战激情。是年春夏之间，上饶地区八县抗日自卫队在贵溪上清龙虎山集训，热血青年周君实、武石等"战时服务团"成员应上饶专员夏承纲之邀，上山为集训队慰问演出，并做了关于抗日救国保家乡的主旨演讲。集训期间，"战时服务团"还到上清街头向民众教唱抗日歌曲，在街头画了两幅抗日墙画。在贵溪县城，他们参加了贵溪妇女生活促进会的交谊会，出席了贵溪县举办的纪念孙中山逝世13周年大会。

特委还抓住一些重大事件，开展宣传鼓动活动。一次，一批苏军飞机从武汉起飞，轰炸日军据点，因敌机阻挠，有2架飞机油量不足，不能返回武汉，在贵溪上空盘旋，迫降在贵溪县城西门外沙洲上。特委便借办事处的名义，召开群众大会，对国际社会支持中国抗战的情况进行了宣传，使广大人民群众受到了一次生动实际的教育，并从中得到了鼓舞。

特委还利用办事处的合法身份，向广大群众特别是青少年宣传有钱出钱、有力出力、一致抗日的道理，组织抗日团体，动员了一大批青年参加新四军，仅贵溪南乡就有100多名青年先后加入了新四军的行列，奔赴抗日前线。

第二节　日军侵贵罪行

1942年6月16日，贵溪、鹰潭相继被日军侵占，8月19日、21日，日军从贵溪、鹰潭两地败退。

1942年6月，日本侵略军为打通浙赣线，从浙江、南昌东西夹攻，侵占贵溪。大体分为攻击战、扫荡战、返回战三个阶段。

攻击战（6月11—18日）：6月11日，日军东进部队第十一军，发出了向浙赣线进军的命令。同日，岩永支队侵占了余江县邓埠附近地区。12日，日军第十一军三十四师团主力从东部抚州附近出发，向鹰潭方向发起正面进攻，命令岩永支队从邓埠向鹰潭进攻；古东支队经金溪奔袭鹰潭；其他部队由岗上墟、瑶墟积、毕村附近进入鹰潭、贵溪地区。15、16日，三十四师团在日军空军第二十九独立飞行大队的密切配合下，向鹰潭地区突进。16日鹰潭、贵溪两地同告沦陷。同日，日军第十一军三十四师团司令部进驻贵溪县城。

扫荡战（6月18日—8月18日）：日军侵占贵溪、鹰潭后，6月18日，以一部兵力在鹰潭以西地区向国民党军驻守阵地进行扫荡；6月23日，日军派出部队在贵溪县罗塘、板桥至弋阳县之港口一线扫荡。国民党军与日军展开了激烈战斗。扫荡初期，据《民国日报》6月24日载："侵踞贵溪之敌，经我军向其反击，当将该敌击溃，贵溪城亦被我攻克，战斗已转移至贵溪东南之流口附近。"另据6月25日《民国日报》电：贵溪县城被日军侵占。6月26日，日军第三十四师团派出部队向贵南进犯，是日经罗塘、金屯等地窜达文坊。6月30日，日军第三十四师团岩永支队奉命从贵溪附近出发，东上与西下日军会师，7月1日上午10时30分，于横峰附近与日军西进部队第十三军二十二师团谷津支队会合，结束了其打通浙赣线的战斗。

日军扫荡期间，本县南、北两乡受扰害的地区有天禄、鹰潭、月湖、雄石、滨江、罗塘、板桥、潜岭、大桥、蟹甸、姚河、小岭、大塘、塘湾、文坊、渐浦、泗沥、神前、高石、标溪、夏岭、普安、河潭23个乡（镇），占全县乡（镇）的85.18%。

返回战（8月19—27日）：扫荡后期，国民党军探知日军有西返逃遁之意。《民国日报》7月27日载："鹰潭之敌，毫无斗志，已将铁轨拆运一空，仓皇图遁之态，可以想见。"根据日军中国派遣军命令和日军第十一军、第十三军的协定，日军第十一军三十四师团奉命撤离，西返南昌，并于19日分别从贵溪、鹰潭两地同时西撤。此时，国民党军各部立即分三路，沿上饶迅速西下，19日午后2时克复贵溪县城，并乘胜向西挺进，21日午又克鹰潭镇。

抗日战争期间，日本侵略军对中国人民实行轰炸、烧抢、屠杀、奸淫，贵溪人民深受其害。

轰炸：1937年8月15日至1943年7月，日军前后空袭贵溪达72批（次），出动飞机共404架（次），其中贵溪193架（次），鹰潭211架（次）。1940年2月24日，全县遭炸死伤84人、炸毁房屋690余栋（其中县城炸毁房屋108栋），铁路、桥梁、车辆等均被炸毁，同时被炸的还有鹰潭、滨江、汪张、五里亭、河潭、童家、龚店等地。日空军出动飞机最多架（次）为1941年3月3日，出动飞机27架（次），在贵溪、鹰潭两地先后投弹共计1 236枚。投弹最多的一次是1941年5月7日，共投弹100枚，炸死198人，炸伤225人。

烧抢：日军侵占贵溪期间，全县遭日军烧毁抢劫的财产损失总值达法币141亿元，其中直接损失98亿元，间接损失43亿元。城市店房、厂房、学校、民房被毁2 875栋，农村房屋被毁7 176栋，农具损失14万余件，车具10 947辆（含农村土车），衣物40余万件，抢杀猪牛26 000余头。1942年8月19日，日军从贵溪、鹰潭两地遁逃，贵溪城内1 900余栋房屋被日军三十四师团付之一炬，鹰潭镇也被大火吞没。远离县城40千米的文坊镇，自下街至中街两旁房屋200余栋被日军焚烧，荡然无存。县城周围20千米内的所有村庄，遭其蹂躏，残垣断壁，无一幸免。

屠杀：日军侵占贵溪期间，全县共死6 658人，其中男3 707人，女1 928人，儿童1 001人，尸体腐烂无法辨认者22人；重伤979人，其中男708人，女230人，儿童41人；轻伤1 233人，其中男871人，女324人，儿童38人。日军特别在游家店桥、盛源洞（今流口镇内）、大岩洞（今花园街道内）、龙头山项家岭（今鹰潭市人民公园）进行了4次惨绝人寰的集体大屠杀，令人毛骨悚然。日军将无辜百姓100多人，赶至今罗河、雷溪两镇交界处罗塘河上的游家店石桥上，从左右两岸用机枪扫射，鲜血顿时染红了河水，人们称罗塘河为日军侵贵史上的血泊河。大岩洞可容数百人，日军将附近群众200余人赶入洞中，先用枪打，后施放毒气，幸存者仅有8人。鹰潭镇龙头山项家岭集体大屠杀，据幸存者刘兵庭说：日军侵占鹰潭后，便四处捕捉百姓投入劳工营，被抓的劳工有2 000多人，正路过鹰潭的刘兵庭也被抓。日军强迫劳工拆下浙赣铁路路轨，运到太极阁大码头，装船运往九江，再从九江转运到日本。在日军的刺刀和皮鞭下，劳工10人抬一根钢轨，从早到晚不停地干，每天只供给两餐发霉的稀粥。劳工们累得筋疲力尽，饿得眼冒金花，动作稍慢一点儿，便遭到劈头盖脸的皮鞭抽打，有的劳工昏倒在地，即被刺刀戳穿肚皮，尸首扔进信江。面对此暴行，劳工们不断奋起反抗，但手无寸铁的劳工，怎敌得过荷枪实弹的日军？反抗者都被当场开枪打死。有的劳工半夜逃出劳工营，对捉回来的人，不是用铁路道钉钉死，就是泼煤油活活烧死。劳工营里每天都有死尸被拖出扔进江里。那段时间，江面上漂浮着一具具肿胀的尸体，流淌着汪汪殷红的血水，惨不忍睹。1942年7月24日，铁轨运完后，日军便开始大屠杀。他们用棕绳和铁丝穿过劳工的手掌，几十人连成一串，押往龙头山项家岭的峭壁上，用机枪扫射。一串串的尸体被投入江中，整个江面全被死难者的鲜血染红了。刘兵庭那一串劳工是用棕绳捆绑的，他和另外二人在枪响的一刹那间，挣脱了绳索，纵身跳进江里，日军朝他们跳下的地方猛烈扫射，幸好三人都谙熟水性，潜入深潭，钻到峭壁下的草丛中，直到天黑才游到对岸。刘兵庭的屁股上中了一弹，溃烂后留下巴掌大的伤疤。其余二人肩上、背上都中了弹，怕日军发现不敢去医治，直到烂得生蛆，20多天后相继死去。在这次惨绝人寰的大屠杀中，2 000余名劳工里死里逃生的仅有三四人。

奸淫：日军侵贵对妇女的奸污迫害，尤为令人发指。文坊镇黄某之妻遭日军奸污后，被用铁耙活活打死，尸体被裸露置于门外。镇上另一少女被日军奸污后，竟被当场刺死，倒挂在文坊桥头炮台上"示众"。更为伤天害理的是经常强迫群众父与女、母与子、婆与孙乱伦性交，以此取乐，不从者当场杀害。

第三节　军民奋起抗日

国民党军抗日　日军侵贵时，国民党陆军第一〇〇军驻防鹰潭、贵溪附近，当日军自邓埠向鹰潭进攻时，广大将士进行了英勇阻击。贵溪、鹰潭沦陷期间，东至贵溪流口，西至鹰潭以下，南至盛源和弋阳县港口，国民党军各驻军将士曾多次与日军激战。1942年6月16日下午5时至17日凌晨3时，第一〇〇军七十四师在盛源洞黄家与日军三十四师团一部进行了10多个小时的激战。6月中旬，第一〇〇军官兵在鹰潭岱宝山与日军激战3昼夜，打得日军龟缩在鹰潭镇不敢出来。在这次战斗中，当地民众自动组织担架队、运输队，帮助国民党军抢抬伤员、抢运军用物资。6月24日，在流口、港口一线，国民党军队英勇杀敌，并一度光复贵溪县城。7月11日晨，日军侵入流口以东弋阳周家潭，即遭国民党军全力阻击，日军伤亡甚重。12日，侵贵日军在飞机的掩护下，一部分企图突围西窜，一部分被歼灭。7月中旬，日军正拟西撤，国民党军第二十五军的两个师与赶来参战的十九师一道，在日军正面集结，再次与敌展开了收复贵溪、鹰潭、邓家埠的战斗。同时，这支部队配合国民党军第五十八军、第七十九军行动，组成了攻击队，将战线推至抚州与三江口一线。7月27—28日，国民党军同日军展开了激烈战斗，迫使日军撤离浙赣线，退守南昌。

民众抗日　日军侵贵，实行烧、杀、抢"三光"政策，贵溪人民深恶痛绝，各地民众纷纷组织起来，开展了团结抗战、光复失地的战斗，全县先后在盛源、小英、夏家岭等地发起了10余次抗击日军的英勇斗争。在日军侵贵前的一天，日寇乘小汽艇从余干驶入信江，窜到鹰潭沿线，上岸骚扰村庄。当时，骄横的日军被小英村村民发现，顿时锣声大作，附近村民闻声后迅速赶来，他们高举旗帜，手执长矛、铁铳奋起反击。6月13日，一股日军向小英村袭来。锣鼓声中，抗日民众蜂拥而至，杀声骤起。此战歼敌5人，缴获步枪5支。6月中旬，活跃在贵溪北乡的李普昌游击队在志光下杨村将下乡打劫的6名日伪军杀死。7月，中共贵南游击队在金（溪）鹰（潭）大道给日军多次重创。

此外，贵溪各地群众自发抗日，通过各种方式反抗侵略，不受敌人侮辱的故事更是不胜枚举。新田畈姚家的姚加林在不幸被日军捉住做挑夫的路上，机智地杀死了1名押送他的日军。罗塘邓家的邓春苟当一日军闯进他家企图强奸其母时，从楼上跳下来，一棍子将其打死，并夺得步枪1支。盛源洞黄家黄新福在日军用刺刀刺向他时，抓住床上衣服甩过去，把敌刺刀夺过来并将其杀死。东溪村的8名妇女，奋力反抗，用手掐死了1名企图强奸她们的日军。

第八章 贵溪解放

第一节 迎接解放

1949年1月1日,在闽北一带坚持革命斗争的中共闽浙赣省委根据中共中央的指示,把包括贵南游击队在内的人民武装力量统一整编为中国人民解放军闽浙赣边游击纵队。1月31日,游击纵队司令员兼政委曾镜冰率100余名武装人员从福建省南古瓯出发,取道峡阳、南楼村、太阳山、猪母岗向贵溪县进军,以迎接和配合解放军主力部队解放闽浙赣地区。

3月中旬,闽浙赣边游击纵队进入贵溪冷水坑,在贵南老区开展群众工作,宣传形势,讲解政策,发展党的组织,扩大群众武装,收缴民团枪支,拦击散兵游勇。3月底,游击纵队兵分三路:一路向朱家源、花桥、文坊挺进;一路向耳口、圳上、上清挺进;一路向上祝、江坊、塘湾挺进。这些地方的不少村庄在土地革命战争时期就已经是革命基点村,游击纵队到来的消息不胫而走,老党员、老接头户纷纷前来联系,积极参加革命,贵南山区呈现出一派迎接解放的新景象。

4月21日,中国人民解放军百万雄师横渡长江,挥师南下。国民党贵溪县县长俞谐和赣东北青年服务总队副总队长汪怀仁组织了"应变会",妄想随机而动。4月28日,贵溪县国民党地方官员和反动武装纷纷向塘湾逃窜。这时闽浙赣边游击纵队已到塘湾镇附近的高畈、南畈一带。汪怀仁见大势已去,加上受共产党政策的感召,表示愿意向游击纵队缴械投降。

5月2日，曾镜冰等游击纵队领导会见了汪怀仁的代表，对汪的举动给予肯定，并责成汪部维护好贵溪县城的社会秩序。5月3日，游击纵队和平解放了塘湾镇，为解放贵溪县城扫平了障碍。

5月4日下午，二野第四兵团第十三军第三十七师第一一〇团两个营追击逃敌，兵临贵溪城下，汪怀仁率所部1 000余人投诚，贵溪县城得以和平解放。贵溪县城解放的消息很快传到了塘湾，当晚8时，闽浙赣边游击纵队副司令员陈贵芳摇通了贵溪县城的电话，随后集合队伍连夜向县城进发。5月5日早上7时许，游击纵队踏上了中航渡南门洲的浮桥头，第一一〇团团长吴效闵亲自出城迎接，两军在贵溪县城大南门胜利会师。

5月6日，贵溪县召开了有5 000余人参加的群众大会，庆祝贵溪解放和闽浙赣边游击纵队与主力部队胜利会师。

第二节　全面接管

早在1949年1月初，根据中共中央批示，冀鲁豫区党委抽调人员组织南下干部随解放军南下，接管新解放区。南下干部支队到达安徽合肥后，正式宣布组建中共赣东北区委员会、赣东北区行政公署和赣东北军区，辖上饶、贵溪、浮梁、鄱阳4个地级单位。4月18日，在安徽桐城确定由南下干部支队第六大队组建中共贵溪地委、贵溪专署和贵溪军分区，下辖贵溪、余江、弋阳、东乡、进贤、金溪、资溪7个县委和县人民政府。

5月7日，中共贵溪地委、贵溪专署和贵溪军分区在贵溪县鹰潭镇宣布成立。同日，第六大队112名工作人员接管国民党贵溪行政等机构，成立中共贵溪县委员会，书记为张玉环；成立贵溪县人民政府，县长为刘影。县委设组织、宣传、社会、民运4个部和办公室，县政府设公安、财粮、税务、教育、秘书等科，县以下设雄石、泗沥、上清、塘湾、鹰潭5个区。

建立区乡政权 贵溪县委、县政府成立后,划全县为雄石、鹰潭、上清、塘湾、泗沥5个区,下辖原2个镇25个乡322个保(旧制),并立即分配一批南下干部迅速接管县辖各区和一部分乡,宣布成立区、乡人民政府,正式开展人民政府的日常工作。还张贴布告、召开大会、宣传政策、约法八章。

6月,在贵溪县城召开了由李建鼎先生等人参加的各界民主人士座谈会,动员社会各界人士协助政府做好安定人心的工作,从而很快稳定了社会秩序。会后,社会各界人士共交出步枪330支、短枪17支、重机枪1挺、轻机枪9挺、子弹9 511发。

同时,县委、县政府采取办干校的办法,吸收当地青年参加学习,通过培训、教育,使更多的先进知识青年加入了革命的行列,增强了革命力量,为全县各项工作的开展奠定了基础。

争取旧军政人员 国民党贵溪县大队(保警队)尚驻于塘湾区大塘乡,为了争取旧军政人员弃暗投明,由县委书记张玉环带了一个连去大塘乡进行动员工作,宣传共产党的政策。保警队队长看到大势已去,率部100余人宣布投诚,交出了保警队的5挺机枪、40多支步枪和一些弹药。另外,还有贵溪县的一个保安团,继续在上清一带活动,为了争取保安团投诚,县委书记张玉环与分区司令员曾宪辉带工作组去了塘湾,了解到塘湾一带也是老游击区,塘湾区的一个乡长在苏区革命时期曾经受过党的教育。于是,工作组直接与这个乡长谈话,宣传共产党的政策和当时的革命形势,并希望通过他向保安团做动员工作。经乡长做工作,不久,保安团也向县委、县政府投诚,曾宪辉司令员立即对保安团进行了整编。经过大量的争取动员,到5月底,全县大部分乡都与贵溪县委、县政府接上了关系,表示愿意接受共产党的领导。在此有利形势下,县委、县政府立即召集全县所有大乡乡长参加会议,接收旧军政人员交出的枪支弹药,同时根据党的政策,给予其出路,让旧军政人员留职工作。

组织生产自救 贵溪是老革命根据地,老区面积极大,烈军属多,烈军属的生产、生活都极为困难。为了帮助老区群众解决生产、生活困难，贵溪县委、县政府立即开展了组织生产、救济贫困的工作，向广大烈军属发放了大批救济粮、救济款，并且安排了一些适合烈军属从事的工作。对于生产、生活困难的群众，也做了大量的救贫扶困工作，从而受到了人民群众的欢迎，全县工作迅速打开了新局面。当时，党中央提出要发动群众，准备土改。贵溪县委、县政府根据中央的指示，又深入各乡进行了调查研究，县委派出张登文、尹绪亭、白肖凯等人深入3个乡具体"解剖麻雀"，为以后开展土地改革积累了第一手材料。

拥军支前 由于解放军第四兵团驻鹰潭，第十七军军部驻贵溪县城，保证军队给养成为新解放区党委、政府和广大民众的一项最为紧迫的政治任务。同时，上级党委还给贵溪县委、县政府下达了支援上海大米的艰巨任务。

为了保证当地部队给养和支援上海粮食供应工作，贵溪县委、县政府在发动群众搞好生产、夺取夏粮丰收的同时，广泛开展了收粮、征粮、借粮工作，并且较好地接管了国民党在贵溪的军用仓库。军用品除大部分交给军队以外，还用于武装当地地方干部。在支援上海粮食的工作中，贵溪通过水运，经鄱阳湖，入长江，向上海调运大米。当年6月，鹰潭至上海铁路全线抢修通车，运输粮食水陆并举，仅3个多月，贵溪县就向上海调运了大米500万斤，受到了上级党委的高度表扬。

1949年5月8日，陈康司令员代表南下的第二野战军，在鹰潭会见了打了14年游击战的闽浙赣边纵队领导等人，分区司令员曾宪辉、县委书记张玉环一起参加了会见。

为解放大西南，第二野战军奉命西进，原本接管贵溪的地方干部随军挺进贵州开辟新区。贵溪县改归江西省上饶专员公署管辖。夏润珍、王尚德带领40多名干部于8月26日赴贵溪接受移交。9月18日，移交手续办理完毕，组成了新的县委县政府，夏润珍任县委书记，管哲元任副书记，县长为王尚德，副县长为郑占魁。贵溪县隶属上饶地区管辖。

1949年年末至1950年春，贵溪县人民在支援中国人民解放军解放台湾的实际行动中，先后组织4批民工修筑了江西铅山到福建崇安的闽赣公路：第一期有民工360人，第二期有民工370人，两期民工先后完成了各为期1个月的公路修筑任务；第三期有民工241人，第四期有民工320人，两期民工均以2个月时间完成了公路修筑任务。四期闽赣公路的修筑共投入49 560个劳动日。与此同时，贵溪县民工还完成了支援修复贵溪铁路大桥的任务。

在上述支前工作中，有4人被评了二等功，13人被评了三等功，27人被评了四等功。

为支援进军大西南，全县动员妇女制作了军鞋2 371双。

第三节　西进贵州

为适应开展地方工作、培养新生力量、壮大革命队伍、继续西进南下解放全中国的需要，1949年5月20日，按照赣东北区党委的批示和部署，贵溪地委在县城南郊原贵溪师范学校（今江铜技校内），创办了"赣东北革命干部学校（后改称军政干部学校）贵溪分校"。经过报名考试，招收了学员1 041名（其中贵溪分校总部为691人，东乡分校为350人，东乡分校隶属于贵溪分校）。校长为郭绍汤（专员兼），副校长为解彭年、张金屏。

贵溪分校设立教导、事务2处。学员编为8个中队。东乡分校学员编为2个中队。学员大部分是在校学生和社会知识青年，年龄最小的15岁，大多数在20岁左右。他们思想比较单纯，但在时代变革中，具有向往革命、追求光明、积极热情、好学上进的优点。

入学教育为5~7天，主要内容是开学典礼、军政领导做动员报告、组织编队、指定负责人、整理学校环境等。通过入学教育，提高了学员投身革命的思想认识，端正了学习态度，明确了学习任务，使学员自觉遵守纪律。理论教学内容主要有《社会发展简史》《共产党宣言》《中国革命和中国共产党》《论人民民主专政》《新民主主义论》《将革命进行到底》以及"三大纪律八项注意"等。通过报告、授课、辅导、讨论等方法，引导学员紧密联系实际，提高政治觉悟，树立为党工作、为人民服务的思想。

学校实行军事化建制和管理，早晚点名、列队操练，讲授军事知识和进行理论教育，穿插进行民主作风培养。学校实行官兵一致，领导、干部和学员打成一片，同吃同住同劳动。学习讨论可以自由发言，各抒己见，对错误认识，领导从正面引导，不戴"帽子"。通过开展批评和自我批评，达到团结一致的目的，从而使学员懂得为什么中国共产党领导的革命队伍有如此良好的作风和纪律；为什么能以少胜多、以弱胜强，最后战胜敌人，打下江山。与此同时，学校还组织学员开展了丰富多彩的文娱活动，唱革命歌曲、打腰鼓、扭秧歌、唱京戏、打篮球等，做到"团结、紧张、严肃、活泼"。学校设备简陋，生活艰苦。没有教室，就在操场上上课。睡的是地铺。吃饭时蹲在地上，一班人一钵菜。

1949年7月中旬，中国人民解放军第二野战军前委在南京召开高级干部会议，传达了中共中央指示精神，决定第二野战军进军大西南，冀鲁豫支队在赣东北地区的工作人员和自愿报名的革命干部学校学员随军西进。

8月下旬，学校安排了7天时间，集中对学员进行进军大西南的教育，动员学员将革命进行到底，解放全中国。在提高学员思想认识的基础上，坚持自愿报名的原则，报名参加西进。中共贵溪地委书记谢鑫鹤到学校做动员报告。谢鑫鹤说："国民党的残余势力还存在，妄图垂死挣扎，苟延残喘。广大待解放地区的人民热切盼望人民解放军前去解放他们。如不继续进军，残敌就不能最后消灭，革命就不能彻底胜利。"谢鑫鹤号召有志青年"到革命最需要的地方去，到最艰苦的地方去"。学员们反应强烈，纷纷向组织递交申请书和决心书。

学校党组织对报名参战的学员逐个进行审查，给每一个学员做了鉴定，决定带领360余名男女学员（其中贵溪籍学员130余名）随军西进。8月下旬，这批经过3个月培训的学员们激动万分、斗志昂扬，准备出发。

临行前，学校给西进学员放探亲假3~5天，要求学员做好亲人的思想工作，向亲人告别。假期一结束，学员们就毅然回到学校。学校给每个学员分发了中国人民解放军军装，准备随军踏上西进的征程。其他学员除少数回家，全部被分配到地方政权单位工作。

西进学员被编入中国人民解放军第二野战军第五兵团西进支队，支队下辖5个大队54个中队。贵溪分校的学员被编入第四大队七中队。大队长为曾宪辉，政委为谢鑫鹤（原贵溪地委书记），政治主任为王富海。七中队队长为李英，副队长为周秀芝，政委为张金屏。

9月初，贵溪分校（含东乡分校）的学员赴上饶市集中待发。下旬，他们乘火车到南昌，转九江坐船到武汉。10月1日到达武汉时，正逢举行开国大典。

在创办赣东北军政干部学校的同时，第二野战军第五兵团建立了军事政治大学第五分校（简称二野军大五分校），校本部设在横峰莲荷，另在玉山、贵溪设一、二总队，分别由十六军、十七军的随营学校兼营。两校学员都随军西进贵州。这些赣东北的优秀儿女深入农村，发动群众，开展了清匪、反霸、减租、退押、征粮，参与了土地改革，英勇奋斗在第一线，有的献出了年轻的生命，其中就有贵溪籍烈士郑彪、吕希新、汪榕、丁勇、黄新、童钧。

第三篇　艰辛探索

贵溪县全境解放后，迅速建立了各级人民政权，但不甘失败的敌人仍伺机破坏、捣乱，对新生的人民政权构成了严重威胁。贵溪县委号召全县人民积极行动起来，保卫巩固新生的人民政权，并从加强党政建设、强化执政基础入手，发展壮大地方武装，开展剿匪肃特，进行"土地革命、抗美援朝、镇压反革命"三大运动，实行生产自救，恢复国民经济，巩固了新生的人民政权。

第九章　巩固新生政权

第一节　剿匪反霸

新中国成立初期，县内极少数坚持反动立场的国民党军、政、警、宪、特骨干人员勾结帮派势力中的反动分子，搜集武器，上山为匪。他们出没于贵溪、金溪、资溪、光泽四县交界的深山中，时常骚扰文坊、塘湾、雷溪、罗河、冷水、耳口、上清等南乡地带，抢劫财物，攻打区、乡政府，杀害革命干部和人民群众，散布谣言，蛊惑人心，妄图颠覆新生的人民政权。

当时本县为害最大的一股土匪是以汪庚寿（曾任国民党贵溪县执行委员会书记长）为首，纠集了土匪头子刘引斌、徐松珊、桂佩温、龚锦亮、龚京腾、项元太、王思贤等人的"赣东北党政军民联合反共救国军"，号称有二三百人，实有70余人，70多支枪。1949年10月14日（农历八月二十三日），匪徒攻打塘湾区公所，杀害了农会主席张汝文、村代表江花苟，抢走了区公所的步枪13支、电话机1部，放走了犯人1名，洗劫了塘湾街上各商店大批财物，绑架了中医孔肃然，诈去赎人银圆74块、黄金1两4钱。同年10月30日（农历九月初九），匪徒又在长岗岭（俗称七里岗）伏击了出席县农民代表大会的人员，当场打死了花桥乡乡长黄仁生，文坊乡乡长何雪荣，代表邓长崽、刘坤生和塘湾区工作人员夏伯珍、马朝广6人，并夺去了长、短枪各1支。

之后，这些土匪又先后在耳口的横港、上清的高阳、雷溪的端港、罗河的樟槎、龙山、一甲刘家、长兴厂和资溪的鸡公段等地，杀害乡村干部、解放军战士、农民、妇女、小孩乃至庙中和尚等30余人，激起了人民的极大愤怒。1950年年底，公安机关紧密配合驻防本县的中国人民解放军四六九团和县大队，在广大人民群众的积极支持下，经过2个月的紧张剿匪战斗，全县6股土匪100余人基本被消灭，大部分匪首、匪徒落网，共缴获长短枪60支、子弹4 000余发、手榴弹300余枚。对民愤极大的匪首徐松珊、龚锦亮等及其他骨干分子处以死刑。潜逃广州的匪首刘引斌和潜逃湖北的匪首汪庚寿分别于1955年、1958年被抓获归案，经公审后执行枪决。

剿匪期间，结合当时在城乡开展的各项中心工作，发动群众开展了反地主、反恶霸、反封建势力的斗争，全县共斗大小恶霸218名，同时依法公审，处决了一批血债累累、民愤极大的恶霸分子，打击了地主、恶霸的嚣张气焰。至1951年上半年，全县剿匪反霸工作基本完成。

第二节　抗美援朝

1950年年底，贵溪县开展了全民性的抗美援朝运动。1951年3月，成立了贵溪县抗美援朝分会，有会员二三百人，后来发展到近3 000人。

1951年5月1日，全县城乡举行了反美爱国示威大游行，参加人数达17.3万，占总人口的75.2%；签名反对细菌战的有17.4万人，占总人口的75.6%。此后近1个月内，召开了村干会102次，参加人数为15 510；座谈会922次，参加人数为7 200；群众会7 215次，参加人数为72万；控诉会280次，共控诉3 510人，参加人数为31.5万；出黑板报270块；刷写石灰标语4 444条；组织秧歌腰鼓队102个；参加和平签名者近10万人。同时，从个人到集体，绝大多数乡村及城市各机关、团体、学校都逐级制定了爱国公约，进行了广泛的抗美援朝宣传。全县青年学生报名参加军干校者共118人，经检查合格者为7人。农村报名参加者为4 629人，经检查合格者为666人。捐献飞机大炮钱款数额达23.84亿元（旧人民币，下同），超额完成了上级分配的0.8亿元的捐献任务。此外，还捐献慰问金1.05亿元，写慰问信174封等，积极响应"抗美援朝，保家卫国"的号召。

抗美援朝期间，共有贵溪籍青年100多名经审查批准参加志愿军，前往朝鲜战场保家卫国。其中，有30多名贵溪籍志愿军官兵血洒疆场，牺牲在异国他乡。志愿军六十二师一八五团运输连班长周德普，1953年7月15日在抗美援朝九九二高地战斗中牺牲，时年27岁。

原贵溪市光荣敬老院的邵贵永老人曾回忆起马连山阻击战的残酷。

1953年三四月间，时值朝鲜战争后期，邵贵永所在的三五九团三营九连奉命驻守马连山。为固守阵地，修战壕、挖工事是必修功课。但白天动不了手，美军的飞机在天上飞，见了志愿军就扔炸弹。每到晚上，3人一个小组，铁铲、铁镐和小镐人手一样，没有刀斧。战壕要求高、宽各一米五，挖战壕时最怕挖到石头，树根也让人头痛。一个晚上下来，没石头和树根就像是中了大奖。

有一天天亮了，邵贵永和另外两个战友往回走，他走在最后。归途中他们遇到敌人打冷枪，走在中间的战友中弹，当场牺牲。

在一次防守反击战中，战事激烈，邵贵永所在的班抽调战士协助前方部队运输弹药、救护伤员。当攻下美军所占阵地时，班里只剩下班长、副班长和他3个人坚守阵地。

由于阵地是美军所修的工事，邵贵永对战壕口的防弹洞、防雨洞的位置都不清楚，为此，副班长差点送了命。

前方部队向敌人发起进攻，邵贵永和战友们向美军阵地开炮。副班长是射手，他负责装填炮弹，每分钟要装填8枚炮弹。

美军向志愿军阵地开炮还击。一发炮弹飞来，专心打炮的副班长没看清,邵贵永连忙拉起他往防弹洞里钻。刚蹲在防弹洞里,炮弹就在打炮的地方炸响了,炸出好大一个坑,碎石乱飞,将邵贵永额头砸伤,鲜血直流。但他们都在庆幸,如果刚才躲避不及时,副班长就牺牲了。

第三节 镇压反革命

1950年下半年,政务院和最高人民法院下达了关于镇压反革命的指示,决定开展一次全国性的镇压反革命运动,要求重点打击土匪、特务、恶霸、反动党团骨干分子和反动会道门头子5个方面的反革命分子。在运动中,县公安机关坚持党的领导和群众相结合的方针,广泛发动群众检举、揭发、监督、清查反革命分子,收效良好。

打击反革命组织 贵溪县于1950年冬起开展了镇压反革命运动,至1953年春,全县先后破获了"交警新编三中队""反共救国军地下乡政权""豫章山区绥绥司令部第六纵队联络站""江南工作指挥所贵溪办事处""赣东北游击司令部""铲共团""反共条约"等多个反革命组织,查出了一批特务、土匪、恶霸、反动党团骨干分子、反动会道门头子。对反革命分子,依《中华人民共和国惩治反革命条例》,实行"首恶必办,胁从不问;坦白从宽,抗拒从严;立功赎罪,立大功受奖"的政策,分别予以处理。在镇压反革命运动中,按规定对国民党军、政、警、宪、特5类人进行了登记,基本上摸清并摧毁了全县反动党团组织和反革命残余势力。在镇压反革命运动中,还缴获了一批枪支弹药。全县自1950年12月至1951年5月,半年内就缴获了炮1门、炮弹12发、步枪26支、短枪3支、其他枪支3支、子弹2 350发、炸弹47枚。

取缔反动会道门 民国时期,贵溪县的反动会道门主要有同善社、柴门道、大刀会、天德教,大体分布在上清、雄石、罗河、塘湾、文坊等乡镇。同善社于1920年传入本县,贵溪同善社受省同善社指挥,在本县雄石、上清、塘湾、文坊设"事务所"。至贵溪县解放前夕，道徒已超过2 000名。从1949年夏起，该组织大肆进行反革命活动，并于1950年3月纳入了反动的"柴门道"（亦称文班）、"大刀会"（亦称武班），故同善社、柴门道、大刀会在本县实属同一组织。同年10月，正式改编为"中华救国军"一二二团，计划于旧历年底举行武装暴动。12月15日，县公安机关配合驻军，以果断措施一举将其破获，逮捕了61人，随后在同善社活动中心上清镇处决了首犯10余名。

1949年解放大军渡江南下时，由国民党某部司令龚加宝（塘湾人）邀集同乡拼凑而成的天德教，以"修身养性、益寿延年、解除疾病"等口号欺骗群众加入组织，并逐步扩大势力。其对内纲领为反对共产党，反对人民解放军，阻挠解放军渡江南下。经公安部门查证，在本县发展教徒36人，县内负责人为塘湾乡龚文明、江润生等。1950年被查获取缔。

第四节 全面恢复国民经济

国民经济恢复时期，贵溪县编制了简单的工农业生产计划，下达给各主管部门和生产单位执行。其时，农村经过土地改革，农民和手工业工人的生产热情空前高涨，国民经济获得了恢复和发展。3年中，完成工农业总生产值11 788.3万元（1980年不变价，下同），年均递增15.6%，年均比1949年增长3倍多；其中工业总产值为484万元，年均递增3.1%，年均比1949年增长2.9倍；农业总产值为11 304.3万元，年均递增16.2%；粮食与油料产量年均分别递增9.5%和22.7%；生猪存栏量年均递增26.5%。

随着农村经济的逐渐复苏，农村教育、文化、体育、卫生等事业有了较大的发展。至1952年，全县有普通中学1所，教学班7个，学生396人，教职工32人；增设完全小学3所，15所村小升格为初级小学。村小自该年起改由县办，小学总数达447所，在校学生达22 063人，教职工为

787人。1951年1月,全县普遍开展冬学教育,规定在冬季农闲的3个月间,农民能认会写200个汉字。各区、乡分别设立了冬学委员会,村设工作小组,县设巡回小组若干个。同年4月,改冬学为常年性民校。全县294个班,参学人数达7 693人。1952年,贵溪县成立了扫盲工作委员会,当年全县开办民校391个班,学员达9 766人。1949年8月,由县工商联邀人筹资在原夫子庙遗址建成全县第一座正式售票的大众剧院。1952年上半年,在南大街开办新华书店贵溪支店。卫生事业贯彻"预防为主""团结中西医"和"面向工农兵"的三大卫生工作方针,先后建立了县人民医院、区卫生所和县保健站、防疫站。结合反细菌战,村村户户大扫除,要求做到身体、衣被、锅碗、房院、道路"五净",乡村搞"三改"(改良住宅、饮水、粪坑),城镇搞"四建"(建水井、厕所、垃圾处理制度、行业卫生制度)。人们的卫生意识提高,身体健康得到保障。

经过3年的恢复时期,贵溪县出现了欣欣向荣的气象。国民经济全面恢复,全县社会面貌和人民生活发生了深刻变化。

第十章　确立社会主义制度

第一节　土地改革

1950年8月至1952年4月，依照《中华人民共和国土地改革法》，贵溪全县开展了土地改革运动，彻底废除了封建土地所有制，实行"耕者有其田"，即农民土地所有制。

解放不久，农村即逐级建立农民协会，结合反封建斗争，实行减租、减息。

1950年6月30日，《中华人民共和国土地改革法》颁布，县委随即成立土地改革委员会，作为全县土地改革的领导机关。同年7月，选调农民积极分子580人，开办了为期1个月的土地改革训练班，随后组成土地改革工作队，赴神前区库桥乡进行土地改革试点工作。

全县大规模土地改革分3期展开。第一期：神前、泗沥、志光3个区，32个乡，工作队员389人（含省委工作团107人），时间为1950年12月3日至次年2月20日。第二期：文坊区及雄石、塘湾2个区的大部，26个乡，工作队员299人，时间为1951年7月12日至9月30日。第三期：月湖、上清、罗河3个区和鹰潭镇及雄石、塘湾2个区的一部，共44个乡，工作队员410人，时间为1951年11月21日至次年4月10日。

土地改革运动贯彻"依靠贫农、雇农，团结中农，中立富农，有步骤有分别地消灭封建剥削制度，发展农业生产"的总路线。工作队与群众同吃同住同劳动，宣传政策，访贫问苦，扎根串联，发动群众举行诉苦大会，控诉受恶霸地主逼债、夺田、霸房等阶级压迫剥削之苦，激发劳动农民的政治觉悟。在此基础上，组织阶级队伍，形成雇农、贫农和佃中农的阶级优势，并发现、培养骨干分子。然后通过农民协会团结中农，召开声势浩大的斗争大会，面对面地同恶霸、地主和反革命分子展开政治斗争，揭发其罪恶。接着，依照政务院《关于划分农村阶级成分的决定》，采取自报、公议（阶级站队）、民主评定、政府批准（通过乡农代会选出的划评委员会）的方式，划分阶级。尔后，确定征收、没收对象，并在对地主阶级隐瞒、疏散财产及其他破坏活动开展斗争的基础上，将土地及其他胜利果实分配给贫雇农。最后，整顿健全乡村组织，巩固劳动农民政治、经济翻身的胜利成果，开展大生产运动。

以乡为计算、调剂单位，以村为分配单位进行分田。各行政村由农民协会选举产生人口土地调查登记组、土地丈量评级组、没收征收组、分配评议组、审核检查组，负责土地分配的具体工作。没收与征收对象为：地主的土地，工商业者在农村的土地，半地主式富农出租的土地，祠堂、庙宇、帮会、教会在农村的土地。地主的浮财和多余的耕畜、房屋、农具、粮食也同时没收。

本着团结互让、有利生产的原则，经民主讨论、出榜定案的程序，以原耕为基础，按土地的数量、等级抽多补少、抽肥补瘦，公平合理地按人口分配土地：对军烈属，给予优待；对单身贫苦农民，多分给1~2份土地；对地主，本着"给出路"的政策，也同样按人口分给土地，促其改造成为自食其力的劳动者。在分田中，田亩、产量兼顾，如雄石区人均分田3.704亩、产量849斤。

据土地改革总结资料，全县共没收、征收土地26 108万亩（占耕地总面积的41.5%），房屋2.85万栋，粮食755万斤（含减、退租），耕牛1 595头，农具26 521件，黄金236两，白银2 984两，银洋29 273元，现钞12 393万元（旧人民币），衣服34 712件，布118 350尺。全县92个乡，2万多户雇农、贫农和佃中农，共7万多人口（约占农村总人口的35%），平均每人分得土地3.75亩。分田榜一张贴，农民们即欢天喜地奔向田畈看自家分得的田，有的还插上写有"新业主×××"字样的木牌，纷纷往田间送粪肥和修田藤。土地改革中，各村还留有少量机动田，如塘湾区有机动田1 367.6亩。1952年由674户农民承种，租额为常年产量的25%。县政府为支持农民发展生产，改善生活，通告减免租谷。

第二期土地改革刚结束，县委即组织力量于1951年9—11月在神前区杨家乡、泗沥区龙岩乡、志光区山背乡进行土地改革复查试点工作，之后分2期在全县铺开。第一期，神前、泗沥、志光、月湖、雄石5个区全部及罗河区的10个乡，共67个乡；第二期，塘湾、文坊、上清3个区全部及罗河区的5个乡，共43个乡。第一期和第二期都同第三期土地改革同步交叉展开并同时结束。

土地改革复查的任务主要是解决土地改革中的遗留问题：充分发动群众，进一步开展对敌斗争，打击不法地主；查田、查阶级，瓦解房股、帮派、反动会道门组织，纠正土地改革果实分配上的不公平现象，把未分的斗争果实全部分给贫农，满足群众的要求；整顿组织，纯洁内部，培养干部，提高干部政治觉悟，树立以贫雇农为主体的群众优势；开展民主建设，建党、建团、建政，进行爱国增产教育。

复查后期，县人民政府颁发了《土地房产所有证》，至此，全县完成了土地改革的历史任务，在政治上摧毁了封建势力，建立、健全了乡村人民政权，农民翻身做了主人；在经济上，广大农民分得了土地和生产生活资料，迸发了劳动热情，解放了生产力，掀起了以互助合作为中心的农业生产高潮。

第二节 农业改造

开展互助合作运动 土地改革后直至参加高级农业生产合作社之日为止，土地为个体农民所有；其间还贯穿着互助合作运动的发展。

在土地改革运动中，农民就自发组织生产互助小组，互相换工。土地改革后，部分贫雇农在生产上还有种种困难：劳动力弱、耕牛短缺、农具和生产资金不足，遇上灾害、疾病更难以维持生计，因而不久便出现了负债和出卖土地等现象，如罗河乡太阳村有10多户贫农卖了田，又开始给人做短工。为防止两极分化，共产党和人民政府引导农民走互助合作、发展生产、共同富裕的道路。

1951年，中共贵溪县委动员农民按照自愿互利的原则建立互助组：互助组分季节性和常年性两种，是个体经济基础上简单的集体劳动组织，土地所有权、生产资料所有权及其收获物仍归各农户所有。互助组的规模一般是3~5户，多则10来户。

1951年年底，在第一期土地改革的老区已建立起季节性互助组1 552个，入组农户2 823户，占全县总户数的5.82%。1952年，季节性互助组有1 114个，转为常年性互助组的有208个，入组农户共7 488户，占总农户的14.84%。1953年，常年性互助组增至352个，季节性互助组为1 190个，入组农户达8 938户，占总农户的17.81%。1954年，两类互助组发展到3 051个，入组农户17 757户，占总农户的35.63%。1955年互助组大发展，猛增到4 234个，入组农户34 023户，比上年增加1倍，占全县总农户的67.89%。是年，全县粮食总产量比1951年增长了45.07%。当时，办得较好的互助组有：塘湾区芦甸乡刘建谱组、罗河区新田乡姚上寿组、志光区周塘乡彭为继组、神前区河上乡李细婶（女）组、杨家乡程港色组、中村区中村乡宋清满组、雄石区黄坑乡李员太组。

初级农业生产合作社　1953年冬，为了贯彻中共中央《关于发展农业生产合作社的决议》精神，县委选定基础较好的常年互助组试办了2个初级社，即北乡彭为继的新中社、南乡刘建谱的芦甸社，并派出驻社干部常年指导。

1954年5月9日，县委根据中央"积极领导，稳步发展"的方针，提出重点办好农业生产合作社，以大力搞好常年性互助组为中心，带动季节性互助组大发展。7月，县委举办了有219人参加的建社骨干训练班。之后，在神前区的白田乡、上清区的渐浦乡、碧溪区的港口乡增办了3个初级农业社试点。9月，各区组织力量重点铺开。至10月底，连同原有的5个试点社，共建成了35个初级社，入社农户1 028户（雇农39户、贫农780户、中农202户，其他7户），占全县总农户的2.06%，平均每社29.37户（大的77户，小的19户）。

1955年，初级农业生产合作社增至154个，入社农户4 234户（平均每社27户），占全县总农户的8.45%。

在建社过程中，农户之间发生了入社股份基金不平衡（富裕户入社耕牛、农具等投资多，贫困户投资少）的矛盾，有的地区出现了"五不要"（没有耕牛不要，农具不足不要，土地不好不要，劳力弱不要，摊不起负担不要）、排挤贫困农户入社的现象。针对这个问题，政府及时分两批发放贫农合作基金无息贷款共14.5万元，帮助贫雇农解决入社资金困难问题，推动了农业合作化运动的发展。当时，较出色的初级社如塘湾区芦甸乡的星星社、志光区周塘乡的新中社、神前区白田乡的梓明社、罗河区新田乡的新田社曾多次出席省、地、县示范合作社代表会，获得了收音机、耕牛等物质奖励。

高级农业生产合作社　1955年7月31日，毛泽东做了《关于农业合作化问题》的报告。同年10月，中共七届六中全会做出了《关于农业合作化问题的决议》，县委即举办了有千余人参加的合作化骨干训练班，为迎接合作化高潮做思想、组织准备。是年冬至次年春，县、区派出工作组，在 1 个月左右的时间内，在初级社基础上转办高级社。1956 年，全县共有高级社 94 个，初级社 114 个，入社农户 50 463 户，占总农户的 99.16%；1957 年，初级社全部转为或并入高级社，高级社增至 137 个，入社农户 47 646 户，占总农户的 99.47%，全县实现农业合作化。

高级社入社农户的土地统一转为全社共有，其中社员家庭自留占耕地总面积 3%~5% 的菜地（1957 年 6 月 25 日全国人大常委会通过《关于增加农业生产合作社社员自留地的决定》，规定菜地、饲料地合计不能超过当地每人平均土地数的 10%）；山权也同时归社所有，山林分队管理，屋前屋后的零星竹木仍为社员私有。

在转高级社过程中，由于时间仓促、步子迈得太快，对政策性问题处理粗糙，部分社、队的遗留问题多。根据 1956 年 6 月 30 日全国人大一届三次会议通过的《农业生产合作社示范章程》和 1957 年 9 月中共中央《关于整顿农业生产合作社的指示》，县委于 1956 年冬和次年冬分两批在全县开展整社工作：整顿干部作风，端正政治方向；适当调整社、队规模，合理精简组织机构；改善生产管理制度，拟订生产发展规划；认真贯彻互利政策，切实做好统筹安排。全县 131 个社进行了整顿，其中有 8 个大社调整为 24 个；"勤俭办社、民主办社"的方针得到进一步贯彻。

为加强对农业社的具体领导，县委抽调机关干部 102 名长期驻社；对规模达 2 000 户以上的大社及重点社，则选派国家干部进社担任书记、主任和主办会计；又从县、乡干部中选出 123 人为专职办社干部，组成若干工作队，常年下乡巡回检查，总结经验，反映问题，为县委当参谋，指导全县办社工作。1954 年 10 月，成立县会计辅导组，负责全县农业社的会计培训和夏收预分、年终总分的业务指导。

高级农业社普及后，结束了漫长的土地私有制历史，贵溪县耕作制度改革迅速推进，土地平整、水利建设工作开始大规模开展，推动了农业生产力的发展。1957 年全县粮食总产量为 104 265 吨，比互助组时期的 1953 年增长了 14.8%，比初级社时期的 1955 年增长了 9.7%。

人民公社化运动 1958年8月,根据中共中央《关于在农村建立人民公社的决议》,开始大办人民公社。高峰人民公社于8月22日率先宣告成立,由新田、雷溪、盛源3个乡的22个高级农业合作社合并而成,参加农户10 633户,占全县总户数的17.84%。10月,将全县137个高级农业合作社合并为高峰、火箭、文坊、樟坪、上清、耳口、周坊、夏岭、泗沥、雄石、鹰郊、童家共12个人民公社,入社农户为5 958户(平均每社4 966户),占全县总农户的99.43%,为时仅2个月就实现了人民公社化。

人民公社号称"一大二公",撤销区、乡建制,实行"政社合一,工、农、商、学、兵五位一体"的体制;推行"组织军事化、行动战斗化、生活集体化"。公社对土地及其他生产资料实行社有化,在财务上统一核算,采取伙食供给与基本工资相结合的分配办法,取消自留地和社员家庭副业,大办农村食堂(全县共办农村食堂2 377个,入食堂农户占总农户的99.8%);城镇街道也办公共食堂,在生产上搞"大兵团作战",农业放"卫星",向上谎报有亩产稻谷2万斤、黄粟万斤、荞麦千斤等"高产田"。在经济上,大搞"一平二调"(在公社范围内贫富拉平、平均分配,对生产队的财、物无代价上调)。据统计,当时全县共平调土地12 716亩,资金349 982元,劳动力2 257个,劳动日536 090个,耕牛2 907头,生猪5 083头,粮食750 010斤,农具4 174件,油榨11座,房屋3 146间,家具13 617件,还有大量其他物资(不含大炼钢铁、大办水利平调的财、物和劳力)。"共产风"、浮夸风、命令风、生产瞎指挥风、干部特殊化风盛行一时。同时,又大炼钢铁,调动农村70%~80%的主要劳力,集中在"钢铁基地"建土高炉、烧木炭炼钢,剩下的"三军"(娘子军、童子军、胡子军)和病残者坚持搞农业生产。1958年,大片二季晚稻至霜降尚未收割。周坊公社还搞了"共产主义"试点,推行十包(吃、穿、用、医、婚、丧、嫁、生日、教育、子女安排),实行"全供给制",因而出现一些人"东奔西跑,争衣夺袄",20多岁的大姑娘还要求上小学一年级念书、不肯参加劳动等现象,严重挫伤了群众的生产积极性,阻碍了农业生产的发展。到1960年，全县粮食总产量比1957年减少了21.18%，生猪年末存栏量比1957年下降了52.13%，导致粮食紧张，人均每天口粮一度仅为7两（16两秤）米。

1959年3月17—25日，县委召开了县、区、公社、大队、生产队五级干部万人大会，传达了中共中央郑州会议精神，即"十四句话方针"：统一领导，队为基础；分级管理，权力下放；三级核算，各计盈亏；物资劳动，等价交换；分配计划，由社决定；适当积累，合理调剂；按劳分配，承认差别。并从调整公社内部的所有制，改以生产大队（相当于原高级社）为基本核算单位，着手纠正"一平二调的共产风"和权力高度集中等问题。1960年冬，根据中共中央《关于农村人民公社当前政策问题的紧急指示信》，开展整风整社，中心是继续调节公社内部生产力与生产关系之间的关系，规定生产大队的所有制是基本的（土地等主要生产资料归大队所有，劳动调配权、包产以内的分配权归大队），公社一级的所有制是部分的，生产队的所有权是小部分的（对土地、劳力、耕牛、农具有固定使用权），保护社员个人的生活资料和少量的生产资料所有权。同时，共清理出前段平调的钱、物、劳动日折款505万元，当时兑现197万元，占应退赔总额的39.1%。

1961年6月，中共中央下发了《农村人民公社工作条例（修正草案）》（《六十条》）供讨论试行，仍确定三级所有以大队为基础，取消部分供给制，恢复评工记分，解散公共食堂。1962年2月13日，中共中央发出了《关于改变农村人民公社基本核算单位问题的指示》，正式决定公社一般以生产队（相当于原初级社）为基本核算单位。同年9月，中共八届十中全会通过的《农村人民公社工作条例（修正草案）》，确认了"生产队是人民公社的基本核算单位"，"至少20年不变"，同时明确规定了"生产队范围内的土地，都归生产队所有"。至1962年年底，全县遵照落实。从此，自高级社以来长达7年之久的所有权、经营权、分配权相脱节的问题得到了解决，统一归于生产队，为农业生产力的恢复、发展，创造了一定的有利条件。在实行以生产队为基本核算单位后，人民公社仍始终保留公社、大队、生产队三级所有、三级核算的体制。

第三节　手工业改造

　　手工业的社会主义改造是指通过合作化道路，把个体手工业转变为社会主义劳动群众集体所有制经济的理论和实践。手工业的社会主义改造从1953年11月开始至1956年年底结束。

　　贵溪盛产毛竹，利用毛竹加工竹器产品较为盛行。新中国成立前，毛竹加工分为竹器和篾器两大类。竹器产品主要有竹床席、竹椅、竹桌、摇篮等，篾器主要有箩筐、篾席、担箕、元宝篮等。中华人民共和国成立初期，雄石镇有竹篾加工户27家，31人从业；雨伞加工11户，18人从业。1954年，16家竹篾加工户自愿组成篾器生产小组，11家雨具加工户自愿组成雨具生产合作社，自此，全县竹器加工由个体分散走向集中生产。1957年，雄石镇的竹篾加工企业，分别在原小组、合作社的基础上成立了篾器生产合作社和竹器生产合作社。1958年，鹰潭镇竹篾工厂成立。文坊、塘湾、上清有篾工100余人。人民公社化后，绝大多数篾工参加了手工业合作社。1960年，塘湾镇成立竹篾厂，雄石、上清、文坊相继成立竹器生产合作社、篾器生产合作社和雨伞生产合作小组。1962年，全县竹篾加工总产值达5.06万元，职工187人，年产竹篾制品及雨具2万余件。塘湾元宝篮社生产的元宝篮还远销国外。

　　贵溪县立新竹篾厂占地1 598平方米，建房面积1 152平方米。1957年，雄石镇成立篾器生产合作社和竹器生产合作社。1958年，县城铁、木、篾、修建社合并为跃进工厂。1959年，跃进工厂被撤销，竹篾业组建为县竹篾厂，有固定资产1 200元，职工65人。1967年，县竹篾厂改名为县立新竹篾厂，主要生产鸡蛋篓、竹床、竹椅、箩筐、土箕等，产值达

7.2万元，上缴税金0.34万元，实现利润0.3万元。

1952年，鹰潭镇19户木工组成了木器联营工厂，主要生产水车，当年产水车139乘，产值为12 110元；1953年产水车246乘，产值为30 200元。1954年，雄石镇14户木工自愿组成了木器生产小组。1957年，木器小组、油漆小组、圆木小组合并成立木器生产合作社，有工人67人，年产木质农具23 138件，木质家具2 126件，产值为69 028元。1958年，文坊、塘湾、上清有木工300余人。1962年，上清、塘湾、文坊、志光分别成立了木器合作社和圆木合作小组，当年全县生产水车及各种农具3万余件，总产值为18万~22万元。1967年以后，木器加工企业进一步集中，产品逐渐向家具生产发展。

1953年，全县有缝纫工430人，其中集镇48人，农村382人，年产值仅为12万元，加工品种少，数量也不多。1954年以后，服装工业逐步发展。1955年2月，雄石镇18户缝纫工各自带来300元股金和1台缝纫机，组建了雄石镇缝纫一、二合作小组。1956年，合作小组转为生产合作社。1962年，雄石镇各分散的个体缝纫工又组建了雄石镇第三缝纫社。1965年三个社合并为一个社，不久即改名为县服装厂，工人增至110人。

明清时期，县内盛兴造纸业，尤以黄表纸出名。1935年，县内有纸槽多个，从业人员3 300余人，年产纸126万箱（每箱24刀，2 256张）。1958年，县民政局投资1.6万元，在天华山麻地大队洞源建立"苏区人民造纸厂"，并配2名干部、38名职工，都是复员军人。时有厂房2栋、纸槽5个，年产土纸8 200余刀。1962年归天华山垦殖场管理。同年，三县岭造纸厂年产土纸9担，有工人32人；文坊包装组有工人20人，从事粗纸生产；耳口造纸厂年产土纸约1吨，有工人16人。1965年，县内年产土纸约2吨。

第四节 资本主义工商业改造

资本主义工商业的社会主义改造是指通过国家资本主义的形式，将民族资本主义经济逐步转变为社会主义经济的理论和实践，消灭资本主义私有制。资本主义工商业的社会主义改造，从1954年开始，至1956年年底全面进行。党采取了"和平赎买"的政策，通过国家资本主义形式，逐步将其改造成社会主义公有制企业，而且将所有制改造与人的改造相结合。

1949年新中国成立后，国家对私营工商业者采取保护政策，允许和鼓励他们合法经营，并逐步实行"利用、限制、改造"的方针，对官僚资本主义商业采取没收政策，对民族资本主义商业和个体商业进行和平改造。1949—1952年国民经济恢复时期，国家对一些不利于国计民生的行业加以限制或取缔，例如西洋服装、珠宝玉石、金银首饰、迷信用品等业，使其趋向衰退或被淘汰，其从业人员逐渐改行。1952年4月开始，国家对一些不法私商从事投机倒把、扰乱市场的活动，开展了"五反"运动，稳定了市场。

1953年，我国开始执行第一个五年计划，进入社会主义新阶段，对私营工商业全面进行社会主义改造。

1954年9月，对百货、文具、中药、五金等行业（包括摊贩）进行摸底算账，掌握了私营商店的资金营业额、店主的政治面貌等情况，并采取多种措施，在掌握市场主动权的同时，逐步将私商纳入国家资本主义轨道。当时私商占国营的比重，雄石为40%，鹰潭为34%，上清为23%，文坊为25%，塘湾为24%左右。同时，还通过税收来加以限制。经过初级改造后，全县总计有批销店113家、经销店48家、代销店40家、合营店5家、代购商5家，农村集镇还有85户小商小贩参与合作商店和合作小组。

1955年下半年，进行集资并店。雄石镇将棉布业中的万太源、正大、恰丰3家合并为正大棉布店，邱义和、章善安、大丰、万章4家合并为大众棉布店，万源吉、汪太祥、和大、义大祥合并为和平棉布店，洪生棉布店原封不动。百货业中的彭启茂、永和茂、云飞商行3家合并为新联百货店，福华、新光、孙景记、天一合并为光明百货店，志英、兴华、吴义广、时新合并为四联百货店，捷安商行、祥余、盛昌合并为远大五金店，冠众书店、两恰堂、定中（笔店）、瑞昌祥（纸张）合并为五星文具店，福成祥、朱定丈、苏永丰、李振兴、傅秋官合并为五联文具店。胡永生和几家较大的山货店，如益兴、永兴、闵金旺等合并为利民南货店及大康南货店。皮同仁、同春、庆余堂等中药店合并为为国药店。周协太酱园、加工酱菜酱油店以及粉皮坊、酒坊、糖坊合并为食品一厂，源大南货店等合并为食品二厂，专制糕饼和灯芯糕。光华染布店同二家照相馆合并为东方红照相馆。马义成商行转为马义成旅社。联营的饮食店合并为直鲁豫和聚成菜馆。童合和、张长寿、张同兴、寿星祥等33户屠砧店合并为合作组，给食品站代购代销猪牛肉。蔬菜商贩也合并为蔬菜合作商店。还把鹰潭镇的大商号周益太并入雄石镇的化工厂中。到同年11月份，集资并店工作基本完成，12月份由雄石及鹰潭先后举行迎接全行公私合营大会，各行业私商纷纷向国营归口公司送去申请书，要求参加公私合营。

到1956年2月，全县私营商店按行业全部实行了公私合营。与此同时，对全县小商小贩采取了走合作道路的改造形式。在城镇，组织联购（共负盈亏）或联购分销（自负盈亏），并让他们承担国营商业的经销与代销业务；在农村，由供销合作社领导他们组织合作小组和合作商店。据县委统战部1957年2月8日的《贵溪县工商业基本情况统计表》记载，改造后的牌号共计226家（包括公私合营商店和合作小组，不含鹰潭镇），资金总额为205 011元，从业人员为657人。在38家公私合营新牌号商店中，有30家定息户，入股资金为138 073元，定息5厘，10年不变。

第十一章　艰辛探索曲折路

第一节　实行统购统销

1953年11月，县委、县政府遵照中共中央《关于实行粮食计划收购和计划供应的决定》和《粮食市场管理暂行办法》，决定对全县的粮食实行统购统销，并加强对粮食市场的管理。粮食价格由国家控制之后，棉布也被纳入了统购统销，生猪实行了派养派购。在实施过程中，落实政策和整顿市场并举，采取积极措施，取缔粮食自由经营，打击投机破坏活动。粮食统购统销后，征购业务由县粮食局统一经营，粮食私商被取缔，供销社代购也随之停止。1953年和1954年征购稻谷分别为0.95亿斤、1.02亿斤，各占同期粮食总产量的40%以上。购了部分"过头粮"，挫伤了农民生产粮食的积极性。1955年，县委根据上级指示，确定农村粮食全面实行定产、定购、定销的"三定"政策，而且一定三年不变。在农村粮食"三定"时期，1955—1964年共征购入库稻谷8.97亿斤，其中1959年征购了1.27亿斤稻谷，农业人口人均为国家提供粮食500斤。

在统购统销开始阶段，贵溪县城镇居民口粮实行按户定量供应，指标下达到居民组，分户售粮。机关食堂根据实际用餐人数，按月编造计划，由粮食部门审核发证，凭证售粮。1955年10月起，对城镇居民、工矿工人进行划类分等，实行"以人定量、归户计算、凭证供应"的制度。1958年全民大炼钢铁时，城镇人口每人每月提高了两斤米的口粮标准。1959年和1960年，粮食歉收，政府对定量口粮进行了两次调低。此后又多次调整，或高或低。农村粮食统销，主要是对专门从事蔬菜、林业、水产等生产的单位实行定销，根据各类人员的劳动强度、年龄大小，参照城镇定量标准，实行以人分等，定量发证，按月售粮。

第二节　第一、二个五年计划

在第一个五年计划（1953—1957年）期间，全县完成了对工业、农业、手工业及资本主义工商业的社会主义改造，各项计划指标落到实处，推动了经济建设稳步发展。5年间，累计实现工农业总产值2.59亿元，年均递增4.5%。其中工业总产值为1 599.4万元，年均递增29.2%；农业总产值为2.42亿元，年均递增3.3%；粮食产量、油料产量和生猪存栏量年均分别递增了3.5%、7.5%和1.9%；发电量年均递增5.1%；其他工业产品均有较大幅度增长。

在第二个五年计划（1958—1962年）期间，浮夸风、瞎指挥风、"共产风"盛行，计划编制严重脱离实际。工业以钢为纲，发动全民大炼钢铁；农业强行推广复式密植、"放卫星"，极大挫伤了群众的生产积极性。1958年全县的粮食产量计划为25.65万吨，实际收获10万吨，只占计划的39%；社会商品零售总额计划为2 672.7万元，实际是2 101.2万元，占计划的78.6%；工业总产值上报数为927.8万元，其实只完成了754.5万元。由于瞎指挥风和浮夸风过烈，工业基础不扎实，此后数年工业生产极不景气，计划指标也不断降低。1962年工业总产值计划降至640万元，实际完成了274.5万元，仅占计划的42.9%；粮食总产量计划降至10.3万吨，实际收获9.8万吨，占计划的95.4%。5年中，工农业总产值年均递减3.2%。其中工业总产值为2 618.6万元，年均递减22.3%；农业总产值为24 536万元，年均递减1.2%；粮食、油料产量及生猪存栏量年均分别递减0.4%、16.6%和1.3%。

在国民经济调整时期（1963—1965年），全面贯彻了"调整、充实、巩固、提高"的方针，工业实行关、停、并，农业调整了产业结构，经济发展有了新转机，各项计划完成较好，工农业总产值每年以12.9%的速度递增。其间完成工业总产值1 256.1万元，年均递增23.9%；完成农业总产值16 973.2万元，年均递增12.2%。粮食产量、油料产量和生猪存栏量年均分别递增16%、9%和6%。

第三节　纯洁革命队伍

"三反"和"五反"运动　"三反"运动是在党和国家机关中开展的"反贪污、反浪费、反官僚主义"的运动。"五反"运动是在私营工商业者中开展的"反行贿、反偷税漏税、反盗骗国家资产、反偷工减料、反盗窃国家经济情报"的运动。

1952年元月，在发动群众围剿"老虎"的过程中，全县挖出以原县粮食局局长信广才为首的贪污盗窃集团1个、贪污分子12人、有贪污行为的35人、腐化堕落分子2人，共计贪污盗窃稻谷647 384斤，折合人民币（新币）385.2万元。从2月开始，运动进入了核实定案和处理阶段。根据国务院《关于处理贪污及克服官僚主义错误的若干规定》和《中华人民共和国惩治贪污条例》等文件的规定，遵照"严肃与宽大相结合；改造与惩治相结合；多数从宽，少数从严；过去从宽，今后从严；坦白从宽，抗拒从严；一般从宽，恶劣从严；党外从宽，党内从严"的方针和政策，贵溪县对在"三反"运动中挖出的贪污盗窃等人员，分别做出了开除党籍3人、判处死刑1人、有期徒刑12人、免予处分34人的决定。

针对在"三反"中揭发出的不法资本家同国家机关中的贪污盗窃分子相勾结的情况，根据党中央《关于在城市中限期展开大规模的坚决彻底的

"五反"斗争的指示》，1952年，经过1个多月的发动群众检举揭发，全县450个工商业户，有5人交代了"五毒"罪行，5人被揭露。"五反"运动后期，根据对工商业户处理的基本原则，执行"多数从宽，少数从严；过去从宽，今后从严（例如补税一般只补1951年的）；坦白从宽，抗拒从严；工业从宽，商业从严；普通商业从宽，投机商业从严"的方针政策。全县440个工商业户是守法或基本守法的，整个"五反"运动，全县仅判处"五毒"俱全的奸商1人有期徒刑。

"三反""五反"运动挽救了干部，教育了全党，使多数国家工作人员增强了反腐蚀能力；同时打击了资本家的违法活动，也使资本家受到了教育。但是，在"三反"运动的高潮中，曾出现阶级斗争扩大化和逼供的偏差，造成2人非正常死亡。

内部肃反 1955年7月1日，中共中央发出《关于展开斗争肃清暗藏的反革命分子的指示》，把钻进和暗藏在党政机关、人民团体、企业、学校等单位的反革命分子全部查出来，纯洁革命队伍，巩固人民民主专政，保证我国社会主义建设事业的顺利进行。1956年3月，成立中共贵溪县委肃反五人领导小组，下设肃反五人小组办公室，抽调了76名专职干部从事内部肃反工作，从当年4月开始至1961年12月结束，持续时间长达5年之久。内部肃反分7批进行。

第一批内部肃反运动在县直机关、财贸、交通、工业等64个单位中展开，参加运动的共计1 108人。运动中，经过学习文件思想发动、分类排队确定审查对象、组织小组斗争、专案审查、甄别定案5个阶段，查出反革命分子6名。第二批在县立中学、各完小、各区卫生所等32个单位进行，参加运动的有305人，查出反革命分子9名。第三批在乡村小学教员以及公私合营、手工业合作社等单位的国家工薪人员和非工薪人员中进行，参加运动的有4 502人，查出反革命分子和其他坏分子77名。第四批在厂（场）矿单位中进行，参加运动的有1 346人，查出反革命分子和坏分子3名。第五批在新建、扩建厂、矿、垦殖场、公社大队管理干部中进行，参加运动的有 4 910 人，查出反革命分子和坏分子 5 名。第六批在边沿山区 15 个乡、24 个厂（矿）的 776 人中进行，查出反革命分子和其他刑事犯罪分子 37 名。第七批在吸收新职工较多、又未进行认真清理或清理不彻底的 20 个单位中进行，参加运动的有 2 949 人，查出反革命分子和其他坏分子 19 名。

审查干部 1953 年 11 月 12 日，中共中央做出了《关于审查干部的决定》。1955 年 10 月 24 日，中共中央又下发了《关于审干工作同肃反斗争结合进行的指示》。

贵溪县的干部审查工作，从 1956 年 8 月开始，到 1958 年 1 月底结束，第一批审干任务全面完成。第二批审干工作，是在全民性整风运动和"反右"斗争以后，遵照中央"必须扩大审干范围"的指示精神，结合贵溪县具体情况，对中小学教师、乡干部、公办医疗机构中护士以上医务人员、科技人员、国营商业中的营业员与业务员、公私合营部门的行政管理人员及工商联干部等的审查工作。1958 年 2 月做准备，4 月上旬开始调查，到 11 月底止（因大炼钢铁，中途暂停 1 个月），历时 8 个月工作全面结束。

在全县 3 397 名需要审查的干部中，通过查档摸底，确定审查对象为 720 名。经过内查外调，发现有 346 名干部长期隐瞒自己的政治和历史问题，其中，反动党团成员 206 名（含骨干分子 40 名）、国民政府军政警宪人员 65 名（含骨干分子 35 名）、反动会道门成员 15 名（含骨干分子 1 名）、在敌人面前有过各种错误行为的 24 名（含有叛变行为的 12 名）、有其他各种大小政治及历史问题的 36 名。根据本人的认识态度，按照党的干部政策，逐个做出了处理。

整风、"反右"运动 1957 年 4 月，中共中央发出《关于整风运动的指示》，决定以毛泽东在当年 2 月最高国务会议上和 3 月在全国宣传工作会议上的两个报告为指导思想，进行以正确处理人民内部矛盾为主题，以反对官僚主义、宗派主义和主观主义为内容的开门整风运动。

4 月 25 日，由贵溪县委副书记魏玲在县直机关干部、县中与雄石小学教师、工商界政治学习班、县委干校学员、各界人士等1 200多人中，传达毛泽东两个讲话，为整风运动做理论准备。尔后，全县机关干部、知识分子和工商界人士，分别应所在单位的邀请，参加座谈会，响应党发出的整风号召，对党和政府的领导人在工作中的缺点、错误提出意见。5月7日，成立中共贵溪县委整风领导小组。6月8日，《人民日报》发表《这是为什么？》的社论，全国停止整风运动，中央机关开始反击右派进攻的斗争。

8月，贵溪县根据社会上出现的一些违反社会主义利益的错误言论，首先在农村进行以粮食统购统销为中心的社会主义大辩论试点工作，紧接着又在全县范围内，开展了以合作化为主题的社会主义大辩论的思想教育运动。全县参加这一运动的工人、农民、小商贩等达15 000人，提出了2万多条不同意见。

9月17日，贵溪县拉开了"反右"斗争的序幕，至1958年7月11日结束，历时10个月。全县"反右"斗争分2批进行，参加人员2 287人，共划出"右派"分子239名，其中极右分子24名。所划"右派"分子除28名普通反革命分子转交县委肃反五人小组处理，4名坏分子和刑事犯罪分子转交给司法部门处理外，实际按"右派"分子处理的为207名，其中开除公职实行劳动教养的14名，保留公职送劳动教养的31名，送农村或其他劳动场所的51名，撤销职务、实行留用察看并降低原有待遇的41名，撤销原职务、降职使用的35名，撤销一部分职务、保留一部分职务、实行降薪的26名，免予处分的9名。此外，贵溪县被划为"中右"分子的有66名，除2名下放农村劳动，其余都受到了不同程度的行政处分。

1959年，党中央发出关于分期分批摘掉"右派"分子帽子的指示，贵溪县遵照这一指示，从1959年起到1962年止，先后分4批，共摘掉了84名"右派"分子的帽子。直到1984年，才彻底把错划为"右派"的全部改正过来。

反右倾斗争 1959年9月25日，中共贵溪县委召开扩大会议，传达学习中共江西省委扩大会议和中共八届八中全会精神。尔后，在县直机关和人民公社中，全面铺开反"右倾"斗争，经过几个月的揭发批判，全县被重点批判和处理的共有40人（不含鹰潭镇8人），其中，"右倾机会主义分子"5人，有"严重右倾思想""右倾情绪""个人主义""同情单干""同情右倾言论""支持单干"的35人。

1962年，贵溪县对在"反右倾"斗争中被重点批判和处理的40人，全面进行了复查，经过甄别写出结论的38人，未予甄别的2人。直到1980年，才全部改正。

第十二章　兴修水利工程

第一节　初建、大建阶段

贵溪县素有"七山半水两分田，半分道路和庄园"之称。新中国成立之初，全县共有21.8万人口，66万亩耕地（含鹰潭），人均耕地3.3亩。水利设施很差，粮食产量很低，共有大小山塘水库3 300座，粮食总产量1.47亿斤，平均亩产200斤。1950年以后，农村发生了深刻的变化，粮食产量迅速提高，农村经济迅速发展，农民生活明显改善。这些成果的取得，和20世纪五六十年代兴建的大批水利工程是分不开的。

新中国成立以来，贵溪县人民遵照毛泽东主席"水利是农业的命脉"的教导，进行了大规模的水利建设。当时，广大农民政治上翻了身，经济上分到了田地，生产积极性像火山爆发一样迸发出来，要求改变生产条件，提高生产水平。贵溪县委把农民这一积极性引导到组织兴修水利上来，仅1950—1957年，全县共建大小水库、水坝水塘5 481座，比新中国成立前的水利工程总数增加了1.6倍，灌溉面积由新中国成立前的12万亩增加到22.7万亩，粮食产量由1950年的1.47亿斤增加到2.27亿斤。

此间，贵溪县新建的灌溉面积达万亩以上的水利工程有西溪坝、硬石岭水库、大平畈水库，五千亩以上的有香炉峰水库、刘家垄水库，千亩以上的有口路源、桥头青、新溪等水库，五百亩以上的有小岩前、长古源等水库，还新建了一批山塘水利工程。

1952年冬，江西省首批兴建的10座较大引水工程之一的西溪坝动工兴建，组织全县民工上阵，奋战了一冬春，基本完成了79万立方米土石方任务，灌溉面积达3万亩。西溪坝完工之后，1956年经省里批准，12月1日又动工兴建了当时全省最大的蓄水工程——硬石岭水库。县委、县政府动员全县4万多名民工奋战一冬春，完成了207万立方米土石方任务，国家仅投资45.5万元，贷款51万元，灌溉面积4万多亩。这项工程建设竣工仅花了3个多月，成为全省高速度、高工效、高质量、高效益的水利工程，当年兴建当年受益，从而大长了全县人民的志气，大鼓了群众兴修水利的干劲。群众称赞道："十八岩山咀，拦住乌江水。施工三月余，挖渠百余里。感谢共产党，灌田四万余。"它初步解决了志光、鸿塘、金沙等乡的干旱问题。在捷报传来的1957年冬，又兴建了太平畈水库和大批小型水利工程。水利工程的大量兴建，不断扩大了灌溉面积，为全县粮食增产创造了条件。

　　在1958—1966年的9年当中，贵溪县进行了大规模的水利建设，共新建万亩以上的水利工程5座，即白庙水库、大禾源水库、枫岭湾水库、梅溪坝、红卫水轮泵站（即九牛滩水轮泵站）；五千亩以上的7座，即洋石桥水库、界牌水库、蛤蟆石水库、杨溪水库、东山垄水库、杨梅岭水库、河潭埠水库，还有大批千亩以上和千亩以下的水库水坝。9年来全县共兴建大小水利工程4 453座，比新中国成立前增加1倍多。灌溉面积由新中国成立前的12万亩增加到43.3万亩，增加了3.6倍。粮食产量由1950年的1.47亿斤，到1966年增加到2.76亿斤，总产量翻了将近一番。这一时期水利建设的特点是：统一规划，各自为战；自力更生，集中歼灭；群众干劲大，工程建得多。如1958年全县上马了白庙和大禾源2座万亩以上的水库工程，同时还上马了洋石桥、界牌、杨梅岭等五千亩以上的水库工程。白庙水库是高峰（现彭湾、罗河、雷溪、流口等乡镇）半个公社的民工建起来的，仅这个水库就完成了100多万立方米土石方任务。枫岭湾水库是一个坝头高（31.5米）、土石方多、任务重的工程，贵溪县委动员全县民工大干了两个冬春,完成了133万立方米土石方任务。

红卫水轮泵站是全省五大河流拦河筑坝的第一大型工程。1966年10月,该工程经省水电厅批准兴建。为了抢时间,贵溪县采取边勘探、边设计、边施工的办法。1966年12月因受"文化大革命"的影响,形势恶化,指挥不灵。但广大农民群众仍希望早日建成这一工程,他们大力支持领导工作,不怕三九寒天,仍然日干夜干,终于在1967年3月洪水期来临前,完成大坝工程兴建任务的3/4,渠道也完成了80%。经过几年的努力,工程全部竣工后,水泵送水,电站送电,收到了较好的效益。

盛源乡(今流口镇)是全县最怕旱的乡。新中国成立前,该乡80%的田是望天丘,十天无雨田发裂,半月无雨田发白。自从兴建了界牌、杨溪、东山垄、大树垄、石背等水利工程后,全乡80%的稻田可种双季稻,改变了无雨就旱的面貌。罗河镇翁源村是个石山裸露,一无河流,二无水源的严重干旱区,素称"滴水贵如油,天晴渴死牛"。20世纪五六十年代,该村群众坚持自力更生,因地制宜大办水利,逢垄筑库,库外套库,沿山开渠,长藤结瓜,高库灌高田,低库灌低田,在12平方千米的范围内筑起山塘水库83座,全村农田实现了灌溉自流化。从此,水清鱼肥禾苗秀,粮食产量比新中国成立前翻了三番,年产鲜鱼2.5万斤。

第二节 续建、加固阶段

从1969年起,贵溪县水利工程建设有一个续建配套、除险加固、适当兴建和小水电大发展的阶段。这一阶段,围绕建设旱涝保收、高产稳产农田的目标,水利工作的重点转向对已建工程的保安、配套和维修;同时量力而行地继续兴办一些小型水利工程,扫除"水利死角",改造低产田。特别是1975年8月河南省发生特大暴雨后,贵溪县先后对硬石岭、白庙、塘湾、太平畈4座中型水库按河南75.8型暴雨标准(3天降雨1 600毫米）进行了除险加固，对枫林湾水库按部颁标准进行了除险加固；对22座小（一）型水库和13座铁路沿线的小（二）型水库也按新的标准进行了加固除险。1980年6月至1987年7月，对大禾源水库进行了枢纽工程续建和渠系工程配套、改建，使其规模由小（一）型升格为中型。在这一阶段，新建的水利水电工程主要有由塘湾公社于1970年2月至1972年4月兴建的中型工程塘湾水库，上清、塘湾、梅溪、耳口、虹桥、硬石岭、白庙横岭、西窑、冷水等一批水电站及一些小型水库。全县新增有效灌溉面积约为3万亩，并通过续建配套，使一批工程扩大或改善了灌溉效益。

这一阶段，在防洪工程建设方面，于1969—1972年沿信江及其支流罗塘河下游两岸，建成了长达53千米的人工圩堤。在水力发电建设方面有重大进展，1969年11月至1972年7月兴建耳口电站；1969年12月至1973年3月，完成了上清水电站第一期工程。

这一时期，贵溪水利建设曾发生两次较大失误：一是1969—1970年，推行"八字头上一口塘"，不顾具体条件"一刀切"，打乱了部分地区原有的水利体系；二是1977—1979年，盲目"想大的，干大的"，未经充分论证就开挖黄柏、金沙排洪渠，调动了全县50%的男劳力，开挖了长1万多米、底宽60米的人工河道，历时3年，耗费巨资，一无所得，遗患不少，占地2 775亩，毁良田1 900多亩，打乱了硬石岭水库灌溉体系，并使7 000多亩土地受到了严重侵蚀。1979年9月，省计委、省经委正式下达通知，这项工程停建。

第三节　西溪坝修建史

西溪渠是新中国成立初期贵溪兴建的第一座中型引水工程，也是当时江西省首批兴建的10座较大引水工程之一。1952年12月开工，1954年4月竣工。拦河大坝位于信江水系罗塘河中游的雷溪端岗符家村前，坝址上游流域面积为502.2平方千米，坝长170米，最大坝高8.5米，平均坝高3.2米。坝中部建有宽4.2米的筏道，东、西各有一进水闸，正常引水流量分别为2立方米/秒和3立方米/秒。东、西干渠总长为52千米，设计灌溉面积为3.5万亩，1957—1958年间实际曾达到8.62万亩。

1952年4月，全县土地改革结束，分得土地的广大农民迫切希望解决农田灌溉问题，盼望及时修复旧坝。其时，县建设科干部刘风鑫、方彪从省水利局举办的农田水利技术训练班学习后归来，奉命承担修复旧坝的测量工作。他俩逆罗塘河而上，逐段勘察，在端岗符家村前发现原有一座老坝，已倒塌废弃多年，刘风鑫经过测算，认为这是一个理想的坝址，若在这里兴建一座永久的拦河坝引水，将能解决罗塘河下游数万亩农田的灌溉问题。他们把这一大胆设想向县委、县政府进行了汇报，当即得到了领导的支持，并向省水利局呈送了书面报告。不到半个月，省水利局就派遣工程师李希忠率技术员文梦月、陈大钟来到贵溪，会同刘风鑫、方彪前往端岗符家，驻点勘察、设计。短短1个月时间，初步设计就完成了。主持设计的李希忠建议把这一工程命名为"西溪渠"，含江西贵溪之意。

1952年12月，由省水利规划设计、经省人民政府批准兴建的西溪渠工程开工。县委、县政府一声号召，3万多翻身农民就在各区（乡）长、指导员或农会主席的率领下，自带工具、炊具和粮、柴、菜及棉被，从全县各地浩浩荡荡地奔赴罗塘河下游两岸，一时各村住满民工，打响了贵溪县水利建设史上的第一个大会战。

工程指挥部驻符家祠堂，副县长郑占魁亲任总指挥。民工到达后，指挥部即召集各区、乡负责人开会，做动员，分任务，会后立即冒雨到现场划分施工地段。

大坝、渠道工程同时铺开。筑坝工作由受益各乡约千名民工担负，李希忠、刘风鑫为技术指导。渠道工程面广，便于大兵团展开，由全县各区、乡民工分段开挖，技术指导是省局文梦月、陈大钟和县建设科方彪等。

当时没有汽车，钢筋、水泥全是用手推车从县城运到工地。清基需8 000根毛竹和5万斤芦茅，指挥部通知塘湾、盛源等地筹集，3天内就如数运到。装鹅卵石的竹篓大家不会做，就由刘风鑫手把手地教篾匠制作，然后再由篾匠教民工。几天工夫就制成了数千只竹篓。

1953年汛期前，大坝渠道工程基本完成。不料是年8月发生了特大洪水，把符家村前河岸冲了一个大口子，河流有改道危险，因此又组织了第二期施工，在东头加筑50米长的大坝，即筏道右侧的一段，于1953年12月16日开工，次年4月竣工。

1954年4月4日，正当春耕需水时期，西溪渠举行了竣工典礼，由县委书记赵林剪彩，正式启闸通水。附近数千农民敲锣打鼓，欢声雷动，热烈庆祝，不少村庄燃放鞭炮"接水"。

在西溪渠兴建阶段，共完成203万立方米土方，0.62万立方米石方，砌石1 320立方米，混凝土5 340立方米，钢筋混凝土224立方米；投入水泥1 234吨，钢材85吨，木材450立方米，炸药25吨。

西溪渠受益范围东西长17千米，南北宽18千米，包括28个行政村。这一带原来粮食亩产不过200千克左右，自从建了西溪渠，灌溉基本实现自流化，水稻普遍由单季改为双季，也有了种植绿肥、改良土壤的水源条件，粮食产量不断提高，20世纪80年代中期平均单产已达700千克，有些地方高达900~1 000千克。

第十三章　社会事业有亮点

第一节　发掘肿节风

自20世纪50年代中期起,提倡发掘祖国医药遗产,在贵溪农村搞小秋收时,也把采药挖药列为内容之一,越来越多的群众参与药材采集。尤其是1969年,全国各地掀起了大搞草医草药活动的热潮,县里号召医务工作者从历代医籍、本草、民间方药入手,利用现代医学和方法进行分析研究,努力挖掘医学宝库,服务于人民身体健康。本地草药肿节风成为著名的抗癌药物,被载入国家权威药典——《中华人民共和国药典》,就源于贵溪当时的努力。

肿节风,即金兰科植物草珊瑚的干燥全株,中国古代药事记其可治无名肿毒,民间草医用于消炎、清热解毒、消肿散结、舒筋活血,治疗关节炎和跌打损伤尤有效。1969年,贵溪县开展了草医草药运动,冷水深山中的浙江缙云籍草医林凤标被推荐"进驻"县人民医院,将草医技术用于临床。是年5月,该院为农妇姜香凤摘除巨型卵巢囊肿后,病人高烧不退,用青霉素、卡那霉素等多种抗生素均不奏效,病人生命垂危。林凤标被邀参与会诊,建议试用肿节风煎剂,病人服用后,当晚体温下降,连服数日后,恢复正常,且精神奇迹般好转。此事轰动院内外。

恰逢贵溪县制药厂筹建,首先从开发利用本地药源入手。县卫生部门将下放到本县农村的江西医学院教师戴培兴、叶泉声、邱福良等调集到县人民医院，成立了肿节风科研小组，进行药理药化研究，采用水煎乙醇沉淀法、70%乙醇浸提法、铅盐法等获得了肿节风结晶，经抑菌实验和临床观察，证明肿节风对9种致病菌有抗菌作用，对菌痢、肺炎、阑尾炎、急性肠胃炎、蜂窝组织炎、脓肿有良好效果，对胃溃疡、十二指肠溃疡、胃窦炎有显著疗效；对猪瘟、猪丹毒也有显效。至1974年，前后100多次抑菌实验，500多只小白鼠及兔、猫、狗的药理实验，证实肿节风为理想的广谱抗生素，且服用后无副作用。

与此同时，进行生产工艺研究。1969年试制糖浆剂、蜜丸和针剂；1970年，试制流浸膏剂和干浸膏片剂；1971年6月，片剂工艺定型；1974年，经上饶地区和江西省药物检验所检验，并经省卫生厅批准，正式投入批量生产。1974年前后，解放军一八四医院和贵溪制药厂还曾合作研制成灭猪瘟针剂，当时河南省猪瘟流行，曾大量使用，疗效显著。

1976年，为论证肿节风的抗癌性，石油化工部组织全国肿节风会议，由上海医学工业学院（组长单位）、贵溪制药厂（副组长单位）、上海遵义医学院、江西中医学院、上海市肿瘤防治办公室等单位组成了肿节风药理模型及有效成分会战协作组；同年12月，石化部在贵溪召开第二次肿节风科研协作会议。

次年，《中华人民共和国药典一部（1977年版）》正式将肿节风和肿节风片载入，称肿节风片的功能与主治为：消肿散结，清热解毒；用于肿瘤，亦可用于肺炎、阑尾炎、蜂窝组织炎。

1978年，贵溪制药厂肿节风研究小组代表胡敏致出席全国科学大会，并因在科学技术工作中做出的重大贡献，获得由大会授予的奖状两张：贵溪制药厂肿节风注射液、片剂获合作完成的成果奖，肿节风研究小组获先进集体奖。

同年9月，化工部在庐山召开了肿节风药理模型及有效成分会战组总结会议，对肿节风的抑瘤作用予以肯定。上海20多家大医院对220例癌症患者的临床试验资料也证明：肿节风有扶正、消炎、镇痛作用和抑癌作用,对各类中晚期癌症确有一定疗效,特别是对胃癌、肺癌、结肠癌有较好疗效。

20世纪70年代末80年代初,南昌、上海已有制药厂和日用化工厂进一步开发肿节风的药效。在研制和初产阶段,曾以贵溪制药厂的研究成果为基础并以该厂生产的肿节风浸膏为原料,生产草珊瑚含片和草珊瑚牙膏,风靡海内外。

第二节 消灭血吸虫病

历史上,贵溪县塘湾乌墩、畈上陈家、畈上张家等地农民中流行着一种"大肚子"怪病。轻者局脓局血,面黄肌瘦,四肢无力;重者肝脾肿大,腹胀如鼓,骨瘦如柴,死亡者众多。当地民谣:"一把锄头三斤铁,走到田头歇三歇。举起锄头周身累,放下锄头就想睡。"这种病给疫区人民带来了深重的灾难。相传,乌墩附近曾有过一个高山村,百余年前是有3 000多人的农村集镇,因流行此病,全村毁灭,其村遗址1960年仍然依稀可见。畈上陈家等两个村庄也被此病吞噬了近半人口,不少农民为躲避瘟疫而流落他乡。

新中国成立后,这种怪病引起了县委的高度重视。1956年4月,县委成立了血吸虫病防治工作领导小组,5月份成立了以张振凡为组长,孙朝胜为副组长的贵溪县血吸虫病防治组,成员7人。领导小组派人员奔赴疫区以及附近的7个乡镇进行了调查,但一直未发现血吸虫病的中间宿主——钉螺。直至1961年塘湾公社芦甸村村民邱善良赴余江县血防站求医,该站诊断其所患为血吸虫病,乃追踪至贵溪。是年3月10日,江西省、上饶地区及贵溪县联合派出专业查病工作组至塘湾公社,开展了血吸虫病调查,发现了在以芦甸大队乌墩生产队为中心,方圆4平方千米的910亩稻田、总长5 470米的沟渠和5.5亩的草坪中,有血吸虫病的中间宿主钉螺，密度为9.69只/市尺^2，钉螺自然感染率最高为33.3%，占全省血吸虫病疫区总面积的0.16%。同时，粪便检查97人，发现其中有血吸虫现症病人5名。于是，正式确定贵溪县塘湾公社为丘陵地带的正型血吸虫病疫区。

1961年6月，贵溪县委组织了专业的血吸虫病防治工作组进驻塘湾，副县长杨树兰、县卫生局局长刘风等驻村参与指挥。工作组进驻后，立即以乌墩生产队为中心对疫区及其周边人口进行了3次以上反复化验查病，共查出10个生产队、9个自然村有血吸虫病病人137人，其中晚期血吸虫病病人11人，疫区人口为2 511人。检查耕牛355头，查出病牛1头。同时，还对贵溪县的文坊、罗河、上清等地进行了查病、查螺31次，未发现钉螺及现症血吸虫病病人。对查出的血吸虫病病人，县委组织了医疗队对病人全部用酒石酸锑钾和25%的葡萄糖等量静脉注射治疗，3天一疗程，免费进行治疗，有的病人反复治疗了两三次。至1964年年末，贵溪县的血吸虫病病人全部治愈。

县委血防组进驻后，培训了一批查螺员，勘察有螺环境，制定了详尽的消灭钉螺规划。1961年6月，县委组织动员914个劳动力开展了突击灭螺。一是改造疫区环境。对有螺沟渠三面铲光，填平打实，分别新开了血防一、二、三号渠；对边坡、草场实行秋冬火烧、春夏铲。二是加强疫区的水源和粪便管理。新建、改建水井；改造厕所，搭棚加盖，粪便由生产队统一管理。三是对有螺水田喷洒五氯酚钠药物或改种旱作物以杀灭钉螺。冬季将池塘水排干、洒药，杀灭钉螺。在三年半的时间内，全面查螺17次，灭螺21次，灭螺面积达240 350平方米。贵溪县血防工作者工作作风踏实，吃苦耐劳，涌现了许多先进事迹。塘湾血防组的胡蜀阳同志，就因为坚持在疫区灭螺，不幸因五氯酚钠药物中毒而牺牲在工作岗位上。

1964年年底，上饶专区组织考核工作组，对塘湾疫区做了3天的复查考核，在27 000多平方米的原有螺地域中，未发现一只活钉螺。1965年2月17日，《健康报》发表了中共贵溪县委文章《送走瘟神迎丰收》，介绍了贵溪县防治血吸虫病的经验。1983年10月中共江西省委血地办对贵溪县进行了考核验收，认定贵溪县达到了中共中央血地办制定的《消灭血吸虫病试行标准》，为其颁发了《消灭血吸虫病考核证书》。1984年11月，中共贵溪县委在塘湾镇召开庆功大会，给80多名在血吸虫防治工作中做出贡献的有功人员授奖。

第三节　仙水岩崖墓考古

1978年10月8日至1979年1月17日，在国家文物事业管理局拨出专款3万元后，由贵溪县委具体组织领导，在九江市航运起重队的大力配合和当地驻军的援助下，江西省博物馆考古队和贵溪县文物陈列室花了近百天时间，对贵溪县鱼塘乡仙水岩崖墓风景保护区仙水岩崖墓进行了全面的联合发掘。

此次联合发掘，共清理了18座崖墓，发掘了棺木37具，较完好的人骨架16副，出土了陶器、原始青瓷器、骨器、玉器、木器、纺织品、纺织工具、乐器等220件，均属春秋战国时期的珍贵文物。贵溪仙水岩崖墓中的棺木用料多是樟科闽楠，少数为杉木与檫木。棺木全是以整料制成的，少数棺表还留有黑漆或刻有纹饰，棺内为紫漆，而绝大多数为露胎。棺分棺与椁，多数是悬棺。各墓葬的随葬品多摆在棺木的外边。随葬品多是纺织品、纺织器材和生活用具，而生产工具和兵器却很少。在这些春秋晚期的遗物中，有器表呈黑色，外表打磨光亮，器形工整的软陶22件；有器表呈酱褐色的原始硬陶坛罐杯53件；有质地为青灰胎的原始青瓷49件；还有削、拱背、弧刃、环把、仿铜木剑、十三弦琴等，都是我国最早的实物资料。

在出土的文物中，陶器有75件，按陶质可分为泥陶和硬陶两类：泥陶22件，灰褐泥胎，器表黑色，打磨光亮，器形工整，有罐、钵、鼎、盂、洗、盥盘等，器表分别饰以雷纹、弦纹、筐点纹、圈点纹，多为平底器；硬陶有52件，绝大多数完整，器表多呈酱褐色，少数呈青灰色，分别饰以拍纹、回纹、线纹、绳纹、蓝纹、圆圈纹、米字纹等，并有组合纹的出现，如菱形填成线纹与方格纹、米字纹与蕉叶纹、方格纹与蕉叶纹、筛底纹与方格纹的组合纹样。肩部耳饰以连环耳居多，S形假耳亦较盛行，个别器肩附管状耳、蛇形贴耳、双羊首贴耳等。有的在器肩或上腹刻有各种符号或文字，这是全国各地出土陶器中所罕见的。

出土的原始青瓷器共49件，占出土器物总数的23.3%。这些瓷器均属青灰胎，上半部胎壁较薄，下半部渐厚。器表多施深浅相异的黄釉，青灰釉次之，少数为青褐釉，多不及底。釉水不甚均匀，光洁亮度不强，有聚釉结块现象。附耳装饰不盛，少数器肩附细小的贴耳及带环半圆耳。器形多是杯、碗、碟等，瓷罐有6件，最大的青瓷器高19厘米，腹径为26厘米，中腹及肩部各有梳齿纹一周。

发掘的竹木器超过百件，其中比较完整的竹器15件，多为编织器；木器41件，有用具、工具、乐器等类，木质分别为闽楠、桐、杉等。在出土的木器中有两件木琴，均放在棺盖上。两琴体形相同，系用桐木刳制，琴壁厚2厘米。其中一琴长166厘米，琴画平整，琴头近鱼尾状，向下弧弯，宽17.5厘米；琴尾末端棱起呈凸形，宽15.5厘米，下横弦列孔13眼。在琴头起弯处，有弦孔两行，行距3厘米，前行7孔，后行6孔，孔距相错，孔径2厘米。琴背呈凹面，唯前、后端各有一道凸边，隔成长方形音箱，内长134厘米，宽11~12厘米。另一琴尾部断，残长174厘米，琴身中部有一弧形缺口，口长34厘米，口沿平滑，不像断痕。像这种琴身长、琴弦多、式样富有民族特点的古代木琴，经上海民族乐团鉴定，认为是目前发现最大最古老的琴，是我国古代民族乐器中的珍品。

崖墓棺内还有纺织器材和纺织品残片。纺织器材有36件，内有纺织用具和纺织机件，如绕纱板、夹布棍、刮麻具、分经棒、清纱刀、撑经杆、挑经刀、打纬刀、刮浆板、提综杆等。纺织品残片经科学鉴定，分别为绢、麻布、苎布三类。绢有深色和棕色两种，麻布有黄褐、深棕、浅棕三色，苎布为土黄色，都是平纹组织。土黄苎布和深棕色麻布保存较好，尚有拉力。土黄苎布残长110厘米，宽20厘米。深棕色麻布残长110厘米，宽16~26厘米。从出土的部位观察，绢系胶料，麻布及苎布多系垫尸之物。1980年6月，上海纺织科学研究院纺织史组鉴定认为："贵溪出土的纺织器物比《中国古代原始织布机发明史》中提及的提前了700多年，为重新编写《中国纺织史》提供了难得而又可靠的实物史料。"

此外，还发现玉玦1件，直径2.5厘米；玉环1件，直径8厘米；骨管1件，长2.5厘米；砺石1件，一面磨光呈圆形。

上述出土文物，根据科学鉴定，可以得出以下结论：一、崖墓的年代。出土木材的树龄年代已测定为距今2 600年左右，从而可断定崖墓年代应在春秋晚期至战国早期。二、当地的族属。从崖墓密集和同族共葬的习俗来看，墓主当属于越族。根据史籍记载，贵溪县在"于越"族活动范围之内，由此也可以得到佐证。三、经营的方式。出土的器物中，有两个突出的特点，一是陶瓷器多，二是纺织器多，足以证明这个民族主要从事家庭手工业劳动。富饶的自然资源大森林，为烧制陶瓷器提供了足够的燃料。繁茂的野生植物纤维，以及早已开始人工种植的大麻、苎麻、蚕桑，为发展家庭纺织业提供了原料。这些随葬的纺织器材和纺织品，就是墓主生前所使用和织制的。四、生产的水平。出土的200余件文物中，没有一件金属制品，而是以陶仿铜、以木代铜，说明当年这一带交通闭塞，经济比较落后，以自然经济为主，对商品惜为珍宝，不轻易将其随葬，这也反映了春秋战国时期的生产水平。

这些珍贵的文物，为研究春秋战国时期的政治、经济、文化、风俗等，提供了难得的实物资料。

第四篇　改革开放

1978年12月召开的中共十一届三中全会，做出把全党工作重点转移到社会主义现代化建设上来的战略决策，开启了贵溪改革开放的新时期。贵溪县委认真贯彻落实三中全会精神，带领全县人民加快了对冤假错案的复查、平反、纠错工作，进一步落实统一战线等方面的政策，巩固发展了安定团结的政治局面。通过全面贯彻中央"调整、改革、整顿、提高"的新八字方针，结合实际，实施了一系列有力措施，进行经济调整，促进经济社会发展走上正确轨道。中共十二大召开后，农村政社分离，城镇启动经济体制改革。十四大后，对外开放加快发展。十六大后，高新技术产业和现代服务业发展，开放型经济达到新水平，经济实力跃上新台阶。

第十四章 农业农村新面貌

第一节 改革激发活力

推广包干到户 20世纪80年代初全县推广包干到户。中共十一届三中全会后，在重建农业生产责任制的过程中，贵溪农民群众经反复比较，最终选择了包干到户形式的联产承包责任制，其轨迹是：从基本上没有责任制到普遍建立多种形式的责任制，从不联产责任制到联产责任制，从联产到组向联产到劳到户发展，直至包干到户。

第一阶段：1979年春至1981年春，重建生产责任制，缩小生产队规模，包产单位渐由生产队转移到作业组。

中共十一届三中全会后，县委着手重建农业生产责任制，一度进展缓慢。至1980年10月，县委开始贯彻中央召开的以讨论农业生产责任制为主要内容的省、市（自治区）党委第一书记会议的《关于进一步加强和完善农业生产责任制问题》精神的会议纪要。当年冬，抽调县、社、大队干部1 159人，在198个大队（占全县大队总数的91%）、1 620个生产队（占生产队总数的51%），帮助群众建立健全生产责任制，目的是改变"生产上一刀切、劳动上一窝蜂、分配上一拉平"的弊端，调动农民群众的生产积极性。同时，对生产队规模做了调整。1981年春，全县生产队规模平均缩为18户左右；全县3 540个生产队中，推行专业承包、联产计酬的68个，占总队数的1.9%；划分常年作业组、对组实行"四定三包一奖赔"（定劳力、土地、耕牛、农具，包产包工包成本，超产奖、减产赔）的1 744个，占49.3%；划临时作业组、小段包工、定额计酬的725个，占20.5%；田间管理责任到劳、联产计酬的71个，占2%；未搞责任制的有932个队，占26.3%；边远山区单门独户搞包产到户的有18户。可见，已有49.3%的生产队，由包产到队变为包产到组（每组仅几户），少数队还开始实行责任到劳、联产计酬。

第二阶段：1981年春至当年秋，联产承包到户，把部分不便于集体耕作的水田、旱地包产到户，由暗到明，不断扩展，形成不可遏制的趋势。

早在1980年，金沙公社岭脚大队何家和西洋大队方圳等生产队已率先自发地暗中把部分不便于集体耕作的水田、旱地包产到户。公社党委经调查，确认其有好处。1981年春节前，该社已将占耕地总面积25%的远田、低产田、村头鸡口田包产到户。到春耕时，群众纷纷要求将大田生产也包产到户。于是，包产到户的耕地面积又扩大到40%。是年，该社早稻投肥比1980年全年投肥量还大。

但当时地方领导机关一再指示：要慎重地对待包产到户，绝大多数地区原则上不搞包产到户，只有对个别边、穷地区，经县、社批准，才能允许包产到户，并且要引向专业承包、联产计酬。

在广大群众冲破"左"的束缚，要求包产到户的呼声日趋强烈的形势下，1981年6月9—13日，县委召开了有150人参加的农村工作会议，讨论上饶地委提出的区别三种经济发展水平地区、分别推行三种形式责任制的意见。会上，许多人认为包产到户就是倒退、走老路，"辛辛苦苦三十年，一夜退到解放前"。另有些干部对包产到户是姓"社"还是姓"资"疑虑重重。县委的态度是：积极提倡第一种（专业承包，联产计酬），大力推行第二种（统一经营，联产到劳），对边穷地区和群众有要求的可以实行第三种（包产到户或包干到户）。会上宣布，当时全县建立责任制的情况是：在3 559个生产队中，实行"四定三包一奖"、联产到组的有1 628个队，占45.7%；专业承包、联产计酬的有86个队，占2.4%；统一经营、联产到劳的有23个队，占0.6%；包产到户、包干到户的有143个队，占4%；临时作业组小段包工的有1 584个队，占44.5%；尚有95个队未建立责任制，占2.7%。

同年6月26日夜，中共上饶地委召开电话会议，并把讲稿直接印发到每个生产队，强调要求：建立责任制的核心是"联产"；指出有的干部思想不解放，对"双包"客观上起了"堵""挡"的作用。一些地方农民风闻消息，即自动在"双抢"期间实行分户插秧。但是，7月下旬县委又传达了上级领导的讲话，说"双包"搞多了、搞大了，要往回引；要防止大包干责任制一哄而起，搞成新的"一刀切"。于是，各公社领导对群众自发搞"双包"来了个"急刹车"。

9月上旬，中共上饶地委召开有公社书记参加的农村工作会议，以典型经验介绍的方式继续解决干部中对责任制，特别是对"双包"思想不通的问题。会后，县委对"双包"到户态度趋向积极。9月20日，县委、县政府印发《关于处理联产计酬农业生产责任制若干问题的暂行办法》，就建立包产到户和包干到户责任制过程中需要处理的土地承包，耕牛农具固定财产管理使用，水利设施管理使用，征超派购任务，分配与提留，烈军属、五保户及困难户照顾，债权债务，山林，队办企业，计划生育，实行合同制，加强生产队领导共12个问题提出了具体政策、措施和办法，发至全县生产队。

第三阶段：1981年冬至1982年，包干到户责任制全面推开。

《关于处理联产计酬农业生产责任制若干问题的暂行办法》颁发后，全县大多数生产队纷纷连夜集会，社员自议自决，制定包产到户或包干到户的议约，立即实行。据1981年年末统计，全县3 701个生产队中，包产到户的有690个，占18.65%；包干到户的有2 606个，占70.41%；包产到组的有40个，占1.08%；专业承包的有19个，占0.51%；定额计酬的有192个，占5.19%；其他形式的有154个，占4.16%。总的情况是：绝大多数生产队在秋收前已确定从1982年起实行包干到户，红花草已分户播种，但1981年年终分配则仍由生产队统一进行。

据1982年5月统计，全县春耕出勤人数比上年增加了1/4；新添农具3.9万多件，比上年同期增加了3倍；积造各种农家肥520万担，比上年翻了一番。广大农民积极采取增产措施：兑换良种，湿润秧田面积占40%，使用秒田肥面积达50%，改一犁二耙为二犁三耙，早稻栽插自觉推行6×6、6×7的密植规格。

到1982年年底，全县农村除个别生产队因具体问题有争议而未决外，都实行了包干到户责任制。全县范围由集体统一经营转到统分结合的联产承包责任制的大规模变动宣告结束。

完善联产承包责任制　1981年12月，县委农村工作会议提出：稳定、完善联产承包责任制已成为农村工作的重点。稳定、完善的前提是划清所有制与责任制的界限，坚持土地集体所有，给农民以土地经营权；中心内容是正确处理统与包的关系，坚持统包结合；重要环节是坚持国家、集体、个人三者利益兼顾的原则。1982年上半年，县、社派出干部帮助群众解决承包中的一些突出问题，重点是落实粮食征购任务和债权债务；下半年又分3批组织县、社、大队干部，对少数地区存在的土地承包很不合理，集体财产被瓜分，承包合同未签订以及对军烈属、五保户、困难户照顾不够等问题进行了解决。

1984年，多数生产队原定3年承包期届满，根据中共中央《关于一九八四年农村工作的通知》中"土地承包期一般应在15年以上"的要求，县委、县政府于8月15日转发了县委农工部《关于延长承包期，进行土地调整的意见》，要求采取慎重态度，本着"大稳定，小调整"的精神，区别不同情况。凡原实行按人劳比例承包的，或口粮田按人承包、责任田按劳承包的，一般不应改变承包办法，可在原基础上延长承包期；因人口增减、劳力升降而要求调整土地的，可以原耕为基础多退少补；原留有机动田的可在机动田中解决，无机动田的也可"动产不动地"，即调整承包指标，不调整地块；原承包土地过于分散、零碎的，可由集体做一次调整，也可由社员自己协商调换；原分包土地不合理的，如属数量悬殊，可多退少补，如属质量优劣不均，可调整承包指标而不动地块；由于农村专业经营的发展，有些农户已开始退出或放弃部分土地，应给予鼓励，退出的土地可由退出户转让承包，也可收归集体用于调剂或作为机动土地；对进行掠夺性经营、降低地力的农户，原则上不准调换土地，如确需调换，应向新承包户付补偿费。

当年冬，全县进行了土地调整和承包期延长的工作。据1985年年初对12个乡1 150个村民小组的调查，土地调整有4种情况：维持原承包耕地不动的有128个组，占11.1%；"大稳定，小调整"的有363个组，占31.6%；打乱重分的有539个组，占46.9%；部分打乱调整的有120个组，占10.4%。另有43个村民小组因未到原定承包期或群众意见分歧未能达成协议的，则没有进行土地调整和承包期延长。同时，发现土地抛荒户364户（其中平原1户、丘陵142户、山区221户），其承包的2 312亩水田中，抛荒257亩；发现乱占耕地户2 138户，占地498亩，其中建房2 109户，占地476亩，烧窑取土29户，占地21亩。

1986年，县委农工部鉴于当时还有相当部分地区仍以3~5年为承包期，而其间人口、劳力又有增减，便于10月间在余家乡滴水、天禄两村进行延长土地承包期的试点工作，之后于12月22日提出了《关于进一步完善土地承包责任制的意见》；1987年9月6日，县委、县政府予以批转并附《关于完善土地承包责任制的实施办法》《关于完善耕地承包责任制的工作安排意见》，发至村委会。文件指出：这次完善工作仍以"大稳定，小调整"为原则，目的是鼓励农民对土地进行投资，防止对土地的掠夺、破坏，使有限的土地得到最合理的利用，发挥最大的经济效益。土地分包比例，一般按人六劳四确定，但对现有人均耕地在8分田以下的地方，为保证基本口粮，可按人口承包土地。一般不要打乱重来，但对有些原分田基础不均匀、土地过于零碎、不利于生产的地方，根据多数群众意见，可以原生产队为单位做一次调整。文件参照各地经验并根据本县试点实践，提出了一个承包期为15年的分包土地办法（简称"两标法"，即标准人口、标准劳力测定法），就是以农户为单位，对现有人口、劳力做出15年变化预测，测出每户每年人口、劳力数，再求出15年的平均数，得出标准人口和标准劳力数，然后一次性地按标准人口分配口粮田，按标准劳力承包责任田，使土地承包期真正稳定在15年不变。

1986年秋冬，各乡镇按县委、县政府部署，组织力量到各村指导和协助土地承包的完善工作，但因不少村民小组当时原定承包期未满，且"两标法"工作量较大，人手不足，所以实际落实"两标法"的仅占全县村民小组总数的30%左右。

1998年，根据中共中央办公厅、国务院办公厅《关于进一步稳定和完善农村土地承包关系的通知》精神，贵溪市开展了第二轮土地延包（承包期延长30年不变）。本着"大稳定，小调整"原则，土地承包期再延长30年，是在第一轮土地承包的基础上进行的，要使绝大多数农户原有承包土地继续保持不变；"小调整"只限于人地矛盾突出的个别农户。1999年年底，基本完成第二轮土地延包工作，给农户颁发农村土地承包经营权证书。

2008年，开展农村土地承包经营权证换发证工作，以第二轮承包合同为依据，换发新的农村土地承包经营权证。同时，对若干问题做了明确规定：一是举家迁到城镇落户的，本人不愿放弃承包地的，保留其承包地；二是对无协议、无合同委托代耕、转包土地的原承包户想要回承包地的，恢复原承包户的经营权；三是对农村婚嫁妇女、入赘男子的原承包地保持不变，对在校或待业的大中专生、现役军人、民办教师、"两劳人员""五保户"和无承包经营能力户，保留其承包地；四是对因人口变化很大，农户间人均耕地悬殊，应在"增人不增地，减人不减地"的原则下，对个别人多地少特殊户，经村民会议协商，用村组的机动地适当调剂；五是种养大户、"外来户"的种养面积涉及其他承包户的，除有符合法律规定的书面转让合同外，对其他流转形式的地块，其农村土地承包经营权证发放到原承包户，但依法、自愿、有偿的土地流转，其流转关系维持不变；六是已挖塘养鱼或种果树苗木的原耕地如已流转给他人经营，既确认原承包农户的承包权，又保护已经形成的较好的生产力。2008年8月，全市10.28万农户签订了农村土地承包合同，填写、发放农村土地承包经营权证工作基本结束。

税费改革助农惠农 1991年，贵溪县集体提留和各项收费为373万元，各种集资摊派为99万元，农民负担总额为590万元，人均负担占1990年人均纯收入的3.65%，控制在国务院规定的5%以内。

1997年开始，实行农民承担费用和劳务一定三年不变。1997—1999年，每年农民承担的村提留、乡统筹费用预算总额为2 139万元，其中，村提留为1 040万元，乡统筹为1 099万元，人均负担为53元，未突破条例规定的限额。1998年遭受特大洪涝灾害，对重灾区、重灾户农民负担实行了"减、免、缓"。2000—2001年，继续执行农民负担一定三年不变政策。

2002年，进行农村税费改革。从2002年1月1日起，取消乡统筹费、农村教育集资等专门面向农民征收的行政事业性收费和政府性基金、集资；取消屠宰税；用3年时间取消劳动积累工和义务工；调整农业税政策，新的计税面积以第二轮承包土地面积为依据，新的农业税常年产量以1994—1998年农作物的实际平均产量据实核定，新的农业税税率实行地区比例税率，最高不超过7%，新的计税价格按50千克稻谷54元计价；改革村提留征收使用办法，村提留采取新的农业税附加和农业特产税附加方式收取，农业税附加和农业特产税附加均按其正税的20%征收，收取的村提留款实行乡管村用、专户储存、专款专用。

2004年深化农村税费改革。核减农业税，从2004年1月1日起，按2002年《农民负担监督手册》确定的农业税调减43%；降低农业税率后减少的实际收入，由省财政安排转移支付资金给予补助。落实中央粮食直补和良种补贴。2005—2008年全面取消农业税和农业税附加。国家继续对农民种粮实行粮食直补和良种补贴。

2004—2008年，贵溪市执行国家向农民发放粮食直接补贴、良种补贴、农资综合补贴、农机具购置补贴、种粮大户补贴政策，各年度发放资金分别为：2004年1 444.3万元，2005年1 540.73万元，2006年2 408.8万元，2007年3 259.6万元，2008年5 892.5万元。

土地流转机制改革　20世纪90年代以来，伴随着农村劳动力的转移，农村进行土地流转。2004年，白田乡北山村有74%的劳动力外出从业，全村320户的171公顷耕地全部转包给25户种粮大户耕种，种粮大户与转包方及村委会分别签订转包合同，转包合同期限为1年。贵溪市政府在北山村召开现场会。全市依照农业部《农村土地经营权流转管理办法》和《江西省农村土地承包经营权流转操作指南》，引导农民在自愿、有偿的前提下采取转让、转包、出租、入股、互换等形式进行土地使用权有序合法流转。2008年，全市土地流转面积3 540公顷（其中转包1 498公顷，出租1 439公顷，互换209公顷，转让394公顷），流转出土地的农户13 124户。农户间流出、流入土地面积为3 329公顷，占总流转面积的94%；乡、村有组织的流入企业土地面积为212公顷，占总流转面积的6%。

第二节　夯实发展基础

农田水利建设　改革开放后，农田水利建设转入除险加固时期。1980年6月至1987年7月，对大禾源水库进行了枢纽工程续建和渠系工程配套、改建，使其规模由小（一）型升格为中型。1988、1989年，鉴于信江洪水成灾，沿河乡镇为加强防洪能力，对圩堤进行了加高加固。1991—2008年之间，全市对106座小（二）型、小（一）型、中型水库进行了加固，共安排资金4 100万元。

农业机械运用　1991年贵溪县农机总动力为6.67万千瓦，拥有各类动力机械4 007台,其中大中型轮式拖拉机252台,手扶拖拉机584台。农产品加工及排灌以柴油机为主,但人力水车、手摇风车、人力脱粒机、人力喷雾器等人力机具和半机械化机械仍被普遍使用。1992—2001年农业机械增长平缓。2001年年底,农机总动力近10万千瓦,手扶拖拉机和其他动力机械小有增长,大中型轮式拖拉机减少为7台。2002—2003年,各类农用动力机械均有增长。2003年农机总动力11.52万千瓦,各类农用动力机械5 255台,其中大中型轮式拖拉机15台,手扶拖拉机654台。2004年以来,农用动力机械迅速发展,2008年年底,全市农业机械总动力达到36.29万千瓦,各类农用动力机械31 075台,其中大中型轮式拖拉机28台,手扶拖拉机1 706台,柴油机8 954台,汽油机13 871台,电动机6 516台。

1997年首次引进抛秧机,在鸿塘镇傅家村进行示范;2002年引进1台东洋牌PF455S型四行步进手扶式机动插秧机,在白田乡港黄村、志光镇"五七"农场进行示范。2006年全市有插秧机6台;是年,在雷溪乡张桥村示范机插早稻5.3公顷,次年在鸿塘镇红山村示范机插早稻20公顷。2008年,全市有插秧机13台,其中久保田牌SPW-48C型1台、福田2Z-6型2台。

20世纪90年代初,收获水稻仍沿用镰刀手工割禾、人力脱粒机脱粒的方法。1991年贵溪县人力脱粒机普及,拥有人力脱粒机51 663台,偶见用禾斛脱粒。1997年贵溪市农机站引进了1台台州-130型全喂入联合收割机和农友90割晒机,在鸿塘镇傅家村进行示范。2001年,全市有联合收割机10台,机收面积达247公顷。市农机站推广人力打谷机改装机动脱粒机技术,1999年开始演示;次年,机动脱粒机发展到218台;2006年,拥有机动脱粒机14 192台。2004年起,联合收割机快速增加,人力脱粒机和机动脱粒机相应减少,至2008年年底,全市拥有联合收割机436台,机动脱粒机13 506台。

2004年,贵溪市被列入全省实施农机购置补贴项目的10个县(市)

之一。当年，省财政补贴10万元，2005年开始实施中央财政农机购置补贴。农机购置补贴额度逐年加大，由2004年的10%增加到2008年的30%以上，对重点推广的机动水稻插秧机实行中央、省级财政累加补贴，补贴比例达60%以上，单机补贴最高限额为5万元。补贴机具范围逐步放宽，由水稻生产机具扩大到牧业、渔业生产机具。5年共补贴427万元，共补贴机具1 223台。

土地开发整理 2011年，贵溪市罗河镇贵碧村小组村民通过对村里荒地和空心村的整理，使耕地新增100余亩，年增收可达15万元。

贵溪市把土地开发整理作为确保耕地总量、拓展用地空间的有效途径来抓，积极实施农村土地开发整理工程，改善农田基础设施条件，增加可用耕地面积，为发展现代农业、促进农民增产增收铺路搭桥。2002年以来，贵溪市共投入资金1亿多元，实施土地整理复垦项目4个，新增耕地面积2万余亩。

贵溪市是江西省工业大市（县）之一，为有效缓解经济快速发展所带来的巨大用地压力，贵溪市成立了专门的耕地与基本农田保护工作领导小组，出台了《贵溪市土地开发整理规划》，并从相关部门抽调专职技术骨干组成技术、资金等5个服务小组，对土地开发整理项目的选址、规划设计、立项提供指导和帮助，市财政每年拨付2 000余万元土地开发整理专项资金，专门用于低产田、荒地滩涂开发整理的奖励和补助。10年来共实施园田化工程、造地增粮工程面积37 468.8亩，新增耕地面积6 800多亩；土地整理项目2个，土地整治项目1个，新增耕地13 864.43亩；还通过实施城乡建设用地增减挂钩项目复垦空心村6个，清理闲置地、抛荒地133.74亩，新增耕地116.63亩。

第三节　秀美乡村建设

2006年起，开展社会主义新农村建设（含秀美乡村建设点）工作。截至2012年，全市共建设新农村试点村833个（其中2006年60个、2007年129个、2008年130个、2009年110个、2010年111个、2011年138个、2012年155个）。新农村建设涉及27个乡镇场，其中含18个乡镇、7个林垦园艺场、2个场局；并对贵塘公路沿线、白鹤湖大道沿线，以及三区三线涉及的11个乡镇、58个村委会、252个自然村、7 576栋房屋进行了改造升级。

新农村建设资金来源分为直接统筹资金和间接统筹资金两大块。直接统筹资金由省、市、县三级配套。江西省文件规定，2006年每个建设村点的直接统筹奖补资金为10万元（其中省6万元、市1万元、县3万元）；2007年同样为10万元；2008年每个建设村点为14万元（其中省8万元，市、县5万元，土地出让1万元）；2009—2010年每个建设村点奖补资金为16.5万元；从2012年开始，每个建设村点直接统筹资金为30万元（省级15万元、鹰潭市级6万元、本级市9万元）。2006年市本级财政安排300万元；2007年安排1 000万元；2008年安排1 000万元；2009年安排1 000万元；2010年安排1 000万元；2011年安排1 200万元；2012年安排7 043万元（含贵溪冶炼厂周边新农村建设4 851万元）。

第十五章　驻市企业星罗棋布

随着改革开放的深入、国家重点产业布局的调整，一个以铜冶炼为主体的大工业群在贵溪市内迅速崛起。

2005年市内驻有中央、省属10多家大中型企业。有中国300强工业企业之一的江西铜业集团公司；有亚洲最大、世界排名第十位、中国现代化程度最高的铜冶炼厂——贵溪冶炼厂，阴极铜产量达40万吨，贵溪因此享有"中国铜都"之称；有装机容量50万千瓦的华东电网主力电厂——贵溪电厂，2004年11月已开工建设投资27亿元、装机容量60万千瓦的二期工程；有全国四大磷铵厂之一、年产24万吨的复合化肥厂——贵溪化肥厂；还有银锌储量华东之最的贵溪银矿及国家大型建筑企业首钢四建、中国有色十五冶等。

第一节　江西铜业公司

江西铜业公司（江铜）是集采矿、选矿、冶炼、加工于一体的国有特大型企业，是中国最大的铜工业生产基地和重要的硫化工原料及金银产地，也是国家重点扶持的512家企业之一。其所属单位有中国最大的现代化露天铜矿山——德兴铜矿（德铜）、中国第二大露天铜矿山——永平铜矿（永铜）、中国第一家采用世界先进闪速熔炼技术和两转两吸制酸技术的现代化炼铜工厂——贵溪冶炼厂（贵冶），以及武山铜矿、城门山铜矿、东乡铜矿、银山铅锌矿、江铜广信工贸总公司、深圳宝安江铜南方总公司、信江铜制品有限公司、材料设备公司、职工中专等30余个二级单位和43家多种经营企业，拥有职工3万余人。除深圳宝安江铜南方总公司位于深圳外，其余单位以江铜总部所在地贵溪为中心，环状分布在上饶、抚州、九江、鹰潭4市下辖的6个县市。

江铜自1979年成立到2008年，经过了30年的大规模建设，已形成年产90万吨铜的产能规模，跻身世界铜行业前三强。2006年，集团公司拥有总资产360亿元，净资产149亿元。

江铜的主产品有阴极铜、硫酸、黄金、白银、铂、钯、硒、硫、铼、钼、硫酸铜、氧化砷、铜精矿、铅精矿、锌精矿、硫精矿、铜锭、铜杆、裸铜线等。主产品贵冶牌阴极铜，1995年4月被上海金属交易所评为一类铜，经中国消费者协会调查，认定其为全国100个用户满意产品之一。1996年4月，贵冶牌阴极铜在伦敦金属交易所（LME）一次注册成功，贵冶生活区产品质量达到国际先进水平，成为中国第一家在LME注册的铜产品。其生产的金锭、银锭于1990年获江西省优质产品称号，贵冶牌硫酸为国优金奖产品。江铜主产品远销美国、日本、欧洲和东南亚等30多个国家和地区。

2000年4月，时任国务院副总理的吴邦国同志视察江铜时提出要把江铜"做大、做强、做好"。围绕这个大目标，经国家批准，江铜贵冶三期扩建工程于2000年10月28日举行奠基仪式，2001年7月正式动工建设，到2003年年底全部建成投产，江铜年产阴极铜规模由20万吨提升到40万吨，跻身于世界铜行业前五强。

1978年9月23日，中共江西省委决定成立江西铜基地建设指挥部，开始进行筹建工作。1979年6月26日，正式成立江西铜基地总指挥部、江西铜业公司。1979年7月1日，铜基地、江铜正式挂牌，为两块牌子、一套机构，实行江西省委和冶金部双重领导，以冶金部为主。并从即日起，将德铜、永铜、武铜、东铜、银山、贵冶以及赣东北供应站从省冶金工业局划出，归铜基地领导。1981年12月22日，铜基地隶属国家有色金属工业管理总局。1982年11月24日,国家有色金属工业管理总局改为中国有色金属工业总公司。铜基地、江铜隶属总公司领导。1988年8月11日,根据铜基地生产建设发展情况变化,总公司决定撤销江西铜基地总指挥部,成立江西铜业公司建设指挥部,江铜受总公司委托,对铜基地的生产建设全面负责。至此,铜基地职能由以基建为主向以生产经营为主转变。1995年3月7日,总公司决定将上海冶炼厂并入江铜。合并后的江铜是总公司独资的特大型有色金属联合企业,实行人、财、物、产、供、销统一管理。上海冶炼厂原国家资本金转换为江铜的资本金,由江铜作为投资主体注入上海冶炼厂。1995年12月11日,江铜进行了股份制改造,组建由江铜绝对控股的中外合资企业——江西铜业股份有限公司。1997年1月24日,国家工商行政管理局核发江西铜业股份有限公司企业法人营业执照。1998年4月,中国有色金属工业总公司解散,国家有色金属工业局成立。江铜隶属国家有色金属工业局领导。2000年7月1日,江铜由中央下放江西省管理,同时将1995年并入江铜的上海冶炼厂划归上海市管理。

铜基地、江铜本部驻地经过4次迁移:1978年10月27日在德兴县原香屯冶炼厂筹建处办公;1979年1月2日迁到贵溪县委招待所;同年5月1日迁到德兴铜矿现场办公;1985年5月1日正式定址在贵溪城郊大岩。

1993—2000年,江铜基本建设累计完成投资23亿元。其中,采选工程投资10.14亿元,建成德铜三期后3万吨工程、武铜南矿带1500吨/日采选工程、城铜1.2万吨/日采选工程,新增日采选能力3.27万吨;冶炼工程投资12.92亿元,建成贵冶二期工程,形成年产铜20万吨的综合能力。德铜三期工程前3万吨系于1991年4月投入试生产,1994年投产;后3万吨系于1994年建成,1995年年底投产,连同一、二期工程和技术改造新增的生产能力,达到日采选9万吨,成为全国最大的现代化铜矿山。武铜南矿带续建工程1993年达到日采1 000吨的生产能力,1994年达到日采1 500吨的生产能力,完成总投资额1.32亿元。贵冶一期工程于1985年12月建成投产,1994年形成年产铜10万~10.5万吨的生产能力。

1995年12月国家计委批准贵冶二期工程开工，1999年11月主体设施建成，2000年6月13日竣工投产，2001年年底正式通过国家验收，实现国家规划的第一个战略目标，形成年产20万吨铜的生产能力。

2000年，江铜瞄准建成世界一流铜业公司目标，着手贵冶三期工程改造建设，工程投资额为15.38亿元。2001年9月15日，经国家经贸委批准，贵冶三期工程按照"高起点、大规模、新机制"的建设要求，进行技术攻关。2002年5月17日，贵冶"闪速炉"改造项目竣工。11月8日，贵冶三期新增阳极炉浇铸系统点火试车成功，年产30万吨粗铜能力形成。2003年8月1日，三期工程的最后一个项目倾动炉建成并一次点火成功。江铜集团阴极铜年生产能力由20万吨提高到40万吨，跻身世界铜产业前十强。2007年9月，江铜30万吨铜冶炼工程竣工投产，形成了70万吨综合生产能力。2008年，江西省有色金属工业重点建设力度加大，投资主要集中在冶炼加工行业，冶炼加工项目占整个投资的83.5%。江铜年产10万吨铜板项目进展顺利。总投资额为2.95亿元的贵溪冶炼厂电解东扩工程竣工投产，江铜形成了年产90万吨铜的产能规模，进一步巩固江铜世界铜行业前三强的地位。

2013年，江西铜业集团首度跻身世界500强，排名第414位。

第二节　贵溪冶炼厂

该厂地处市北郊，西濒信江，东南有浙赣铁路，西南有皖赣铁路。厂生产区占地140公顷。企业一期工程总投资为7.2亿元，其中外汇有1.23亿美元，引进日本住友公司、芬兰奥托昆普公司成套设备。"供电""供水""供气""精矿预干燥""铁路运输""汽修""富氧"等设备均由国家配套建设。贵溪冶炼厂系国家第一座引进具有世界先进水平闪速冶炼技术的工厂，也是国内最大的铜冶炼企业。

截至 2005 年 12 月 31 日，20 年来，贵溪冶炼厂已安全生产 7 924 天，共生产阴极铜 311.1 万吨，黄金 94.9 吨，白银 1 735.1 吨，硫酸 1 110.8 万吨，三氧化二砷 6 533.88 吨。

贵溪冶炼厂是国家"六五"计划的重点工程，是第一座采用世界先进的闪速炼铜技术的工厂，是最大的现代化炼铜工厂。经过一期、二期、三期建设，2005 年生产阴极铜 42 万吨、硫酸 98 万吨。

1985 年 11 月，江铜贵溪冶炼厂一期所有设备完成了安装与试车工作，使工厂具备了投料试生产的基本条件。1985 年 12 月 30 日闪速炉投料试生产，总投资额为 6.5 亿元人民币，建设 6 年的贵溪冶炼厂一次性投产取得成功。1986 年矿产铜达到了 60 219 吨，1988 年该工程获得了国家银质奖。

在一次性投产成功后的第二年，该厂紧跟国际炼铜新技术，以惊人的胆识和魄力，率先迈开了技术改造的发展步伐，对主工艺实施了"富氧"挖潜改造工程。1990 年 7 月正式向闪速炉送氧，开始了富氧熔炼的历程。闪速炉精矿投料量由 1 050 吨/日上升到 1 250 吨/日，产量增长了 20% 以上，单位能耗下降近 30%。

1992 年开始进行旨在提高制酸系统能力、满足闪速炉处理高硫铜精矿需要的"1542"工程。1994 年闪速炉进行了首次冷修，对中央仪表室所有的仪表和计算机进行了更新换代。原来的 EK 系统仪表更新为 DCS 控制系统，使贵溪冶炼厂的自动化控制水平由 20 世纪 70 年代跃入 20 世纪 90 年代，实现了铜工业现代化和自动化。1994 年，闪速炉日精矿投料量攀升到 1 568 吨，阳极铜产量达到了 10.2 万吨，较技改前增产铜 3 万吨，相当于在国内再建了一个中型炼铜厂。工厂在"大胆引进、消化吸收、跟踪发展、开发创新"的道路上越走越宽阔。

在江铜贵溪冶炼厂二期工程建设的初期论证中，国家已批复同意翻版再上一套 10 万吨的闪速炼铜系统。然而，一期工程建设的成功经验，让江铜人有了足够的技术积累，决策层经过严密论证，果断决定将原二期"二炉翻版扩建"方案推倒重来，紧跟世界一流水平，凭借自有技术积累，实施"一炉技改挖潜"新方案，达到了二期建设目标。

1997年，贵冶开始凭借自有技术，按"单炉改造"分步实施"分期投产"的战略规划，致力于实现20万吨目标，使概算投资由原来的21亿元锐减为16亿元。

1999年11月25日，被列为国家"九五"重点改造项目的贵溪冶炼厂二期工程全面竣工，2000年阳极铜产量达到了20.97万吨，在一台闪速炉上实现了两台炉子的梦想。自此，贵溪冶炼厂的设备性能、技术装备水平、生产规模等主要经济技术指标迈上了一个新台阶，达到了20世纪90年代世界铜冶炼先进水平，整体工艺技术水平跻身世界炼铜工厂15强。

二期工程以来，贵溪冶炼厂凭借奋起直追的坚强毅力和不断超越的胆识魄力，闯出了一条"引进一代技术，开发一代技术，储备一代技术，创新一代技术"的科技兴企之路，始终把增强自主创新能力作为科技进步的主攻方向。采用高冰铜品位是当今闪速炼铜技术发展的必然趋势，冰铜品位从45%提高到62%，江铜仅用了4年时间就赶上了国外先进炼铜工厂10年的增长水平，一举跻身世界高冰铜品位行列。蒸汽干燥系统是我国第一套用于干燥铜精矿的工艺，具有能耗低、投资少的优点，但在实际生产中，遇到了设计上的缺陷和操作管理上经验不足等问题，运行时作业率仅为25%左右。工程技术人员迎难而上，实施了一系列技改措施，蒸汽干燥能力逐步上升到70吨/小时，作业率也达到了90%以上。与此同时，我们相继克服了操作管理上经验不足带来的困难，在保障了闪速炉反应塔内精矿分布的均匀性和失重给料计量系统的稳定性二期二步工程实施后，闪速炉精矿处理量提升到了2 600吨/日。

2000年4月，时任国务院副总理的吴邦国同志专程来江铜集团视察，盛赞贵溪冶炼厂是绿色环保的"花园式工厂"。2001年9月，贵溪冶炼厂三期工程由国家批准开工建设，其目标是：依靠科技进步，提高技术内涵，充分进行挖潜改造，将贵溪冶炼厂年产量由20万吨提高到40万吨。

2003年8月，总投资15.3亿元的三期工程全面告捷，当年阴极铜产量达到了34.2万吨。倾动炉车间的建成投产，使2004年阴极铜产量直达41.5万吨，工厂在世界炼铜工厂中排名进入前10强。

三期工程从设计到实施，一直坚持吸收国外铜冶炼的最新成果，积极采用新技术、新工艺、新设备，成功地使用了世界上最新开发的精矿喷嘴，引进了当时世界上最先进的艾萨法铜电解技术和处理杂铜的倾动炉技术，不仅填补了国内空白，还使工厂的技术设备和各项技术经济指标再次得到了优化，产量增幅达到50%，吨铜综合能耗降低了14.8%，吨铜直接生产成本降低了36.09%，全员实物劳动生产率提高了1倍。

2007年9月，贵溪冶炼厂年产30万吨铜冶炼工程竣工投产，标志着企业正式形成年产70万吨阴极铜的产能，产量规模一举跃升为国内第一、世界第三。从7.5万吨，到15万吨、20万吨、40万吨，再到70万吨，仅仅20多年的时间里，该厂的铜产能增长了近10倍。

2013年，贵溪冶炼厂成为世界上唯一一家阴极铜单厂产能超过百万吨的铜冶炼厂。

第三节　贵溪发电有限责任公司

贵溪发电有限责任公司（简称贵电）是一家大型全民所有制发电企业，位于江西省东北部贵溪市城东，占地171.76万平方米（其中厂区占40万平方米，生活区占40万平方米，其他占91.76万平方米）。贵电原有的4×12.5万千瓦燃气轮发电机组，从1978年开始筹建，在1984—1987年陆续投产发电。

为适应江西经济发展对电力的需求，该厂在稳定原有机组发电的同时，积极着手扩建2台30万千瓦机组的准备工作。从1985年起，先后多次踏勘了周围环境，对水源、地质、灰场、运输能力等进行调查，经过初步论证，认为贵电扩建成百万以上的发电厂是可行的。1990年，贵电委托江西省电力设计院对扩建2×30万千瓦机组进行可行性研究。1991年，贵电向中共鹰潭市委、市人民政府提交了二期扩建书面报告。鹰潭市计委以《关于要求在贵溪电厂扩建2台30万千瓦机组的专题报告》上报江西省计委。1991年，能源部电力规划设计管理局下发《关于贵电扩建工程可行性研究工作计划的通知》。同年，省电力局下发《关于扩建可行性研究准备及配合工作的通知》。1993年，贵电还向江西省电力设计院正式发出可行性研究委托书。同年，向贵溪县人民政府发函《关于二期扩建工程需要当地政府提供有关材料》。贵电还分别向县土地局、城建局、水利局、环保局等各主管部门获取了扩建有关协议资料。1994年，贵溪补充省环保及省水利厅的批复文件，报江西省政府。江西省电力局上报项目制建议书。同年，补充和收集水文资料与冷却塔面积论证等资料，以及二期扩建取水条件模型试验报告书。1995年，进行厂内铁路二期扩建。1996年，落实煤矿点及供煤量，提取矿点煤质、元素分析报告。1997年3月11日，二期扩建经国务院批准立项。2003年12月26日，总投资为27.1亿元的贵电二期扩建工程奠基。工程由电力集团出资95%，贵溪城市建设投资开发公司出资3%，鹰潭市经贸国有资产运营公司出资2%，共同兴建。工程安装了2台300兆瓦国产亚临界燃煤发电机组，首台机组于2005年9月23日试运行，10月9日进入商业化运营。

2007年，公司实施"上大压小"工程，分步对4台125兆瓦机组实施关停；"以大代小"，建2×600兆瓦机组。2月，江西省发展和改革委员会将《开展贵溪"以大代小"前提工作的请示报告》上报国家发展和改革委员会；7月各有关单位正式签署了《关停拆除小火电机组协议书》；8月，获得了国家发展和改革委员会同意开展前期工作的批复，并取得了国土资源部关于贵溪"以大代小"工程建设用地预审意见的复函等4份支持性文件。项目环评工程的报告书、水土保持方案等通过专家的审查并上报国家相关部委。2台600兆瓦超临界机组设计主设备投标等工作按程序结束。2008年环评报告获环保部门审批。4台125兆瓦机组分别于4月和12

月关停,并于 12 月 31 日对冷却塔实施爆破。自投产至关停,共发电 622.57 亿千瓦时。

贵溪电厂"上大压小"扩建工程共 2 台 64 万千瓦超临界燃煤发电机组,2 号机组已于 2011 年 7 月顺利通过试运行并正式投运。

贵溪电厂"上大压小"扩建工程 1 号机组于 2012 年 12 月 11 日 7 时顺利通过 168 小时试运行并投入商业运行,标志着贵溪电厂"上大压小"扩建工程已全面建成投产。1 号机组试运行期间累计发电 1.07 亿千瓦时,负荷率为 99.8%,平均负荷为 63.8 万千瓦时,自动投入率为 100%,保护投入率为 100%,主要仪表投入率为 100%,取得了试运零油耗、环保"三同时"、主要技术指标达优良标准的好成绩。

贵电原灰场为挂榜山灰场,设计贮灰年限为 10 年左右。库容为 745 万立方米,初期建设了 5 座,后期建设了 9 座,供贵电 4×12.5 万千瓦机组贮灰 18 年左右。1994 年根据可研审查意见,贵电第二灰场选址雷溪乡雷公岭北灰场分期建设。1995 年 6 月,贵电与贵溪县政府协商第二灰场征租用地协议事宜。整个工程共征地 121 公顷。拆迁 33 户,迁移人口 142 人,拆迁面积 8 000 平方米。1996 年 9 月,灰坝建设正式开工。工程修建施工道路 7 003 米,安装管道 8 182 米,修建 3 000 吨混凝土水池 1 座,安装水泵 4 台,建设 6 千伏线路 7 000 米,安装变压器 5 台,总容量为 1 380 千伏安。自贵电灰管桥南至雷公岭北灰场 7 号坝,距离为 2 555.7 米,设除灰管道 3 根。1998 年 2 月,1 号、2 号、9 号 3 座坝筑到 53.5 米高,后加高至 73.5 米高;同年 3 月开始储灰运行;年底 1 号、2 号、7 号、9 号 4 座坝竣工。1999 年 4 月底,5 号坝竣工。

建厂时隶属江西省电力工业局主管。1984 年起,党组织关系改属中共鹰潭市委。1978 年 4 月至 1984 年 6 月称"贵溪发电厂筹建处",1984 年 6 月 28 日易为"贵溪火力发电厂"。其领导体制初期是党委领导下的厂长负责制,1984 年开始执行国务院扩大企业自主权的规定,逐渐向厂长负责制过渡。1987 年 12 月 22 日,正式实行厂长负责制。

2002年12月,电力体制改革,贵电划归中国电力集团投资公司。为优化资源、统筹管理,中国电力集团投资公司江西分公司党组经调查研究、反复酝酿后,决定对贵溪区域实行区域大党委统一领导的管控模式。贵溪发电有限责任公司和江西贵溪火力发电厂合二为一,实行"一套班子、两块牌子"。

第四节 江西贵溪化肥有限责任公司

江西贵溪化肥有限责任公司(简称贵化),系由原江西贵溪化肥厂改制而来,隶属江西省石化厅。公司位于贵溪城郊,毗邻贵溪冶炼厂,总占地面积为246.25公顷,分生产区、生活区、渣场及几个连接带。其中生产区占地133.33公顷,生活区占地30.56公顷,渣场占地63.31公顷,铁路、排水占地19.05公顷。

贵溪化肥厂是为消化江西铜业集团公司副产品硫酸进行"酸肥结合"而配套的国家"七五"重点建设项目。1988年11月动工兴建,历时35个月,顺利完成建安、单体试车、联动试车。1991年10月开始化工试车并获成功。根据国家计委计贵化生活区建字〔1215号〕文件精神,江西省计委于1993年12月对贵溪化肥厂建设工程组织验收。1994年6月,国家经贸局、化工部、机械部和江西省联合对贵溪化肥厂年产24万吨磷铵国产化装置进行了验收。

贵化是在原江西贵溪化肥厂实施债转股的基础上,由中国信达资产管理公司、江西省投资公司、中国昊华化工(集团)公司、江西省石化集团公司于2000年8月共同发起组建的现代化磷复肥企业,是国家为调整化肥结构、加速发展高效磷复肥,引进国外先进技术和关键设备建设的大一型企业,是中国化工行业、江西省第一家债转股企业。贵化年生产能力为磷酸13万吨,磷酸二铵、氯基复合肥、硫基复合肥、BB肥共100万吨,氟化铝6 000吨，磷石膏制水泥缓凝剂20万吨，另有副产品盐酸、氟硅酸、磷酸氢钙、氟硅酸钠等化工产品。公司总资产为15.69亿元，注册资金为9.1175亿元。

贵化生产的"施大壮""贵化""群星""田园丰"4个品牌近100种规格的产品，质量指标已达到甚至超过了进口同类化肥，产品畅销全国，出口东南亚，远销欧美。2004年6月，"施大壮"商标被国家工商行政管理总局认定为"中国驰名商标"，是中国磷酸二铵产品中第一个驰名商标。2005年，贵化顺利通过了ISO 9001：2000质量体系和ISO 14001：2004环境体系认证。

年产12万吨P_2O_5的湿法磷酸装置是中国当时建成投产最大的单系列磷酸生产线。装置引进了法国R-P生产技术，主要设备均从国外进口，工艺技术达到20世纪90年代国际先进水平，各项物料消耗指标处于国内外领先水平。年产24万吨的磷铵装置是在消化吸收国外先进技术的基础上，由中国自行设计和制造的第一套国产化大型磷铵装置，曾获得国家科技进步二等奖。1997年年末，从西班牙TR公司引进了当时国际上最先进的管式反应器技术，对该装置进行了挖潜扩能改造，使装置的年综合生产能力（DAP+NPK）达到30万吨，生产物耗和能耗在全国同行业中处于先进水平。2005年7月，贵化在全国率先采用喷浆造粒装置生产养分含量为15-15-15的硫基氮磷钾复合肥并获得成功，填补了国内同类装置化肥生产的一项空白。

贵化生产的"施大壮"牌磷酸二铵、氮磷钾畅销20多个省区市，磷酸二铵还远销尼泊尔、越南、古巴、朝鲜等国，受到了国内外用户的青睐。贵化磷酸二铵、氮磷钾复合肥先后荣获江西省"优质新产品奖""用户满意产品""江西省重点保护产品""江西名牌产品"等称号，并在全国商品质量跟踪调查中获化肥产品前10名，被评为中国农村热销品牌。在东北进行的大田试验中，使用贵化磷酸二铵的农作物增产效果优于美国二铵；在由江西省农科院、贵溪市科委组织的试验中，使用贵化氮磷钾复合肥的农作物比使用其他化肥的作物增产5%~8%；在越南市场上，贵化磷酸二铵的售价比美国等地的二铵高100元左右。

1983年11月，成立江西贵溪化肥厂筹建处，隶属江西省石油和化学工业厅。1992年8月正式命名为江西贵溪化肥厂。2000年9月8日，江西贵溪化肥厂债转股后实施整体改制，更名为江西贵溪化肥有限责任公司。2011年12月，六国化工在上海联合产权交易所受让信达资管持有的江西贵化51%的股权，成为该公司第一大股东。2012年1月，江西贵化正式更名为江西六国化工。

第十六章　工业经济突飞猛进

改革开放之初，借着开放的东风，贵溪县一度出现了乡镇企业大发展的风潮。而以铜冶炼为主体的大工业群入驻县境，为地方工业的快速发展创造了有利条件，尤其是进入21世纪后，随着工业园区的兴建，贵溪的铜工业一支独大，坚持"巩固粗铜，发展精深加工"的发展思路，出台了一系列政策措施。2010年，全市铜产业及规模以上工业分别完成主营业务收入1 086亿元和1 135亿元，同比分别增长58.76%和46.26%，成功实现了"双过千亿"的历史性飞跃。同时，为促进工业经济走协调可持续发展之路，贵溪积极推动工业产业格局调整，把节能照明、医药化工、食品加工、新型建材4个基础较好的非铜产业列为重点进行扶持，在全市形成了一个铜加工与铜贸易并存、铜产业与铜物流同进、铜产业与非铜产业共荣的新型工业化产业格局。

第一节　发展乡镇企业

农村经济体制改革使农村面貌发生了巨大变化。农村家庭联产承包责任制推动了农业生产发展。农村产业结构加快调整，乡镇企业异军突起，带来了农村生产力的又一次飞跃式发展。

1984年，贵溪县社队企业管理局改为县乡镇企业局，统一管理全县乡镇企业。原来的"社队企业"改名为"乡镇企业"，其范围从过去的社、队两级办企业扩大到乡镇村企业、农民联营企业、其他形式合作企业和个体企业。

贵溪县委、县政府认真贯彻中央指示精神，召开各种会议，从扩大企业自主权，放宽税收信贷、土地征用政策到利润分配、职工奖励等方面，制定了宽松的政策，鼓励集体、个人就地取材、就地加工，积极兴办乡镇企业。

贵溪县乡镇工业企业呈迅猛发展的态势，红石厂、鹅砂厂、采石厂、瓷土矿厂、花砖厂、机砖厂、水泥预制品厂、玻璃钢制品厂等建材企业遍布全县，冶金、造纸、活性炭、服装、针织、家电、竹制工艺、花炮、饲料、油料、腊肠加工等企业陆续兴起。1985年，全县乡镇工业企业共有255家（其中乡镇办118家，村办137家），比1959年社办合作工厂21家增长10倍以上。职工3 346人，比1959年的913人增长近3倍。1985年，拥有冶金、电力、机械电子、化工建材、纺织缝纫、皮革、文化用品、食品和森林工业等多种工业门类。乡镇以上独立核算县属工业企业共有149家，其中全民所有制企业35家，县以上集体所有制企业25家，乡镇企业89家，全县工业总产值5 355.1万元，占工农业总产值的32.77%。

1990年，全县工业企业196家，其中县属企业177家。全县工业总产值为79 562万元，其中县属工业总产值14 167万元，比1985年增长1.65倍。在县属工业总产值中，全民工业总产值比1985年增长了1.35倍；集体工业总产值（含驻县地方企业，不含村级以下企业）比1985年增长了3.08倍。全民和集体增长速度不平衡。县级集体（二轻系统）工业产值比1985年下降了24.88%，而乡镇系统工业产值比1985年增长了3.32倍，二者形成了反差。

第二节　壮大县属企业

除驻县国有大企业外，1985年，大体形成了县经济委员会主管县属地方国有企业（各系统国有企业仍旧归口系统管理），县第二轻工业局主管县属集体企业，县乡镇企业管理局主管全县乡镇企业的管理体系。

随着改革开放新形势和国家大型建设项目贵溪冶炼厂、贵溪火力发电厂在本县先后投建，以及信江大桥竣工通车，地方工业加速发展，生产企业逐步集中，生产部门不断增加，一批老企业经过技术改造，提高了自动化程度，提高了生产能力，开发了新产品，出现了好势头。

县农机厂引进先进技术生产TWY-2-3无氧铜杆线。捕鼠器械厂从五金厂分出，成立了县灭鼠研究所，成为全国灭鼠技术服务中心。县化工厂利用贵溪冶炼厂生产的"铜烟尘"提炼电铅、精铅等多种金属。县磷肥厂更新设备，转产水泥，取得了较好的效益。

1991年，全县工业通过调整提高攻坚战，县属各企业进入了第二轮承包租赁经营，工业生产稳步发展，经济效益逐步好转。全县工业总产值为160 767万元（现行价，下同），比1990年增长了6.17%，其中县属工业总产值为25 344万元，比1990年增长了13.59%。

预算内国有工业企业产值为7 048.6万元，比1990年增长了5.67%；销售收入为2 726.2万元，增长了15.55%；可比产品成本下降了9.04%；产成品资金占用下降了4.13%。经济效益虽有好转，但总的情况仍未摆脱减亏的局面，上缴利税比1990年下降了6.63%。

1992年，全县贯彻落实《全民所有制工业企业转换经营机制条例》，工业企业改革进一步深化，企业技术改造和结构调整步伐加快，市场机制作用增强，投资大幅度增加，推动工业生产快速发展。

1993年，工业企业内部推行劳动、分配、人事三项制度改革，调动了职工积极性。1994年，全县工业有较快发展，完成工业总产值335 472万元，同比增长20.6%，其中县属工业完成工业总产值58 643.4万元，同比增长52.3%，经济效益继续改善。全县工业产品销售率由98.82%提高到99.52%。预算内工业企业产品销售收入为5 638万元，同比增长20.4%。产品销售税金及附加（含应交增值税）为332万元，比1992年减少了

7.5%；利润总额为377万元，同比增长5.6倍；产品成本资金年末占用额为674万元，同比增长9.1%。

1996年10月，贵溪撤县设市，工业生产保持稳定增长。全市完成工业总产值463 423万元，同比增长12.2%。全市乡及乡以上工业企业完成总产值44.29亿元，增长12.2%，其中国有工业总产值41.33亿元，增长12.7%。市属工业企业完成工业总产值78 128万元，同比增长16%。市属乡及乡以上工业企业完成工业总产值57 560万元，增长17%。工业增加值为72 721.8万元，比1995年的37 514.7万元增长了93.8%。销售收入为400 716.2万元，比1995年的395 873.7万元增长了1.2%。利润总额为7 219.7万元，比1995年的11 498.9万元下降了59.3%。年末资产为434 333.7万元，比上年的410 102.7万元增长了5.9%。年末职工共17 633人，比1995年减少了3 885人。

1998年，受亚洲金融危机及国际铜价下跌的影响，产值下降。全市乡及乡以上工业企业全年完成工业总产值394 187万元（现价），比1997年下降了20.6%；完成工业增加值137 388万元（现价），比1997年下降了7.5%。

第三节 企业制度改革

承包租赁经营责任制。1985年，二轻系统工业企业实行了"一包四改"经营责任制，即由二轻局委托厂长一人承包经营，在企业内部进行劳动、人事、分配和核算四项制度改革。1986年，乡镇企业全面推行厂长负责制，承包期由1年改为3年，在企业内部实行计件工资、单项作业承包、租赁承包、产品推销承包、原材料采购承包等。1987年11月，贵溪县企业租赁承包经营招标审委会成立，并下发《关于深化企业改革全面推行租赁承包责任制实施意见》及实施细则，推进合同期为三年（1988—1990）

的第一轮承包。1990年10月，县政府制定了《贵溪县第二轮企业承包实施意见》，承包期为两年（1991—1992）。第二轮承包在原承包的基础上推行目标管理、工效挂钩。1988—1990年，二轻系统第一轮承包的16多个企业经营效果不理想，有10家企业处于停产、半停产状态。在第二轮承包中，有15家工业企业的主要经济指标有所增加。1992年年底，生产经营状况有所好转。1988—1992年，乡企系统主要对直属工业企业实行了承包经营责任制，各乡（镇）管理的企业还是委任制。直属工业企业仅有两家，一为建筑联合公司，二为贵溪胶合板厂。胶合板厂在5年内换了3位厂长，但因技术不过关、胶合板质量低下，经济效益很不理想。1993年，根据企业实际情况，采取了国有资产经营承包、经营责任制承包、扭亏目标管理3种承包形式。1995年，对县啤酒厂实行租赁经营试点，县政府决定将啤酒厂租赁给浙江钱江啤酒（集团）公司，经营合同期为10年，实际到1998年终止。

企业配套制度改革。1992年8月，县政府下发了《关于进一步深化企业内部分配、人事、劳动制度改革的实施意见》。比较有明显效果的是属经委系统管辖的国有企业。化工厂取消了八级工资制，全厂分别实行承包工资、计件工资和责任岗位系数工资，优化劳动组合及"满负荷"工作法等；有机化工总厂（农药厂）按照责任大小、劳动类型、岗位重要程度，实行经济效益同工资挂钩；水泥厂引进银行机制，加强资产管理，试办"厂内银行"，变"供领"关系为"买卖关系"，并实行了厂内待业和厂内退养制度。

股份制改组改造。1994年，县政府下发了《关于积极推行股份制试点的意见》。是年，经委系统的县铜材加工厂和县水泥厂分别改组为贵华铜材有限公司和旺达水泥有限公司，实行由国家控大股、职工参股的方式。定二轻系统的皮革厂为股份合作制改革试点，并下发了《关于二轻局集体企业实行股份制的实施办法》。乡企系统的乡（镇）办、村办集体企业中全面推行股份合作制的企业达289家，推广面达85%。1997年，贵溪市成立了企业转机建制指导委员会，经委系统的印刷厂和汽配厂实行国有民营和国有分散经营，二轻系统的钟表修理厂和竹篾厂实行股份合作制。是年8月，市体改办和经委对农药厂进行了股份制改造，组建了海利贵溪化工农药有限公司。1998年，市印刷厂通过职工出资入股、债权人债权转股的方式，募集资金组建了贵溪市印刷有限公司。二轻系统的纺织器材厂与塑料厂采取了整体托管的方式。

产权制度改革。1998—2000年，丝绸厂、花炮厂由市社保局托管，制革厂依法破产，橡胶厂、金属制品厂、工艺美术厂、纺织器材厂资产变现，一次性解决了职工养老保险金、企业解体问题，共有800余名职工身份置换。2000年，根据市委、市政府《贵溪市国有集体企业产权制度改革若干试行办法通知》及《关于加快乡镇企业产权制度改革实施意见》文件精神，全面启动工业企业产权制度改革工作。

2000年，全市工业企业全面推行产权制度改革，调整所有制结构。市属工业企业先后改制，大部分企业推进了资产变现，还清债务，一次性安置职工，企业解体。少部分企业生产经营状况较好，改为民营股份制或股份合作制企业。还有少数企业资不抵债宣告破产。同时，全市加大了招商引资力度，罗河工业区得到了较快发展，外资民营工业企业纷纷落户贵溪，全市工业生产持续增长，工业运行质量有所提高。全市乡及乡以上独立核算工业企业完成工业增加值138 566.7万元（当年价格），比1999年增长了30.2%，经济效益得到改善；全市乡及乡以上工业企业实现销售收入631 353.6万元，比1999年增长了28.3%，实现利税总额31 614万元，与1999年亏损相比，增加了53 611.5万元。

第四节　经济效益提高

2001年，全市规模以上工业企业27家。国有工业企业及年销售收入

500万元以上的非国有工业企业，实现工业总产值53.15亿元，按可比价计算，比2000年增长了12.1%。全市规模以上工业企业实现工业增加值15.56亿元，比2000年增长了12.4%。工业产品销售率达99.8%。经济效益不断改善，规模以上工业企业全年实现利税总额3.28亿元，比2000年略有增加，其中，实现利润9 247.2万元，比2000年增长了32.2%。

2005—2006年，全市工业生产快速增长，规模以上工业企业分别达到31个和44个，工业总产值分别为241.13亿元和436.98亿元。2005年，全市全部工业增加值为50.33亿元，比2004年增长了43.6%，工业对经济增长的贡献率达82.8%。规模以上工业增加值达到49.38亿元，比2004年增长了43.6%；市属规模以上工业增加值3.77亿元，比2004年增长了3.5%。工业经济效益明显改善，规模以上工业实现利税总额32.72亿元，比2004年增长了37.7%，其中规模以上工业实现利润总额21.42亿元，增长了28.1%。

2006年，全市规模以上工业增加值为98.03亿元（现价），比2005年增长98.5%。市属规模以上工业实现工业增加值10.7亿元（现价），增长了1.8倍。工业经济效益大幅度提高。全市规模以上工业企业实现主营业务收入401.49亿元，比2005年增长了64.4%；实现利润65.5亿元，比2005年增长了2倍多；实现利税86.53亿元，增长了1.6倍多。截至2008年，全市规模以上企业从2000年的26家发展为73家，增长了2.8倍；工业总产值达728.67亿元，是2000年的1.45倍；工业增加值达117.68亿元，是2000年的8.5倍；总资产达494.55亿元，是2001年的3.45倍；利税总额达67.11亿元，是2001年的20.42倍。

第五节　加快园区建设

贵溪工业园区（注：2015年6月5日，江西省政府办公厅发文将贵溪工业园区更名为江西贵溪经济开发区，凡资料截至更名前的，仍称贵溪工业园区）　1997年，贵溪市罗河工业区开始建设，选址贵溪市城西南320国道两侧，距贵溪市中心3千米，距鹰潭市10千米。2006年，经省政府批准，贵溪市工业园更名为江西贵溪工业园区。园区自1997年建立以来，制定和完善了各种政策和措施，其中财税优惠及扶持企业优惠政策各5条，行政性优惠政策2条，为入园企业服务措施5条。

园区建设。2002年，园区进行扩建，总体规划面积为10平方千米，东至江西铜业公司技校，西至贵溪新世纪水泥有限公司，南至320国道以南1.2千米处，北至浙赣铁路线。至2008年12月，工业园区累计完成基础设施建设投资3.8亿元，10平方千米内的六纵六横道路、供水、供电、通信等"七通一平"基础设施建设基本完成。园区建有日供水5 000吨的水厂、110千伏变电站，客商服务中心大楼也建成使用。园区占地1 000公顷，其中870余公顷为红石荒山，共消耗炸药2 000余吨，移山平地670余公顷，完成土石运送300万立方米，园区95%通过环保评审验收，环保运行率达到100%。截至2012年年底，园区共有企业和项目128个，投产82个，在建21个，签约25个，完成固定资产投入62亿元；实现主营业务收入350亿元，同比增长25%；预计完成财政收入8亿元。已初步形成以铜加工为主，节能灯、化工建材、医药食品、机械制造为辅的产业发展格局。

铜拆解加工园区　该园区全称为铜产业循环经济基地拆解加工园区，位于贵溪市城郊东北部，北靠沪昆高速公路，南邻江西铜业集团公司，东临沪昆高速连接线，西接贵神公路。2007年委托南昌有色冶金设计研究院进行高起点规划，总体规划面积为10平方千米，其中，拆解区规划面积2.38平方千米，精深加工区规划面积4.18平方千米，拆解加工区二期及其他项目预留用地规划面积3.44平方千米。制定了详细的环境监测计划和管理制度，并设立20个环境监测点。铜拆解加工园区分两期开工，一期工程于2007年9月15日正式动工。全国最大的废旧铜拆解商——广东南海宇成、兴奇集团的陈传成、陈传奇于2007年5月10日到贵溪考察之后，经鹰潭、贵溪两级市政府努力，于2007年7月18日在鹰潭正式签订投资协议，并组建了鹰潭信达投资有限公司，投资10亿元，开发建设拆解区133公顷，其中一期投资5亿元开发66.7公顷。2012年，共向上争取发展循环经济项目4个，争取资金3 500余万元，帮助企业完成融资6 000万元。同时，加快基础设施建设，提升基地配套服务功能，为企业落地提供保障。累计投入资金5.34亿元，完成1800多亩场地平整、绿化和24.6千米道路网管建设，全面建成信息化平台、监管中心、海关、国检监管场所、污水处理厂等功能完善的配套服务设施，夯实生产基础。截至2012年年底，铜产业循环基地共有入驻企业54家，其中拆解企业24家（其中有13家拆解企业已建成并获得环保部定点拆解利用单位资质，年申报拆解量达99.5万吨），精深加工企业13家。2012年，铜产业循环基地实现主营业务收入201亿元，税收收入2.2亿元，财政总收入1.69亿元，其中地方财政收入1.67亿元；实现以铜为主的贸易货物量约50万吨，进口货物实现1 902标箱。

第十七章　教科文卫跨越发展

第一节　基础教育大普及

党的十四大提出，要在20世纪末实现基本普及九年制义务教育、基本扫除青壮年文盲的"两基"教育战略目标。贵溪市委、市政府提出"科教兴市"的战略口号，决定在1997年全市实现基本普及九年义务教育、基本扫除青壮年文盲的宏伟目标。1997年年底，江西省政府对贵溪市的"两基"教育工作给予了高度评价，并对近几年来贵溪的教育改革和发展给予了充分肯定，确认贵溪市的"两基"教育顺利达标。1998年1月20日，在《中国教育报》刊载的全国70个"两基"教育先进市县的行列中，贵溪市排在江西省首位。

学前教育

"文化大革命"期间，学前教育受挫，全县公办幼儿园仅存1所，到1978年才有3所88人，稳步发展，至1990年公办幼儿园发展为95所145个班，共4 504人。进入20世纪90年代，社会力量兴办学前教育发展较快，幼儿班和在园幼儿分别由1991年的128个、4 093人增加到2008年的292个、8 786人。截至2012年年底，贵溪市共有学前教育机构170所，其中公办学前教育机构105所，民办学前教育机构65所；教职工1 030人，其中专任教师525人；在园幼儿1.55万人，其中公办学前教育机构幼儿有3 835人，民办学前教育机构幼儿有1.17万人。

1991年，在全县68所幼儿园中，教育局行政管理的公办幼儿园1所，另小学附设学前班11个，其他绝大部分园所是依靠社会力量兴办的。全县厂矿企业和驻县企业（贵溪冶炼厂、贵溪发电厂、四冶、十五冶、106地质队、贵溪化肥厂等）基本办起了幼儿园或托儿所。县直属单位办起了系统幼儿园，招收机关及下属单位职工的子女。同时，农村集体兴办幼儿园62所。经过逐年调整、发展，至2008年，全市有幼儿园41所，其中教育部门办1所、集体办5所、民办35所，在园（班）幼儿共8 786人。

贵溪市幼儿园办园体制主要以公办、厂办幼儿园为骨干，以民办幼儿园为主体。在1996年以前，由县妇联管理，移交教育行政部门后基本形成"谁主管谁负责，谁审批谁负责"的管理体制。

幼儿园学制一般为3年，分小班、中班、大班，幼儿年龄为3~6周岁。幼儿课程大致涵盖健康、语言、社会、科学、艺术5个领域，各领域的内容相互渗透，从不同的角度促进幼儿情感、态度、能力、知识、技能等方面的发展。

2012年12月24日，在滨江镇洪塘村童家村小组，一辆超载送孩子上幼儿园的面包车侧翻坠进水塘，冰冷的塘水无情地吞噬了11条幼小的生命。

"12·24"事故后，鹰潭市下发了一份《关于进一步加强学前教育管理的意见》，里面特别提及"严格按照国家规定配备校车，对不符合标准的校车全部更换，资金由市、县财政承担2/3。严禁超载，打击非法改装""积极引导和鼓励社会力量兴办学前教育，规范一批，整改一批，对新建、改建、扩建民办幼儿园享受公办幼儿园同等政策，给予用地优惠，提供建设资金的3年贴息补助""引导民办幼儿园达标创优，达到省级示范幼儿园财政奖励50万元，达到市级示范幼儿园财政奖励30万元，达到标准化幼儿园财政奖励10万元"。贵溪市也提出："将加大公共财政的投入，重点建好骨干幼儿园，启动实施每乡一所公办幼儿园、试点村完小附属幼儿园建设，按照就近入学原则，合理设置网点。同时，加大对幼儿园的清理整顿和违规处罚力度，确保幼儿安全就学。"

义务教育

1978年，贵溪县小学全面恢复考试制度。是年，全县共有各类小学808所，初级小学在校学生60 159人，高级小学在校学生10 831人，教职员工2 732人。

1978—1979年，对学校设置和教师队伍进行了适当调整，压缩了小学附设初中班，把原来附设初中班的95所小学压缩为8所，到1980年，贵溪县小学生已达73 720人。

1985年，贵溪县690所小学设有2 110个教学班，学生共81 076人，占设定儿童数的95.1%；有小学教师3 218人（其中民办教师2 040人）。同年11月，鹰潭市教育局根据贵溪县普及初等教育的实际情况进行了检查核实，宣布贵溪县于1985年年底普及了初等教育。

1986年年底，《中华人民共和国义务教育法》颁布实施，贵溪县委、县政府下发了《贵溪县关于中小学"三级办学、两级管理"的实施方案》，决定对全县中小学实行县、乡、村三级办学，县、乡两级管理，推行九（八）年制义务教育，加大对"老、少、边、山"贫困地区的扶持，鼓励社会力量办学。20世纪90年代中后期，随着"两基"工作的深入，"三级办学、两级管理"的办学体制逐渐向"以县为主，地方管理，分级负责"的办学体制过渡。

1991年全县有小学635所，在校学生68 051人，学龄儿童入学率为96.0%；普通中学41所，在校初中生20 174人。1993年，根据《江西省实施中华人民共和国义务教育法办法》，贵溪县政府出台《贵溪县九年制义务教育实施细则》，开始在26个乡镇有计划、有步骤地实行九（八）年制义务教育。1995年7月，再次颁发《贵溪县"两基"实施细则》，从"普及程度、师资水平、办学条件、教育经费、教育质量"五个方面对"普九"

提出指标和具体实施办法。1997年10月，贵溪市"两基"工作提前1年通过省政府验收，11月，再次通过国家督学率领的"两基"检查组验收。

1998年，全市有小学425所，在校学生56 378人，普通中学45所，在校初中生32 977人，适龄儿童、少年的入学率分别达到100%和98.5%，"两基"成果进一步巩固。

2003年秋季，贵溪市被确定为省级基础教育课程改革实验区，全市义务教育阶段各起始年级学生全部实施新课程，初一、初二、初三年级分别改称七、八、九年级。

2008年秋季起，全市小学实行六年制，九年制义务教育确立为小学6年、初中3年。当年全市有义务教育阶段学校共265所，其中小学230所、初中25所、九年一贯制学校7所、完全中学3所；共有小学生48 152人，在校初中学生18 889人。

2013—2015年，贵溪市投入资金5.16亿元，新建、改建、扩建城乡校舍面积5.6万平方米，实施农村中小学标准化建设和全面改薄工程，加大农村学校设施设备投入，以及农村中小学图书及教学设备、仪器更新和购置，投入5 000余万元为中小学校配备图书8.7万册，装备计算机2 623台，为城区所有学校及部分农村中小学新建标准塑胶运动场，促进了城乡学校的均衡发展。

同期，贵溪市投入8 400余万元，新建、改建、扩建了市一中附属学校、二小教学楼、万和小学、美的学校、八中等；制定了《义务教育学校网点布局规划》，2013—2015年全市共规划实施标准化项目216个，总规划投资额为5 320.2万元；投资2 320万元，完成了中央下达贵溪市农村学前教育推进工程（乡镇中心幼儿园）项目7个，总建设规模为17 520平方米。

自2010年起，贵溪市通过设立学生资助管理中心，建立起以政府为主导、以教育部门为主体的家庭经济困难学生资助运行政策体系和长效机制。全市实行学生救助"阳光工程"，对各级各类学校贫困学生均实施救助，对家庭困难的寄宿制学生实行生活费补助，标准分别为小学每人每年1 000元，初中每人每年1 250元；对于高中生、职业中专生按每人每年1 500元进行救助；全日制本科教育大学新生申请生源地无息助学贷款，按5 000、6 000元两个等级救助。

2015年，贵溪成为鹰潭市唯一入围全国义务教育发展基本均衡县（市、区）榜单的市。

高中教育

1980年，贵溪县有完全中学7所。次年，高中学制恢复为3年。1987年，贵溪县第四中学增设高中班。1988年，全县有完全中学8所。

1991年，贵溪全县有市一中、市二中、市四中、冶炼厂中学、有色四建子弟学校、化肥厂子弟学校、发电厂子弟学校7所完全中学，在校普通高中学生3 073人，专任教师263人。1994年秋，化肥厂子弟学校高中部撤销；1997年秋，发电厂子弟学校高中部撤销；2001年秋，市一中撤销初中部单办高中，市二中高中部停止招收新生，市四中初中部停止招收新生，市职业中学更名市三中并增设普通高中班，招收高一新生486人。当年，全市有市一中1所单办高中和市二中、市四中、冶炼厂中学、奥科学校、信江中学、博文中学、新才中学7所完全中学以及市三中1所综合高中，在校普通高中学生共5 631人。

2002年，市四中成为单办高中，铜南中学高中部招生。2003年，冶炼厂中学更名"贵冶中学"，成为地方完全中学，晨阳中学高一招收新生44人，新才中学、博文中学停办。2004年，铜南中学高中部停办。2005年，市四中撤销，原高一、高二学生在原址升学就读，教职工逐年分流至市一中；是年，全市有市一中1所单办高中和市三中、贵冶中学、奥科学校、信江中学、晨阳中学5所完全中学，在校学生10 117人。2006年信江中学停办。2007年，奥科学校由民办转为公办；该年秋季，晨阳中学不再招收高一新生。2008年8月，奥科学校更名为"实验中学"，原市三中更名为"贵溪职业高中"（不再招收普通高中学生），贵冶中学更名为"贵溪市第四中学"。是年秋，全市有市一中1所单办高中，新市四中和贵溪实验中学两所完全中学，在校普通高中生共9 484人。

1991—2008年，全县（市）共向全国各地高等院校输送优秀毕业生18 287人，考入清华大学15人，北京大学12人。2002年，市一中毕业生邱翔、江中华高考理科成绩分别名列全省第五名、第九名；2008年，市一中毕业生杨腾飞夺得鹰潭市高考理科状元，成绩名列全省第七名。

2004年3月，贵溪一中被省人民政府确定为首批6所"省优质高中建设工程"建设学校。

截至2015年年底，贵溪一中自高考恢复以来已为全国各级各类高校输送了2万余名合格毕业生，毕业生高考成绩在全省位居前列。尤其是2000年以来，学校教育教学质量大幅提升，有15人次夺得鹰潭市文、理科高考状元，连续16年有学生被清华大学或北京大学录取，被清华大学、北京大学录取的有近50人。2013、2014年该校学生连续两年包揽鹰潭市文、理科双状元。2015年学校高考再创佳绩，该校学生席照炜以698分的高分名列全省第四名，成为鹰潭市理科状元，席照炜、张孝帅、刘旻昀、汪军水、高琰5位同学被清华、北大录取。鹰潭市理科前10名该校占5名，文科前10名该校占4名，连续3年包揽鹰潭市理科状元。600分以上47人，稳居鹰潭市第一。一本上线254人，二本上线616人，上线人数较上年增幅超过50%。优异的办学成绩也赢得了北大、清华的青睐，在严格评选中脱颖而出，该校成为北大、清华认定的江西十大名校之一。

第二节　科技引领新发展

1979年4月重建了贵溪县科委，12月重建了贵溪县科协，两个机构合署办公。1979年，全县有科技会员1 320人。1986—1987年，对全县技术人员（不含教育、卫生）进行了摸底调查，其中贵溪籍科技人员在本地工作的有276名，在外地工作的有96名。四冶公司、江西铜业公司、贵溪冶炼厂、贵溪发电厂、贵溪化肥厂等驻县单位有科技人员700余人。到2008年年底，贵溪市各级科技组织有：计算机协会成立于1996年，有会员200人；西瓜协会成立于1996年，有会员40人；果业协会成立于1996年，有会员50人；水产协会成立于2002年，有会员126人；笋竹协会成立于2003年6月，有会员300人；老年科技工作者协会成立于2003年12月，有会员83人；养牛协会成立于2004年，有会员258人；食用菌协会成立于2004年，有会员300人；禽业协会成立于2004年，有会员103人；特种养殖协会成立于2005年10月；茶叶协会成立于2005年11月。

重大科技项目

1991年5月5日，河潭乡王前庙分场负责实践杂交水稻制种高产模式，被国家科委列入国家级星火计划项目，这是贵溪首个国家级星火计划项目。

同年7月15日，贵溪申报了硫化碱扩建，糠油精炼改造，氯酸钾、水磨糯米粉、胱氨酸、磨机改造6个项目，均被列入鹰潭市1991年度技术改造首批新开发项目计划，总投资为1 190万元。建成投产后，新增产值3 250万元，利税810万元。

1999年，海利贵溪农药公司投入825万元新开发的年产500吨西维因技改项目达产达标，满负荷生产，产品出口欧美等国家。

2000年4月28日，贵溪市争取到1 000万元拨款的国家高新技术产业示范工程——大功率稀土节能灯项目破土动工。

2003年，贵溪市三元冶炼化工有限责任公司承担的等轴晶系高纯氧化铋项目，被科技部列为科技型中小企业技术创新基金项目，并经国家知识产权局批准申请专利，专利号为0211394.8。

2005年，该项目通过科技部验收，专家组一致认为：该产品生产工艺国内领先，产品质量达到国际先进水平，提高了我国铋资源加工及稀散金属的科技含量和经济价值，发展前景良好，并获得江西省科技进步二等奖。该项目获得了科技部科技型中小企业技术创新基金，填补了鹰潭市空白。2005年，天师养生降脂茶项目争取到科技部农业科技成果转化基金，实现了该项目在鹰潭市零的突破。公司致力于以药食两用资源为原料，生产开发天师牌保健茶，拥有国内领先的降脂茶生产技术。公司生产的天师牌有机降脂茶通过ISO 9001质量体系认证、美国FDA认证，并获得了国食健字批文（国食健字G20040698），是国家食品药品监督管理总局第一批批准的降血脂保健食品。2002年被列为江西省重点新产品，被选定为"首届华夏老人文化节"指定用茶，产品畅销国内外，进入美国、欧盟和东南亚等市场。产品降脂功能显著，技术水平达到国内领先，填补国内空白，于2008年4月通过科技部的验收。

科技服务

1985年3月5日，贵溪县科协成立贵溪县科技服务中心，建立了不同性质的咨询机构4个。一年内接受咨询1 100余人次，接受咨询项目400余项，推广新技术25项，推广良种30种。

1986年，贵溪县科技服务中心与贵溪县科协在志光、高公两个乡实行了定点、定员、定量免费咨询，对农民提出的有关种植、病虫害防治和牲畜管理饲养问题提供了传授、答复服务，并代办培训班10余次，培训了700余人次。

1987年建立贵溪县植保植检服务站后，先后为2 000余人次提供了咨询服务，为农民应邀出诊、下田断病，并接受承包代治，扩大了植物保护技术的覆盖面。

1985—1990年，贵溪县蔬菜研究会服务部为贵溪引进、推广了30多个蔬菜新品种，促进了全县蔬菜种植种类和面积产量的增加。

1991年以来，贵溪县始终将发展高新技术产业作为全市产业结构调整的关键环节，围绕一些优势领域形成了独具特色的高新技术产业，海利贵溪农药公司、江西贵雅电光源公司、江西麒麟化工公司、贵溪三元冶炼化工公司等企业先后被列为省级区外高新技术企业。2008年，江西贵雅照明有限公司省级工程技术中心和江西麒麟省级精细化工工程技术研究中心等通过了认证。

自1991年开始，特别是1999年后，贵溪每年组织当地企业参加在深圳举办的中国国际高新技术成果交易会，取得了较好的经济和社会效益。1997年6月23日，聘请日本花甲协会水产养殖专家佐野彰吾到贵溪水产试验场，对甲鱼养殖项目进行了为期12天的技术指导，帮助该场解决越冬死亡率高、幼鳖繁殖难等技术难题，并传授鳖饲料配方。据测算，每吨饲料可减少成本5 000元以上，每年可节省资金20万元。

1998年8月20日，聘请日本专家本多四郎到贵溪龙兴铺灯芯糕厂进行了为期10天的技术指导，帮助该厂解决了灯芯糕保鲜问题，保鲜期从7天延长到30多天，产品由以前的滞销转为畅销。11月，在上海迎春展销会上，该厂的灯芯糕产品荣获"上海食品博览会质量优胜产品"称号；12月，在赣州举办的江西省食品展销会上，又荣获"江西省市场食品优胜产品"称号，并获金奖。

1999年3月11日，聘请德国啤酒专家基施鲍姆到贵溪啤酒厂进行了为期22天的技术指导，帮助该厂完善了啤酒酿造工艺，稳定提高了啤酒质量，延长了啤酒保鲜期。经测试，啤酒的特有风味可延长到6个星期，口感不发生明显变化。

1999年4月，从湖南常德农校引进优良果树品种——日本幸水梨，在贵溪市河潭镇示范栽种了30亩共1000株。2011年8月，聘请日本果树专家重田利夫到贵溪市，对幸水梨及南方早熟梨栽培管理进行了技术指导，解决了梨花人工授粉、疏花疏果等技术难题。

2001年，开展工业"20-310"抚优抚强活动，投入8 000万元资金，重点对三元公司精铅电铅扩产、电光源厂节能灯管生产线等10个项目进行了技术改造，其中5个技改项目实现投产，加速推进贵溪工业化进程。

2003年12月5日，召开贵溪市首次科技奖励大会，表彰了贵溪市2000—2003年度该级科技进步奖13项及科技进步工作先进集体6个、先进个人10名和优秀学科带头人8名。贵溪市三元冶炼化工公司的等轴晶系高纯氧化铋项目，获得了该级首个科技进步特别贡献奖的5万元奖励。

2008年，贵溪市制定《江西农事通贵溪市农村科技信息服务体系建设工作方案》，并在塘湾、金屯、雷溪、文坊、周坊、鸿塘、流口、泗沥、志光、罗河10个乡镇设立了农村科技信息服务试点站和水稻、蔬菜2个专业信息服务试点站，并举办了首批试点专业信息服务站业务培训班1期。信息服务站已开通视频通信系统，并在金屯镇将农村科技信息服务延伸到村级，开展试点工作。

科技成果

1982年，贵溪县农药厂引进湖南省化工研究所"60吨/年叶蝉散中间实验"科研成果。通过采用甲基异氰酸酯工艺，建成了一座年产300吨的叶蝉散原粉车间。同年12月26日，由江西省轻工业厅对该工程进行了验收，验收结果表明，叶蝉散原粉含量达98%以上，符合国际标准。该产品对水稻稻飞虱有较好的杀灭效果，而且毒性在作物上残留时间短，是取代"666"等农药的新产品。1984年，江西省授予县农药厂叶蝉散装置科技成果二等奖。

1997年，江西贵雅电光源公司与上海复旦大学开展技术合作，共同开发的透明保护膜涂覆技术，使节能灯寿命由2 000小时增加到5 000小时。2000年，该公司聘请18位全国知名电光源专家组建了电光研究小组。

1998年5月，海利贵溪农药公司申请的国家专利产品"仲丁威"，是继有机氯、有机磷之后的第三代农药，专用于防治水稻等农作物的叶蝉和飞虱，具有高效广谱、低毒低残留、难以产生抗性及使用安全等特性。

2000年引进欧洲丁鱥的鱼种和亲鱼，在深入开展欧洲丁鱥良种繁育的基础上，研究开发了欧洲丁鱥无公害养殖技术，解决了欧洲丁鱥产业化发展的主要技术问题。2004年，被列入江西省科技成果重点推广计划；2005年，被列为江西省星火推广品种。2006年5月，通过省级科技成果鉴定，达到国内同类研究和技术的先进水平。2007年分别获鹰潭市科技进步二等奖和江西省科技进步二等奖。

2000年，贵溪市中胜粮油有限责任公司投资80多万元，从日本引进了当时国际最先进的大米加工辅助设备——色选机，加工的大米达到"三无"标准，成为出口创汇免检产品。

2000年9月，贵溪市被科技部批准为"全国科技进步先进市"。在之后每两年一次的科技创先工作中，又连续4次蝉联该称号。

2001年，贵溪市三元冶炼化工有限责任公司采用纯湿法工艺，通过制定合理的工艺流程和确定最佳的工艺参数，成功制取了等轴晶系氧化铋产品。2002年，通过省级科技成果鉴定，其研究达到国内领先水平，产品质量达到国际先进水平，标志着我国在电子专用氧化铋的合成研究上跨入世界先进行列。该研究2002年先后荣获鹰潭市科技进步一等奖和江西省科技进步二等奖。

2003年3月，贵溪工业园区被评为省级民营科技园区。

2005年，贵溪市年专利申请量为270件，在江西全省县（市、区）中排名第一，之后每年保持该纪录。2007年在全省各县（市、区）中率先出台了《贵溪市专利专项资金管理办法》，对申请国内发明专利或授权的发明专利、实用新型专利、外观设计专利分别给予200元、1 000元、240元、120元的资助。

2006年，贵溪被列为"江西省可持续发展实验区"。该项目的顺利实施有利于促进全市社会协调发展，在推动经济发展的同时，促进人与自然和谐，解决发展与人口、资源、环境的关系问题，坚持经济、社会与生态环境的持续协调发展。

2008年，贵溪市绿源林特产公司建立的534公顷高产油茶新品种（长林系列）引进基地，被认定为江西省面积最大的高产油茶采穗圃。

第三节　文化艺术百花开

历代以来，贵溪人杰地灵，文化品种繁多，艺术形式多种多样。尤其是改革开放以后，随着物质生活的不断提高，人们对文化生活的追求也越来越高。贵溪的文化艺术百花齐放，欣欣向荣。人才队伍日益壮大，精品力作不断涌现。1998年，贵溪市被江西省人民政府命名为全省文化先进市；1999年获全国文化先进市；2004年，经文化部全国文化先进县（市、区）复查合格，继续保留该荣誉称号。

文化活动

艺术节　1999年9月24—29日，市首届艺术节隆重举行。9月24日上午，庆祝中华人民共和国成立50周年暨首届艺术节开幕式在市二中体育运动场隆重举行。铜管乐队、彩旗队、花环队、腰鼓队、秧歌队、龙灯、狮子灯等16支代表队进行表演，展示了各条战线的风采。开幕式后，铜管乐队、彩旗队、花环队、腰鼓队、秧歌队、龙灯、狮子灯等16支代表队，沿着雄石大道游行表演。24日晚至27日晚，在市影剧院文艺调演并公演。来自全市部分中小学、16个乡镇、11个驻市企业以及老年体协的代表队参加。27日晚，从前3台晚会中精选出部分节目进行公演，贵电子弟学校表演《欢天锣鼓》，市建行代表队表演舞蹈《喜洋洋》，贵电代表队表演舞蹈《根》，贵化代表队表演《中国永远收获希望》，等等。市领导到场观摩，并为这次文艺调演获奖代表队颁奖。29日晚，在市影剧院举行了庆祝中华人民共和国成立50周年暨市直单位歌咏比赛。

民间文艺大赛　2007年10月12日至11月16日，市首届民间文艺大赛隆重举行。市文化广电局专门成立了筹备领导小组，多方筹集资金10多万元。全市各乡镇、社区、驻市企业踊跃参加，计有28个集体队、34个文艺团队参赛，参赛节目达61个。整个活动分预赛、决赛2个阶段。比赛内容分为歌曲、舞蹈健身杂技、器乐、相声小品戏曲4类。主题晚会上邀请红歌会明星登台演出。大赛评选出"夕阳红"、"百姓红歌"、罗河赣剧等获奖团队和《拉丁风情》《拆院墙》《小兄弟》等获奖节目。

重大演出 1991年4月，贵溪县文化馆在樟坪乡举办了畲族民俗风情展。同年，《畲族马灯舞》在江西省音舞节上荣获少数民族歌舞类二等奖；在闽浙赣3省畲族艺术节上获二等奖；并赴福建宁德地区参加闽东畲族艺术节演出，中央电视台为此拍摄并播出了专题片。

1996年10月，市人民政府及市文化局、市文化馆等部门，为庆祝撤县设市举办了多个大型文艺活动，主要有：15日的文艺晚会，由省歌舞团演出；16日的庆祝游行活动，游行队伍由乐队、彩车队、花环队、彩旗队、高跷队、威风锣鼓队、腰鼓队组成，并在晚上举行焰火晚会和文艺演出。

1997年春节期间，贵溪市文化馆举办了大型秧歌大赛，参赛演职人员有800余人。1998年春节期间，贵溪市文化馆举办了全市龙灯秧歌环城表演，演职员有1 000余人。组织乡镇、厂矿的8支龙灯队300余人，到中央、省驻贵溪厂矿进行龙灯大拜年活动。

2002年，举办以"塑造江西人新形象"为主题的社区文艺调演，来自雄石、东门、花园街道办事处，中央、省驻市企业，市直单位，中小学，等等的60多支代表队参加，参演节目100多个。

2003年4月12日，市委宣传部、市文联联合举办了贵溪市首届"太平洋财保杯"少儿歌曲卡拉OK大赛。参赛选手186名。刘莎莎获特等奖，张紫依、周泉南、谢思楠分别获A、C、D组一等奖，俞昊南、王璇、赵兰获B组一等奖。

2004年8月，纪念邓小平诞辰100周年暨市二次文代会文艺晚会举行。12月9日，为纪念红军长征70周年，市委宣传部、市文联在贵电俱乐部联合举办了"长征之歌"文艺晚会。

2005年9月23日，市文联音协、市有线电视台、云梦超市联合举办了"云梦"杯青年歌手大奖赛。参赛选手70余人。经过紧张角逐，朱琳获得了一等奖。9月30日、10月2日、10月5日，由市文联艺术团举办的国庆文艺晚会，在城南滨水绿地广场分别演出3场，并在晚会期间为四冶残疾小歌手刘莎莎募捐了851元。12月28日，由市人民政府主办、市文联承办的"走向辉煌——庆祝贵溪市2005年财政收入超10亿元文艺晚会"在电厂俱乐部举行。

2006年1月19日，市委宣传部、市文广电局等部门举办了"魅力贵溪——工业园区之歌"文艺晚会，特邀香港影视演员、金像奖获得者何家驹到场演出。10月26日，为庆祝贵溪建市10周年，市委宣传部、市文广电局等部门举办了"魅力贵溪"大型文艺晚会，在电厂俱乐部隆重举行，著名歌唱家蒋大为、白雪到场演出。

2007年6月23日，由市委宣传部、市委组织部、市文联、市教育局、市直属机关工委、市文广电局联合举办的"浙信·风华"杯卡拉OK大赛在信江电影院举行。8月1日，市文广电局在擂鼓岭露天广场举办"三个80周年"（建军80周年、秋收起义80周年、井冈山革命根据地80周年）文艺晚会。11月，樟坪畲族乡马灯舞参加了第八届全国少数民族传统体育运动会，荣获表演项目金奖。

2008年1月7日，由市委宣传部、市文联主办的大型历史情景剧《井冈山》在贵溪电厂俱乐部上演。4月，中国畲族民歌节（"三月三"）在景宁畲族自治县举办，来自5省20多个县市的100多位畲族民间歌手参加，樟坪畲乡队获全国10个畲乡歌王奖。12月31日由市委、市政府主办，市委宣传部、市文广电局、市文联举办的"鲜花盛开的土地——贵溪市庆祝改革开放30周年暨迎新年"大型文艺晚会，在贵溪发电厂俱乐部上演。

文化"三下乡" 从1996年年底起，全市开展了一年一度的文化

"三下乡"（即送文化下乡、送科技下乡、送卫生下乡）活动。2004年，市文广电局被省委宣传部、省文化厅评为"送文化下乡先进集体"。从2005年11月起，开展了农村文化建设"三项活动"（即由政府买单，农民免费看戏、看电影和举办文体活动）。从2005年起，江西省人民政府设立农村文化建设"三项活动"专项资金，截至2008年，省财政下拨给贵溪市农村文化建设"三项活动"的资金共513.86万元。到2008年止，为全市农村购买舞台演出600多场（次），为各乡镇（场）、中小学校送去免费电影12 000多场（次），各乡镇（场）组织开展文体活动400多场（次），组织开展了大型文艺活动50多场（次），惠及群众50多万人，受惠率达99%以上。

每年的送戏下乡，省、市、县三级艺术团体演出群众喜闻乐见的节目，有中老年人喜爱的越剧、赣剧、黄梅戏，有青年人喜欢的相声小品、流行歌曲、音乐情景剧、现代舞蹈等，宣传了新农村建设成果、计生政策、赌博危害等。每年的送电影下乡，有优秀的故事影片，并配以帮助农民科技致富的科教影片。从2008年起，开始送高清画面的数字电影下乡。

各乡镇（场）自办的文体活动各具特色，开展了文艺演出、卡拉OK比赛、农村趣味运动会、书法美术及展览等形式多样的群众性文化活动。周坊镇之前作为苏区，组织了红歌比赛，红土地艺术团演出进村入寨，充分展现了苏区红色文化特色。罗河镇作为贵溪市赣剧之乡，赣剧演出深受群众喜爱，2007年罗河镇被授予全省特色文化乡。樟坪的马灯舞、畲乡山歌更彰显了畲族传统的原生态文化特色。

文学创作

小说 1991年9月，叶东生短篇小说集《映山湖》出版。1995年6月，江西铜业公司女作者张琢真创作的40万字长篇笔记小说《尘世的夏娃》，由中国文联出版社出版发行，该书荣获江西省"第三届谷雨文学奖"。2000年5月，静岚（市林业局退休干部蔡青山）的长篇自传小说

《酸甜苦辣》，由中国文联出版社出版发行。2003年12月，江群的小小说《奇花异草》和《还债》入选"2003年度最佳小小说"。2004年7月，教师陈景余的长篇小说《山乡岚烟》，由中国文联出版社出版发行。2007年6月，周坊镇农民作家郑长林的长篇小说《八十年代后遗症》，由作家出版社出版发行。2008年7月，教师陈景余的长篇小说《山乡风水》，由中国文联出版社出版发行。

散文 1998年2月，黄玉生的散文作品集《残景》，由中华工商联合出版社出版发行。5月，于升书的散文作品《工棚听雨》参加了人民日报文艺部、人民日报《大地》月刊社组织的"开拓者的足迹"征文活动，被收入征文优秀作品集。2001年6月，李寅生的散文作品集《自言自语》，由作家出版社出版发行。2002年8月，童金生的散文作品集《留言》，由中国文联出版社出版发行。2004年11月，应先林的散文作品集《六心说》，由中国文联出版社出版发行。2005年3月，彭建中的散文等多种体裁作品集《彭建中作品集》，由中国文联出版社出版发行。同年3月，于立的散文等多种体裁作品集《文苑猎奇》，由中国文联出版社出版发行。2006年6月，常年华的散文作品集《山谷的风》，由作家出版社出版发行。同年10月，叶航的散文等多种体裁作品集《岁月有痕》，由中国文联出版社出版发行。2008年，杨艳青的散文作品集《青青月色》出版发行。2009年，叶航的民国人物传记《苏邨圃传略》由中国文史出版社出版发行。

民间故事 河潭镇丰田村胡家村小组70多岁的农民作家胡录明撰写的两部长篇民间故事《空中空谈》《乾隆皇帝在江西》，总字数为40多万字，2004年8月由作家出版社正式出版发行。2003年，陈贵兴的《孔明死后斗败司马懿》《钟馗拜母》《鬼谷子烧相书》《人心不足蛇吞象》，以及熊少达的《龙虎山的传说》和《莲花石的传说》入选《中国民间故事集成·江西卷》。

诗词 市诗词楹联学会（前身贵溪诗社）自1991年成立以来，连续18年坚持每年举办"谷雨""重阳"诗会。贵溪诗社1991—2005年主办的刊物《贵溪诗词》，出刊 11 期。2006 年起改名为《铜都之风》，出刊 3 期，刊载会员诗词联及有关诗词文章计 4 845 件。截至 2008 年，市诗词楹联学会会员个人出专集计 21 部，共计收集诗词曲联 13 899 件。

书法、美术 汪辉的油画作品《采石场》参加了全国第二届油画作品展览，并被台湾一家博物馆以 1 万元收藏；油画《送郎当红军》参加了省展并获奖。邱林鹤、张炳贤的书画作品多次入选省老年书画展览和有关展览。邱林鹤书画之家、王陵波剪纸、吴瑞琦根雕、祝伟民花鸟画，都被鹰潭、贵溪电视台专题报道。全市有 10 件作品入选江西省第四届书展，2 件获优秀奖。1991 年，王陵波的剪纸《年年有余》获江西省首届民间剪纸艺术精品展览优秀奖。1994 年，王陵波的 5 幅剪纸作品入选江西省第二届剪纸艺术大赛，其中，剪纸《党是太阳我是花》获一等奖。吴瑞琦的剪纸《龙虎情》获三等奖。2004 年 6 月 1 日，美协李润泉编绘的漫画集《幽默集装箱》，由百花洲文艺出版社出版。市书法家协会顾问张善锦、杨必如的作品集《剪纸书画篆刻》由中国文联出版社出版。画家李润泉的《廉政格言警句系列漫画》获全国漫画大赛一等奖。多年来，市文联先后举办了邱林鹤书画之家书画作品展、吴瑞琦书画作品展，两次举办汪辉油画作品展，以及徐天茂、李卫红书画展，纪念毛泽东百年诞辰书画作品展，撤县设市书画盆景根雕作品展；文化馆举办了纪念抗日战争胜利 50 周年图片、书法作品展，1996 年迎新春书画展。

摄影 舒承林、谭兴亚、刘永华、陆传和、雷小舟的摄影作品多次在省市摄影展览和大赛中获奖。刘永华摄影组照《岁月·年轮》获全国摄影"十杰"提名奖；《往事》获全国人像摄影大赛二等奖；《畲乡新貌》获省首届新村摄影大赛三等奖。李胜的摄影作品获中国摄影报"佳能竞苑"优秀奖、省第二届青年摄影展一等奖。2001 年，闵新蒲的摄影作品《踏春》在文化部与中国摄影家协会主办的全国摄影爱好者摄影大赛中获优秀奖；《争艳》在《摄影与摄像》杂志举办的全国花卉摄影大赛中获优秀奖。1991 年以来，多次成功举办谭兴亚摄影作品展、刘永华摄影作品展、陆传和摄影作品展、李胜摄影作品展。

音乐、舞蹈、戏剧 1993年，龙伟演唱的《我们是祖国的小太阳》，被中央人民广播电台播放。1994年7月，秦清安（秦一兵）搜集、整理、编导的龙虎山道教舞蹈和樟坪畲族马灯舞两个项目，获搜集整理编导国家重点艺术科研项目"中国民族民间舞蹈集成·江西卷"成果奖。1996年，配合全市送文化下乡，协会编辑了《创作节目选》，共收集反映三农题材的表演唱、快板、歌曲、小品、相声等小型节目18个。1997年，在江西电视台迎香港回归大型文艺晚会上，龙伟演唱的创作歌曲《百年诺言》成为晚会主题歌曲。2007年7月，蒲杭艳在第二届"中国青少年艺术节"江西赛区选拔赛中，获美声类大学组金奖；在"全国德艺双馨艺术大赛"中，获江西赛区美声组金奖。9月，龚红获2007东方青少年艺术明星推选活动"首届东方之星艺术盛典"江西赛区青年专业组二胡项目一等奖。11月17日，由樟坪畲族乡选送的畲乡马灯舞赴广州参加全国第八届少数民族运动会开幕式并荣获金奖。

第四节 医疗卫生保健

改革开放以来，贵溪医疗机构经历了从最初的看病老三件"听诊器、血压计、体温表"到如今的"B超、螺旋CT、核磁共振"，从低矮破旧的村卫生室到宽敞明亮、环境舒适的县、乡、村三级卫生诊疗机构，从看不起病到居民医疗保障制度逐步完善，从"以治病为中心"向"以人民健康为中心"的转变。2013年，贵溪市积极探索参合农民在乡镇住院就医"基本免费医疗"政策，在全省首创"限费医疗"制度。从2014年起，贵溪市在全省率先建立了村级卫生计生服务室。在两年时间内，完成了全市171个村级卫生计生服务室的建设，实现了市域全覆盖。

1978年，全县有医疗机构80个，病床643张，医护人员283人。此后，医疗机构增多，成立了市卫生监督所和市健康教育所。新建了市疾病预防控制中心、传染病医院、市皮肤病医院和精神病医院（民营）。市人民医院新建了住院楼，市中医院进行了改建、扩建。2018年全市各类医疗卫生机构增至430家，病床2 956张，每千人口床位数为4.93张；卫生技术人员2 189人，每千人口医师数为1.69人。贵溪市人均预期寿命2018年已经达到了76.34岁，比2010年提高了1.51岁；婴儿死亡率由2010年的13.1%下降到2017年的2.15%，孕产妇死亡率由2010年的十万分之三十下降到2017年的零死亡，优于全国、全省平均水平。初级卫生保健全面达标，被评为"全国农村初级卫生保健工作先进县"。

2009年4月，新医改正式启动后，贵溪市加快了基层医疗卫生队伍编制配备和卫生人才队伍建设步伐。对乡镇卫生院严格按照每千人口1.2名配备编制，乡镇卫生院编制由原来的233名增至570名，净增337名。对城市社区卫生服务中心按每万名居民配备3名全科医师、1名公共卫生医师。截至2012年年底，贵溪市2所公办社区卫生服务中心已配备编制43名。

从2005年以来，贵溪市加大了对卫生事业的投入，卫生事业经费由2004年的590万元提高到2012年的2 707万元。2009年，全市乡镇卫生院人员基本工资由差额补助转为全额保障，确保了所有乡镇卫生院人员基本工资的全额发放，971名乡村医生的卫生服务补助金补助到位。从2008年至2018年，安排建设项目10个，新建、改扩建业务用房总建筑面积达8.61万平方米，老百姓的看病就医条件得到显著改善。

为加快推进新医改，贵溪市加快推进基本医疗保障制度建设。2010年新农合参合率达95.09%，新农合筹资水平提高到每人每年150元，新农合最高支付限额提高到5万元，城镇职工医保参保率为82%。城镇居民医保实现全覆盖，国有企业改制退休人员全部纳入城镇职工医保，实现了"当年退休，次年参保"；城镇在读学生纳入城镇居民医保；国有农林水企业事业单位和城镇困难大集体企业由政府补助参加城镇职工医保。城镇职工医保最高支付限额已达12.5万元，居民医保最高支付限额已达7万元。

医保基金运行平稳，2017年城镇职工参保3.77万人，基金总收入为1.23亿元，基金总支出为1.14亿元；2017年城乡居民参保58.09万人，参保率达99.7%。医保政策持续优化，全面完成了城乡居民基本医疗保险整合工作，异地就医稳步运行。2017年市财政为15 880名建档立卡贫困人口参加城乡居民基本医疗保险支付了238.2万元，为购买大病商业补充保险支付保费142.9万元。

从2010年开始对5所乡镇中心卫生院和2所街道社区卫生服务中心实行国家基本药物目录药品零利润销售，全市7所试点医疗机构和3所二级医疗机构采购基本药物品种超过292种。试点工作开展以来，试点单位门诊处方金额由平均每张36.8元降为24.66元，下降了33%；住院金额由平均每天148元降为78.5元，下降47%；药品金额比2009年同期下降了30%以上。

2012年，新农合政策有所调整，农民参加新农合需每人缴费50元（2011年为40元），国家各级财政配套补助240元（2011年为200元）。对于住院治疗的参合农民来说，住院报销将更有保障。在乡镇卫生院住院治疗，200元以内报销50%，200元以上报销90%。本市市级医院（含鹰潭市中医院）住院治疗，300元以上报销80%；在本市外、本省内一些医院住院治疗，600元以上报销60%。住院报销的封顶线由原来的5万元提高到8万元。

国家通过花钱买服务的方式，为城乡居民开展基本公共卫生均等化服务，财政补助从2009年的人均15元提高到了2018年的55元。国家下拨给贵溪市的基本公共卫生均等化服务经费达到了2 944万元，服务项目从最初的9类41项扩大到12类45项，全部实行上门免费服务，基本覆盖了居民生命全过程。

第十八章　交通通信连万家

第一节　路网连接遍乡村

1978年11月，在党的十一届三中全会即将召开之际，贵溪信江大桥破土动工。1980年7月1日，信江大桥建成通车。以该桥的建成为标志，贵溪交通运输事业走上了快车道。截至1990年，全县共有乡道46条，总长239.94千米，通车里程162千米，全为简易土路。截至2012年年底，全市有县道11条，通车里程达900千米；乡道44条，分布在各乡镇及街道，计长495.886千米。在1991年，县内村道量少而不均，等级较低，至2008年年末，668条共1 096.16千米的村道通向了乡镇每个角落，在2007年实现了全市行政村通车率100%。

国道和省道

贵溪市有过市国道2条，即320国道和206国道，市内总长为36.82千米。在市内构成东西走向和南北走向的十字走廊。

320国道　320国道在贵溪市内原称鹰江线，呈东西走向，起于鹰潭嘴上村，止于贵溪流口，国道桩号自流口K672+263起西至嘴上K690+263出市，全长17.6千米，市内沿线有赵流线、贵白线、嘴上713矿线相互沟通。1980—1986年，对该线路基改建加高，完成改造加高路段长度达5 320米；1985年开始，该线按二级路型、高级路面改建新线。1993年，

320国道鹰潭至流口 K672+262—K689+863 计17.6千米由三级水泥路改为二级水泥路，当年完成征地、拆迁和部分路基土方工程，1994年完成路基拓宽工程，1995年完成水泥路面并竣工通车。

2002年，总共投资6 934万元进行该线路拓宽，分两期：一期起点为K667+540（贵溪原交警队门口），终点为K675+147.55（新世纪水泥厂门口），全长1.2千米；二期拓宽起点为K668+740，终点K675+147.455，全长6.407千米。路基宽度由原来的12米加宽到43米。至此，320国道改造工程完成，是贵溪市内第一条高等级公路干线。

206国道 206国道在鹰潭市内起点为锦江桥头周家，桩号K1532+700，终点为龙虎山镇圩上，桩号K1586+900，市内长54.29千米，呈南北走向。该线由原黄鹰线（黄金埠至鹰潭）和鹰城线（鹰潭至南城）组成。1954—1955年由上饶地区进行了一次全面整修，后统一编号，纳入206国道。2000年7月，206国道的贵溪市内改造铺开，共计21.75千米，2002年12月竣工。

S206 省道206为贵溪市内西部一条贯穿南北的交通干线，衔接了上万高速、沪昆高速、320国道等横向道路。起于与弋阳县交界的圣旨山，经白田乡港黄、河潭镇泗塘岗、泗沥镇、雄石街道象山、雷溪镇、金屯镇、文坊镇、阳际峰自然保护区，终于与福建光泽县交界的樟坪畲族乡西排，市内全长为119.219千米。其中，S206圣旨山至港黄段工程于2017年4月开工建设，2018年年底竣工。该路段起点为白田乡与弋阳县交界处的圣旨山，沿线途经白田乡的陈家、万家、白田中桥、冯口村、港黄村，终点位于港黄村东侧，全长12.3千米，路基宽12.0米，为二级公路，有两车道，设计时速为60千米，沥青混凝土路面，总投资约1.1亿元。该段道路既是省道，也是上万高速公路连接线。

S207 省道S207公路是贵溪市交通规划"六纵九横"中的第二纵，线路为北起余江区画桥镇饶家，经志光镇皇桥何家、鸿塘镇、鹰潭市区五洲路、龙虎山景区、上清镇、耳口乡、冷水镇，南接资溪县马头山镇，市内全长 74.395 千米。

S422 省道 S422 公路是贵溪市交通规划"六纵九横"中的第二横，为贵溪市干线公路网的重要组成部分，全长 28.291 千米，公路等级为三、四级。其中，2018 年 12 月，S422 港黄至皇桥何家段公路改建工程（含周坊连接线）正式开工。该工程起于白田乡港黄村，终于志光镇皇桥何家附近，全长约 21.2 千米。公路等级为双向双车道二级公路，设计时速为 60 千米，工程总造价约 3.3 亿元。项目总工期为 18 个月。

铁路干线、高速铁路和高速公路

贵溪市内主要铁路干线有 3 条，即浙赣铁路线、皖赣铁路线、鹰厦铁路线。市内主要铁路线包括各种专用线路，总长为 156.3 千米。

浙赣铁路线 浙赣铁路线贵溪段，东西全长 42 千米，横贯贵溪中部地区，东起贵溪河潭地界，西至贵溪滨江镇地界，途经贵溪河潭镇、市区、滨江镇。浙赣铁路线原本为单线，复线改造于 1975 年开始，至 1995 年 12 月 25 日全线改造完成。

浙赣铁路线电气化工程于 2003 年年底开始，至 2006 年 9 月 15 日完成工程并开通。

皖赣铁路线 皖赣铁路线贵溪段，全长 30.5 千米，由贵溪车站向北穿市内北部地区，南起贵溪车站，北至贵溪硬石岭地界。

鹰厦铁路线 鹰厦铁路线贵溪段，全长 51 千米，穿市内西南部地区，由天禄镇地界起，至冷水镇地界止。鹰厦铁路线于 1986 年 8 月 26 日正式动工进行电气化建设，至 1993 年 12 月 26 日全线电气化开通，前后历时 7 年 4 个月。

沪昆高速铁路 沪昆高速铁路又名沪昆客运专线，是国家《中长期铁路网规划》中"四纵四横"的快速客运通道之一，是一条东起上海、西至昆明的东西向铁路干线。由沪杭客运专线、杭（州）长（沙）客运专线以及长（沙）昆（明）客运专线组成。

该高铁线路在鹰潭市内约52千米，工程投资额约55亿元，在贵溪市总里程32.1千米，途经滨江镇、泗沥镇、河潭镇（垦殖场）、志光镇、鸿塘镇5个乡镇、1个垦殖场、17个村委会，拆迁面积约为17 117平方米。拆迁的重点在志光镇、泗沥镇、滨江镇。征地面积为936亩。

2010年1月15日，贵溪市召开杭长客专工程调度会，要求高铁沿线有关各乡镇明确工作责任和任务，掌握时间节点，加强沟通，严格执行政策和征迁标准。6月，杭长客运专线贵溪段动工。2014年，贵溪段工程竣工。2016年6月16日，沪昆高速铁路全线轨道正式贯通。

沪昆高速公路（建设时称梨温高速贵溪段）　在贵溪市内由上饶弋阳经河潭入市，途经河潭镇河潭埠、柯余村、黄金岭万家、坞里治陈家、泗沥镇石窝、滨江镇里奖村、湖边徐家、婆桥、下叶江家、车家桥、田西、李家庄、志光镇珍田姜家、邹家、上汪、下汪、塘背汪家、东汪、求雨石徐家、石背石李家、店背姜家、郑家村、鸿塘镇小庙、泉源李家、黄柏村、上塘李家、竹前刘家、丁家源叶家、洲上艾家、庵山徐家，跨信江进入余江区入东乡区，贵溪市内全长为51.647千米，2000年12月开工，2002年12月通车。该线的建成，强化了贵溪市交通枢纽的地位。

济广高速公路　济广高速公路于2012年12月28日正式动工，已于2016年年底全线通车，市内龙虎山镇设有收费站。

县道和乡道

截至2019年年底，全市有县道14条，通车里程298.72千米；乡道85条，分布在各乡镇及街道，计长667.47千米。早在1991年，市内村道量少而不均，等级较低。经过大力建设，数以百计、长千余千米的村道通向了每个乡镇角落，在2007年实现了全市行政村通车率100%。

画桥—天禄　在市西北，起于鹰潭市林荫西路，经县境西北鸿塘等乡镇，市内长度为29.988千米。该线原为硬石岭水库的临时运输道，后经历年整修。1997年7月至1998年3月进行了三级水泥路改建。

贵溪—资溪 起于龙虎山镇龚店，经上清、耳口、冷水至资溪县，市内长度为25.333千米，于2000年4月至2001年1月实施了公路硬化。

水车岭—圣旨山 在市东北，起于白田乡贵神线K25+750处水车岭，向东北出市至弋阳圣旨山，市内长11.572千米。1982年冶炼厂兴建，对该线线型进行了改造，今为冶炼厂通往德兴铜矿的主要运输线，该线沿山坡行走，属平原微丘区。2005—2006年，进行了三级水泥路硬化。

贵溪—塘湾 从县城往南，始于鹰江线K17+485，即从320国道K678+870起，经雷溪、流口、金屯至塘湾，全长24.938千米，是贵溪市通往南乡的交通要道。1995年1月至1996年11月进行了三级水泥路硬化改建。2016年4月动工改建，2017年9月通车，投资3.1亿元，沥青路面。

贵溪—神前 起于县城，向北经泗沥、白田至周坊神前，全长39.965千米，是通往北乡地区的交通要道。1999年4月到2000年12月进行了三级水泥路硬化改建。

金屯—山头关 起于金屯镇，经文坊镇，止于樟坪畲族乡西排，全长56.24千米，是贵溪市通往南乡山区的重要公路。2003年9月到2009年11月进行了三级水泥路硬化改建。

贵溪—龙虎山彭上线 与贵白线接通后改为贵上线，起于县城，经罗河、彭湾至上清，全长27.846千米。1983年全面铺筑，可通车至上清。从2004年3月到2004年11月进行了三级水泥路硬化改建。

贵溪—泗塘 起于县城神前线泗塘，止于河潭埠火车站，长19.56千米。从2005年10月至2006年5月进行了水泥路硬化。

里塘—神前 在市西北，起于滨江镇里塘村，贵神线K6+200，沿线公路平交两处，经滨江、志光、鸿塘至周坊神前，全长40.161千米。从

2003年7月至2004年10月进行了三级水泥路硬化。

贵溪—杨家　1996年新建线，投资240万元，里程计4.38千米。起于贵溪，经滨江左家、店上、柴家、浮桥村委会、周家、高家至杨家，路面宽7米，为三级公路，沥青碎石路面。

志光—夏埠　1999年7月动工改建，1999年12月竣工，里程计10.48千米。起于志光石背，经店背姜家、志光村委会、姜家、项家、李家、艾家、周塘村委会至夏埠，为三级公路，路面宽6米，路面为水泥混凝土。

第二节　通航河道与改渡建桥

贵溪市内通航河道共有3条，即信江、罗塘河、泸溪。

信江航线贵溪市内水路干线为信江。东起贵溪市流口，西至余江区邓埠，市内全长50千米，是贵溪市的主要通航河道。

市内航程自贵溪上溯经河潭埠至河口为70千米，自贵溪沿信江下行经鹰潭至锦江（余江）为50千米，全长120千米，水深河宽，四季通航。新中国成立后，公路兴建，铁路畅通，航线经济价值下降，加之沿河建坝，河床淤塞，信河通航日见困难。1987年8月，《上饶地区航运规划报告》在"现状"中提到，贵溪县航道仅有弋阳至贵溪的35千米，常年通航4~6吨的木帆船。

1985年县政府发布了《县渡口管理办法》，落实"三统""六定"，即：统一安排经费、统一分配维修材料、统一修建和筹建渡船码头；定渡口、定渡船、定渡工、定载员载量、定安全检查、定奖惩。1987年3月，成立了县民间渡口管理站，全县渡口管理更趋完善。

1989年根据《江西省渡口管理条例》，对全县渡口进行了全面整顿，整顿后县管渡口保留21处。其中信江11处，即河潭渡、九夏渡、潭湾渡、黄坑渡、九牛滩渡、卢家埠渡、金沙渡、羊角渡、石鼓渡、横田渡、界牌渡，原流口渡被废；上清溪7处，即沙湾渡、桂州渡、泗甲渡、港仇渡、肖家渡、大汪渡、新田渡、原昌浦渡、曹源渡、蔡家桥渡、水南渡、汉浦渡、兰车渡、许家渡、旅游渡等由乡村自行管理；罗塘河3处，即樟楼渡、八甲渡、姚家渡、原斗楼渡、焦坑渡建桥，高坝渡、薛溪渡、梅溪渡、出山渡、双溪渡、下双渡、周家渡由乡村自行管理。泗沥河的童家渡以及各水库渡由乡村自管。

为改善民间渡口渡运条件，2003年省交通厅下发文件，用3年时间实施渡船更新，至2007年共投资224万元，更新渡船36艘，实现全市渡船钢质化，极大地改善了农村渡运条件，提高了渡口的安全系数。2007年全市共有渡口39个、渡船36艘、渡工52名。

2003年省交通厅开始实施"改渡建桥"这一民心工程，到2008年，贵溪市完成"改渡建桥"10处。由于桥梁建成后渡口已无存在的必要，到2008年年底，贵溪市将已建好桥梁的渡口撤销。到2008年全市共有渡口29处、渡船33艘、渡工49名。

第三节　信息通信便万家

邮政　1998年9月，根据《江西省邮电分营方案》《贵溪市邮电分营实施方案》要求，9月15日，贵溪市邮政局、贵溪市电信局正式挂牌成立。1998年2月，贵溪局邮政广告部成立，利用邮政网络优势，集编辑、发行、投递于一体，经营邮送广告业务。2001年8月，开办了快递包裹业务，有效压缩了包裹寄递时限。2006年11月，以合作形式开办了"江西省—台湾地区海峡快包业务"，即"海峡快包"。1999年8月，全省邮政速递开办了省内特快汇款业务。2004年2月，全省邮政在县以上城市（含县城）开办了国内航空货运代理业务。

1999年，新开发邮政邮购业务，相继在塘湾、塔桥自有店面和冶炼厂生活区租赁店面，开办邮购商场，销售商品大多为生活、文具用品，并采取印发商品目录、上门推销送货等方式扩大邮政邮购业务范围。2000年，贵溪局商函特快中心拆分成商函邮购中心和特快礼仪中心，使物流、邮购业务明确了主管部门。

电信 1989年10月28日24时，贵溪县局DMS-100型1500门程控电话正式割接开通。1996年，电话用户为13 284户。2008年年末，贵溪局交换机容量为9.56万门。用户共8.64万户，其中，农村用户为2.31万户，市话用户为6.33万户。1994年，为进一步解决居民打电话难的问题，在县城各街道增设公用电话34部，磁卡电话5部。1995年，县城共有公用电话96部。随着程控电话的开通，电报业务急剧萎缩。2000年，撤销报房。窗口受理的电报业务报鹰潭处理。2008年，全市共有公用电话3940部。

随着计算机的普及和计算机技术的迅速发展，人们越来越需要共享计算机资源。为尽快占领这块市场、不断增强综合通信能力，1996年3月，第一期分组交换工程完成设备安装，分组交换端口25个，当年发展用户9个。1998年11月，DDN贵溪节点安装工程也完成了设备安装，端口达到13个，当年发展用户20户。1999年5月，完成了分组交换、DDN城域网工程并投产。同年6月，完成了公用帧中继网工程设备安装，以及CHINANET一期扩容工程设备安装。2008年，数据通信用户有14 432户，其中DDN用户有124户，分组交换用户有35户。

移动 1999年6月15日，贵溪移动业务从原电信局分离，正式组建了贵溪市移动通信公司，标志着贵溪的移动通信事业走上了专业化经营的历史新阶段。2001年1月16日，贵溪市移动通信公司更名为江西移动通信公司贵溪市营业部。2002年7月22日，伴随着省公司在境外整体上市，江西移动通信有限责任公司贵溪市分公司揭牌。2005年3月，在塘湾镇设立了塘湾片区区域服务中心，在志光镇设立了志光片区区域服务中心。

2013年，贵溪移动公司完成GSM弱覆盖7个基站的建设入网，完成46个3G站点的建设（140千米光缆布放），实现了13个乡镇的TD网络覆盖及高流量站点的分流工作，提高了客户的TD网络应用感知。

2013年贵溪移动手机终端用户净增27 342户，全年实现宽带有效净增5 238户。截至2013年12月，宽带累计净增10 000户，比去年的5 000户提升了100%；宽带有线建设信息点为45 986户，实装率为19.38%。农村无线宽带建设了118个基站，有效用户数为1 950户。

2015年9月，贵溪移动4G用户已有5万余户。为加大移动通信的网络覆盖率，贵溪移动先后建成了移动通信基站近500个，其中3G基站130个，4G基站近254个；安装直放站近35个，铺设光缆2 500千米，光缆铺设遍及13个乡镇。全县移动通信网络覆盖率达到100%，基本满足了广大群众对移动通信的需求。截至当年9月，宽带信息点共建设93 229个，其中城区48 720个，乡镇7 731个，行政村36 156个。城区覆盖率95%以上，乡镇已全面覆盖，行政村已经覆盖120个村的移动宽带，宽带用户数超过2.4万，城区有14 250个，乡镇有10 000个。全面推进"三网融合"工程，截至2015年9月，已完成农村户线建设，具备发展"三网融合"条件的行政村庄达到100%，提供的交换机端口数为50 000个。在贵溪市13个乡镇、170个行政村开通农村宽带，用户达1 800户，在13个乡镇、44个村庄满足了1 300户群众的H1TV需求。

2008年5月，铁通公司并入移动公司，目前保持相对独立运营、经营与服务。1994年开通运营模拟移动电话，当年发展用户67户。至1995年年末，共发展模拟移动电话用户218户。此后业务发展迅速，特别是成立公司以来，以创一流企业为宗旨，狠抓经营与服务工作，取得了长足发展。在大力发展语音业务的同时，贵溪市分公司积极向数据业务、多媒体业务和第三代移动通信、宽带光缆传输、IP网业务方向发展，满足在贵溪信息化进程中，社会对数据通信量需求的增长。公司营销网络健全，移动特约代办点遍布全市，用户可在当地办理各种移动综合业务。

联通 贵溪分公司坚持以客户为中心，不断优化服务渠道的培训管理、营业环境设施管理、客户挽留等工作流程，持续提高客户服务水平。开展"五心服务年"系列活动，公司整体服务能力和服务水平得到了显著提升。通过营业员"多说一句话"、营业厅内张贴资费导购宣传，为客户提供最优惠的资费选择。把每周二设定为"店面经理接待日"，由店面经理亲自解答客户关于业务、服务的疑问，倾听客户对营业厅服务的建议。在互联网方面，于1999年5月完成分组交换、DDN城域网工程并投产。同年6月，完成公用帧中继网工程设备安装，并完成CHINANET一期扩容工程设备安装。2000年5月，推出互联网ISDN新业务。同年9月，完成DDN乡镇延伸工程，丰富了农村数据通信资源。同年，完成了多媒体通信网的网络优化，实现了163网、169网的两网合一，原169网上使用的设备用于IP电话业务网，163中继电路由原来的256 K提速到2 M，大大提高了上网速率。

至2000年年底，全市数据通信用户为480户。2008年贵溪电信分公司主动接应省公司的转型战略，积极响应鹰潭市"城乡信息化建设"的号召，将企业转型融入综合信息化建设大潮中，贵溪市相继推出并签约电子政务、教育OA（Office Automation，办公自动化）、平安乡镇、数字医院等信息业务。

第十九章 城乡建设新绘蓝图

改革开放前，贵溪县城只有南大街、茨葶弄、解元坊、西街、复兴路5条街道，均为砂石街面，无路灯、无保洁、无下水道，城内建筑没有超过3层的楼房，没有一个公园。至20世纪70年代末80年代初，城区北郊的荒山渐渐被炸平，贵溪冶炼厂、十五冶落户，城东贵溪发电厂、有色四建相继入驻。县城框架逐渐拉大，尤其是进入21世纪后，城市面貌变化巨大。

第一节 城乡规划高起点

城市总体规划与调整 1982年，制定了城市总体规划，规划区北起庞源山，南至信江南岸山下，东至信江边，西至柴家坡，面积为34平方千米，建设用地为14平方千米，按功能分老城、中心、工业、柏里、城南5个区。

1993年，委托南昌大学城市规划研究所进行《贵溪城市总体规划》的编制工作。至2003年，城市建设基本遵循了1993年版的总体规划构想。2003年6月，市政府再次委托南昌大学城市规划研究所编制新的《贵溪市城市总体规划》。城市规划区范围为市城区所在镇、乡的行政区划范围，包括原滨江乡，罗河、河潭、泗沥3个镇部分自然村以及流口镇区。具体范围界定为：东起信江上游西岸，西至贵溪工业园及沿信江下游西岸平行2千米左右控制线以内；北起梨温高速公路和铜都工业园，南至320国道和象山公园城市休闲娱乐区。城市总体规划结构为"一中心、三片区"："一中心"指旧城中心区（包括老城区及中心区）；"三片区"指三个辐射片区，即城西新区（信江下游西岸）、城南新区（信江以南）、城北新区（旧城中心区以北）。各片区之间由江、山丘、生态绿化带、铁路和城市道路自然分隔，既相对独立和完善，又各有侧重，相辅相成。

2017年11月，贵溪市公布了《贵溪市城市总体规划（2015—2030）》公示文件，以"绿色铜都、心学故里、幸福家园"为城市长远发展目标。城区人口规模：2020年城市人口为29万人，预计2030年城市人口为42万人。城市用地规模：预计至2030年城市建设用地规模为49平方千米左右，人均建设用地指标为115平方米左右。城市发展方向：中心城区未来建设拓展方针为——"东提、西进、南控、北拓"。东侧——以贵资高速和信江为界，推动存量土地开发建设；西侧——至罗河镇工业园西侧一线，以城西片区开发建设及照明产业园发展为主；南向——以规划G320线和象山保护区为界，借助象山景观资源及文化资源发展休闲宜居片区；北向——向北拓展至沪昆高速铁路为界，重点建设硫磷化工基地产业用地。

城市空间结构 中心城区形成"一轴、两廊、两区、四片"的空间结构。"一轴"：指鹰雄大道城市发展轴。"两廊"：依托滨江路、柏里大道—206省道形成西部经济发展廊，重点培育文化旅游职能，对接南北乡镇；依托冶金大道、贵溪大道形成东部产城联动发展廊，重点联系工业区和城市生活区。"两区"：分别指城北工业片区和城南工业片区。"四片"：分别指活力老城片区、品质东城片区、商贸西城片区、文化南城片区。

专项规划 市工业园总体规划。2002年6月，委托南昌大学城规院编制罗河工业园总体规划。后罗河工业园更名为"贵溪市工业园"，规划更名为"市工业园总体规划"。市工业园沿320国道，东起江西铜业公司技校，西至江西科华水泥有限公司，南起320国道以南1.2千米，北至浙赣铁路线，总面积为10.65平方千米。规划期限为2002—2020年，近期为

2002—2005年，中期为2006—2010年，远期为2011—2020年。功能定位为贵溪市高新技术工业产业发展基地，以高新技术产业为主导，是城市科技研发中心、人才培养中心、经营基地和城市发展新区。

江西鹰潭（贵溪）铜产业循环经济基地规划。2007年，委托南昌有色冶金设计院编制江西鹰潭（贵溪）铜产业循环经济基地规划。基地位于城区北部，南起贵溪冶炼厂北围墙，北至沪瑞高速公路梨温段，西靠贵溪至泗沥镇县级公路，东邻河潭镇庙山村东侧高压线路，规划用地面积10.1平方千米。基地功能：以铜加工工业为主导，相关产业互动发展，集铜材加工、产品研发、人才培训于一体的铜制造业基地和城市发展新区。根据《城市规划编制办法》，基地总体规划期限为2007—2020年，近期为2007—2010年，远期为2011—2020年。

东城区控制性详细规划。2006年，委托上海同济城市设计有限公司编制东城区控制性详细规划。东城区是《贵溪市城市总体规划（2003—2020）》确定的"一核（旧城区即核心区）、二园（城北工业园区和城西工业园区）、四区（城西新区、城南新区、城东新区和城北新区）"中的新区之一。根据贵溪市城市总体规划，赋予贵溪市东城区定位为集办公、商务、信息、商业、文化和居住等多功能于一体的新城区。东城区作为办公、商务、信息、商业、文化和居住中心，人均城市建设用地为110平方米，用地规模为949.65公顷，到规划期末东城区人口规模约为9万人。

集镇规划与建设　1992年10月，江西工业大学（1993年，将江西大学与江西工业大学合并组建为南昌大学）对塘湾镇进行了规划，规划面积为1.1平方千米。1993年7月，由鹰潭市建设局规划设计室对文坊镇进行了规划，规划面积为0.72平方千米。1994年4月，由南昌大学城市规划设计所对冷水镇进行了规划，规划面积为0.7平方千米。1995年，贵溪出台《贵溪县城市总体规划实施办法》《严格实施城市规划，加快城市建设步伐的决定》。同年，编制流口、泗沥、周坊、罗河、金屯、河潭、志光、鸿塘、塘湾9个乡镇的总体规划，并于1996年3月完成。其中河潭和志光镇的规划面积都为1平方千米。塘湾、金屯被列为省集镇建设百强镇，流口灾民新村被列为全省百强村。1996年6月，贵溪市城乡设计规划研究所编制了流口总体规划，规划面积为42.54公顷。1996年11月，完成市中心区详细规划的调整修编工作。2000年，贵溪市城乡规划设计研究所编制了雷溪和双圳的乡镇规划，规划面积分别为0.476平方千米和1平方千米。2003年以来，对城镇总体规划进行了修编，城镇总体规划修编12处，修编率达66.7%。完成了193个行政村村庄规划，编制了445个自然村村庄规划，村庄规划率达31.7%；编制了《农村村民建房图集》40套，并发放到乡镇、街道办、林（垦）场；积极申报历史文化名镇名村，编制了《塘湾历史文化名镇保护规划》和《耳口乡曾家村历史文化名村保护规划》；2005年，编制了以乡为单位的村庄并点规划，整合村庄率达13.6%，节约农村用地1 000余亩。内部挖潜，改造旧城镇，促进小城镇建设集约用地并实施小城镇建设用地和土地开发整理挂钩政策；在农村开展农村卫生清洁工程，加快农村基础设施建设和"三清、六改、四普及"（清垃圾、污泥、路障，改水、改厕、改房、改栏、改路、改环境，普及电话、沼气、有线电视和太阳能）工程建设。城镇化发展迈上了快车道，城镇化率达45%。

第二节　基础设施趋完善

城市道路　1991年始，县城有主干道10条，为冶金大道、建设大道、化工大道、柏里大道、雄石大道、沿江路、信江路、站前路、交通路、象山路（320国道），合计长27.4千米，面积为55.76万平方米。原老城区的所有街道逐降为次干道，共有复兴路、茨荸弄等14条。随着城市化进程的不断加快，城市道路改建、扩建及新建工程项目日益增多，其间改建、扩建的市区道路有信江路、冶金大道等，新修建道路有贵溪大道、鹰雄大道等。

至2008年年底，全市城市道路总长为63千米，总面积达193万平方米，其中沥青道路面积为81万平方米、混凝土道路面积为82万平方米、人行道面积为30万平方米。

城市供水　1991年，贵溪县自来水公司扩建了日供水1万吨的水厂。1994年又进行了水厂内部改造，至1995年6月水厂日供水能力提高到1.5万吨。从1996年开始，改漂白粉消毒为液氯消毒。2002年2月接管罗河工业区水厂，该水厂供水规模为每日5 000吨。为缓解城市供水矛盾，2003年中心区水厂一期工程动工建设，2005年6月中心区水厂一期工程竣工投产，供水规模达到每日3万吨，原老城区水厂停产。2006年，十五冶二公司、铁路小区、九牛滩周边9个村小组被纳入了供水体系；2007年11月，四冶生活区也被纳入市区供水。由于城市建设发展迅速，城市供水仍处于紧张状态，为缓解供水压力，2009年4月，中心区水厂二期扩建工程开工，工程竣工后供水量达每日6万吨。

城市供气　1985年之前，城市居民生活燃料仍是煤和柴火。驻市大型企业先后建成3座煤制气站，日产煤气2.4万立方米，用户6 000多户。1990年9月，县液化气石油公司储气站开业，储气量为40吨，拥有用户1.8万户。1996年5月，市经贸委工业液化石油气供应站成立，次年1月供应站储气站建成，储气量为20吨。至2012年年底，全市共有8家供气储气企业（机构）。城市供气主要以液化石油气供气为主，供气方式分为管道输送和瓶装输送。

城市公园　城南滨水绿地广场（2016年更名为象山广场）建成于2004年，占地面积12万平方米。它以信江大桥为界，分为桥东和桥西两大块。桥东以旱式喷泉、风水球、健身场、张拉膜、亲水平台为主，充满现代气息。桥西以广场雕塑群、文化墙、草坪、亲水平台为主，历史、文化色彩厚重。桥东、桥西特色分明，交相辉映，相映成趣。

沿河公园（后更名为浮石公园）坐落在信江河以北，以信江大桥为界，分为桥东公园和桥西公园。桥西公园建于1984年。公园全长180米，绿化带长140米，有儿童游乐场1个。桥东公园建于1995年，1996年拆了挡土墙和桥西公园连接。经过1997年、2003年和2008年的改建，现在有标准门球场2个，健身器材2处，儿童娱乐场1处。

象山森林公园始建于2002年，公园东西长约6千米，南北宽约2.6千米，总面积约885公顷，已绿化面积809公顷。2003年6月，由厦门市园林规划设计研究院和厦门园创景观设计有限公司共同进行设计。

改革开放后，城区公园建设和园林绿化大力推进，截至2008年，市区公共绿地面积为95公顷，主要分布在象山森林公园、象山广场、浮石公园、市政广场等处。此后，又建成后河湿地公园，改建了浮石公园。截至2012年年底，城区绿地率达到37.64%，人均公园绿地面积为12.03平方米。

第三节　房地产业大发展

1984年8月，贵溪县房地产开发公司成立，半年后改制。随着房地产开发市场的变化和发展，贵溪市房地产开发向市场化、专业化快速推进，1996年全市共有房地产开发企业7家。到2008年，全市共有房地产开发企业33家，既有恒泽、新联、金拓这样的外来企业，又有华邦、远东这样的本土企业。尤为难得的是商品房空置率仅为6.3%。房地产业的发展壮大改变了以往城市建设和住宅建设单一依靠政府投资的状况。

贵溪重点抓精品小区的建设，摒弃以往开发小区"小打小闹"的形式，以集约型开发占主导地位，在建造风格上突出地方文化特色和自然风格相结合，强调人与环境、人与自然的有机和谐。一条条精品街道，一批批休闲广场、商住小区，如远东国际城、金色年华广场、城南商贸广场、新都花苑、都市佳苑、阳光·时尚广场、时代广场、擂鼓岭商住小区、安康广场、中胜小区、贵都华城等商业小区陆续建成。其中,本地开发企业22家,外来企业11家,外来在本地注册企业有7家。其开发资质为:二级1家,三级13家,四级8家,暂定11家。

第二十章　林业生态建设

素有"信之大邑"之称的贵溪，山地面积达 263 万亩，占全市总面积的 70.7%，是耕地面积的 4 倍多。这里四季分明，气候温和，雨量充沛，年平均气温 18.2 ℃，无霜期 263 天，有利于林木的生长发育。据县志记载，民国二十五年（1936）全县森林覆盖率达 47%；据 1952 年县农林办公室统计，全县林业用地 249 107 公顷，森林覆盖率达 43%。

中华人民共和国成立初期，大炼钢铁、大办公共食堂对林业破坏极大；"文化大革命"时期以及"分山到户、责任到人"前后一段时期的乱砍滥伐、重砍轻造行为，致使有林面积大减，森林资源再次遭到极大破坏。1978 年，党的十一届三中全会以后，我国的现代化建设起步，对木材的需求形成了又一次新高潮。1978—1988 年，木材消耗最多，10 年间贵溪县的森林覆盖率下降到 36%。

第一节　消灭宜林荒山

1990 年 7 月，全省林业工作会议在吉安召开，会上通报了全省荒山大户名单，贵溪就是其中之一。按省里规定，荒山面积在 30 万亩以上的县，便属荒山大户，而贵溪县有 47.6 万亩的宜林荒山。

吉安会议以后的 9 月，贵溪县委、县政府做出决定："两年消灭荒山，两届绿化贵溪。"

1990 年 9 月 12 日，全县召开了荒山造林动员大会，县党政领导首先立下誓言："两年消灭不了荒山,就自动辞职。"

在荒山造林大会战中,县六套班子成员每人都建立了300亩以上的绿化点;乡镇副科以上干部都拥有200亩以上的责任山;县直各单位都建立了100亩以上的绿化点。全县共建领导干部绿化点537个,总面积达9.27万亩,占全县荒山造林面积的1/4。在建立绿化点的过程中,各级领导都身先士卒,从山场选择、组织劳力砍杂、打穴种苗,到幼苗抚育,全方位参与,严把质量关。当时,苗木不够,相差2 000万,外调费用高,成活率低,且数量大,远水不解近渴,指挥部一声令下:自力更生,培育容器苗。县苗圃和6个林场硬是克服困难,保质保量完成了任务。在全县荒山最多的白田乡,每天都有1 000多个劳力上山,不到2个月,整地万多亩,有些村庄农帮农、户帮户,相互调剂,有的外出打工者主动返乡参战,为全县荒山造林树立了榜样。

到1992年夏,2年时间内,全县共投入劳力800万个,荒山造林40多万亩,成活率达95%。顺利通过了国家林业部的灭荒检查,被评为全国造林绿化先进县。

第二节 林权制度改革

截至2006年,贵溪市林业用地面积209.5万亩,占国土面积的61.8%,活立木蓄积量568万立方米,毛竹4 864万株,森林覆盖率达62.2%,是全省的林业重点县(市)之一。长期以来,由于体制上的障碍,产权不清,税费过重,影响了林农对林业的投入和经营的积极性,致使林业发展缓慢,举步维艰。

2004年8月,江西省委、省政府出台了《关于深化林业产权制度改革的意见》,次月在7个县(市)开展试点,2005年4月在全省全面推开。按照省里部署,贵溪市积极稳妥地开展了以"明晰产权、减轻税费、放活经营、规范流转"为主要内容的林业产权制度改革工作,得到了广大林农的称赞。

林业经营模式实现了转变。按照"属村归村、属组归组"的原则,明晰产权,还权于民,贵溪市将面积达80%以上的山林从村委会统一经营转为全部还给农户自主经营,真正做到"山有其主,主有其权,权有其责,责有其利",结束了近20年来村集体统一经营、"大一统"管理的局面。

林农利益得到更好保证。通过减免税费、放活经营、政策让利等措施,贵溪市林农通过林改人均增收214.5元。具体包括:一、减免税费。2004年9月1日起,取消了木竹农业特产税以及未经省批准的市、乡、村自行制定的所有木竹收费项目,调低了育林基金平均计费价格,切实减轻了林农负担。据统计,全市本级减少税费572.4万元,取消乡管费155万元,取消村管费204万元。为充分体现让利于民,贵溪市连省政府批准收费项目之一——林权证工本费都不收了,免费发放给林农,以减轻林农负担;让木竹及林副产品产销见面,直接进入市场,使市场价格升到现在的每立方米650元,毛竹(标准尺竹)从5元上升到10元以上。二、把政策性让利的大头给林农。对村组"分股不分山、分利不分林",经营收益的70%以上按股直接分配给林农,国集联营造林、集体山林流转及公益林补助的70%以上平均分配给本集体经营组织成员。通过林改,进一步规范了集体山林流转合同,明确了分成比例和兑现方法。

经营林业的积极性得到调动。通过林改,广大林民"把山当田作",积极建设毛竹丰产林,培育经济林,种植工业原料林,发展苗木花卉业,想方设法发展林业,千方百计增加收入,林地租赁价格也从2004年的每亩每年15~20元,上升到每亩每年25~30元。林改后,贵溪市出现了"辞职造林、卖房造林、返乡造林、卖车造林"的景象,涌现了一批像刘敏、李果玲、夏新民等的林业经营大户。

林业部门职能实现了转换。由于历史原因,贵溪市林业基层执法人员的工资靠收费罚款为主,以罚代法现象较为严重。省委、省政府《关于加快集体林区林业产权制度改革的实施意见》（2005年19号文件）出台后，贵溪市在财政十分困难的情况下，决定从2005年1月起，将林业工作站、木材检查站118名基层执法人员的工资和经费全部纳入财政预算，确保及时足额拨给，结束了"育林费变成育人费"的历史。同时，制定了贵溪市森林限额采伐管理、木材检量等6项配套办法，简化了木竹采伐申报审批程序。

林业资源得到有效保护。"管好自家山，看好自家林"已成为林农的自觉行动。在资源管理上，林农自发组织"三防"协会，群防联防，有组织地开展防乱砍滥伐、防森林火灾、防病虫害工作。据统计，2005年5月至2006年7月，盗伐案件发生2起，滥伐案件发生25起，与上年同期相比分别下降了32%和44%；森林火灾受害面积2 971亩，与上年同期相比减少了67%。

第三节　发展林业经济

当时，林业产业就是简单地"种树"和"卖树"的过程。在品种结构上，杉木和松木占大多数，周期长、见效慢，综合效益低，资源优势并没有化为经济优势。1992年，全县林业工业总产值仅1 000万元。

1996年秋天，为大力发展笋竹两用林，市林业局专程组织人员前往浙江龙游县参观学习。在龙游，参观者对毛竹的价值有了更深的认识：普普通通的一片竹林，经过砍杂、垦覆、施肥等一系列规范管理，笋竹产量增加了10倍多，每亩毛竹平均年产值为6 000多元，创利税2 100余元。

双圳林场率先开发笋竹两用林，拥有2万多亩笋竹两用林基地。到1998年，该场笋竹产量均比开发前翻了两番，还带动了笋加工厂的建立。像双圳林场这样的高效毛竹林，全市有10多万亩。

自1996年以来，市委、市政府先后出台了《关于山上再造一个贵溪的决定》《关于开发十万亩笋竹两用丰产林基地的实施意见》等一系列重大决策,推动了传统林业向高效林业的飞跃。先后建立了七大高效速生丰产林基地,即:以上清林场为中心的20万亩速生杉木林基地;以白田乡为中心的20万亩湿地松工业原料林基地;以双圳、冷水、耳口等山区乡镇为中心的10万亩笋竹两用林基地;以塔桥、鸿塘为中心的20万亩果业基地;万亩高山反季节蔬菜基地;2万亩高产油茶林基地;3万亩茶叶、蚕桑基地。以科技兴林为手段,以综合效益为中心,以保护生态环境为目的,在品种结构、抚育管理等各个环节都做到高标准、严要求。截至1999年,这七大林业基地建设已初具规模,总面积为40多万亩,产生了良好的生态效益和经济效益。高效林业的兴起,促进了林业工业的快速发展。全市利用木竹资源办起了100多家木竹精加工企业,其中拼花地板、保健竹凉席、活性炭、水煮笋、无烟蚊香等一大批名优特色产品在国内外市场被看好。

截至1998年年底,全市森林覆盖率由1958年的36%上升到55.6%,林业结构合理,逐步实现了由粗放型向集约型的转变。

进入21世纪后,贵溪市大力发展林下特色种植业,通过采取市场化经营方式,走出了一条林地增值、农民增收、生态良好的林下经济发展新路。截至2012年年底,贵溪市发展林下经济面积24万余亩,实现年产值3.7亿元,每年直接带动林农增收3 000余万元。

结合林地资源实际情况,制定出台了《贵溪市林下经济发展总体规划》,确立了发展林苗、林茶、林油、林果、林药、林菌、林菜的林下经济七大模式。通过吸引外资、企业投资、群众自筹等形式,积极筹集资金,先后共筹措绿化工程、林下经济建设资金3.2亿元。同时,采取以奖代补的方式,市财政每年拿出专项扶持资金1 200万元,对规模以上林下经济产业,在土地流转、扩大生产规模等方面进行奖励。为解决林业种植技术难题,贵溪市还组建了10支林业技术服务小分队,进村入户为林农提供技术服务,免费进行技术指导和培训,先后举办培训班5期,培训了

1 000多人次。

市场化经营，催生林下经济规模发展。贵溪市采取"政府为主导、企业为主体、科技为支撑、利益为纽带"的市场化运作方式，引进一批农林开发公司。通过建立"公司+基地+农户""合作社+村民理事会+村民"等经营模式，辐射带动周边林农从事和发展林下经济。此外，采取以稻谷补偿农田租赁费用或农民以土地、劳力入股等合作方式，既解决了林下经济基地建设过程中所有权与使用权分离的问题，解决了企业的后顾之忧，又激发了林农的积极性，促进了林下经济规模化良性发展。截至2012年年底，贵溪市林下经济公司企业已有5家，发展林业基地30余个，造林大户80余户，带动周边3 000余户林农自主发展林下经济。

第二十一章　拥军优属成果丰硕

在这块红色的土地上，贵溪人民有着光荣的革命历史。土地革命战争时期，贵溪就是闽浙赣革命根据地的重要组成部分，是中央苏区的东大门，老一辈革命家朱德、王稼祥、方志敏、邵式平、黄道等都在这块红色土地上留下过战斗足迹。贵溪人民各个时期为中国革命英勇献身的烈士有5 600多名。历史成就了贵溪，贵溪承载了历史。改革开放以来，贵溪将双拥工作作为提升执政能力、凝聚共同思想的得力举措，谱写了拥军优属、拥政爱民的精彩乐章。

自1993年第一次荣获"全省双拥模范城"以来，截至2016年，贵溪市已连续七次获此殊荣。2007年、2012年，贵溪市两次荣获"全国双拥模范城"称号。

第一节　完善制度保双拥

在开展双拥工作中，全市各级党委和政府坚持做到三个纳入：一是把双拥工作纳入全市经济发展总体规划，同部署、同安排、同落实；二是纳入领导干部任期目标责任制，同领导干部的政绩考核紧密结合；三是纳入党委、政府重要议事日程，定期研究解决双拥工作新问题。建立完善市委、市政、人武部三家挂帅，党、政、军、民四方配合，市、乡、村、组多级联动交相辉映的双拥创建工作机制，形成了军民共建、合理互动、共谋发展、融为一体的双拥创建特色。

为做好双拥工作，贵溪市先后制定实施了《关于广泛开展科技援军活动实施意见》《贵溪市人民政府关于建立优抚对象抚恤补助标准自然增长机制的通知》《关于我市实行优抚对象医疗减免工作的通知》等一系列拥军法规性文件，制定了双拥工作评比标准、目标管理、评比考核等办法。建立健全了军地联席会议、党委议军会、双拥工作领导小组和国防教育例会等会议制度，及时研究解决双拥工作中的新情况、新问题，对双拥工作开展情况进行检查评比，及时通报情况，加大督查指导力度，确保双拥工作社会化前进有次序、推动有力度。

第二节　拥军优属不遗余力

贵溪通过抓双拥创建活动、完善各项优抚安置政策的用户安置工作，实现了新的突破。一是抚恤补助标准有新突破。重点优抚对象的抚恤经费实行社会化发放，大多数优抚对象抚恤标准均高于全省平均水平。同时，适时调整抚恤金补助标准，做到优抚对象生活与国家经济发展相适应。二是"解三难"工作有新举措。2010年贵溪在全省首创设立重点优抚对象解困专项资金，由市财政安排专项资金300万，用于解决重点优抚对象生活、医疗、住房等方面存在的问题。三是义务兵优待金政策落实有新要求。采取"三统一"（统一发放标准、统一发放渠道、统一发放时间）的措施，保证义务兵家属优待金及时、足额发放。

2011年3月，在时任市领导递交给鹰潭军分区的述职报告里，有这样一组数据：2010年专门安排了300万元专项资金，用于安排落实全市复退伤残军人；在足额按时落实各项经费的基础上，追加50余万元用于解决征兵、编制军事志等工作经费缺口问题；20万元用于提高全市民兵基层规范化建设水平；将4名转业干部全部安排在党政机关，为2名副团干部随军家属落实了工作，近3年来，全市共接收了172名退伍士兵和转业士官……

为确保每一位退伍士兵的岗位都能得到落实,让退伍军人有位可为,贵溪市充分利用自身"一园三基地"工业企业多、驻市中央省属大企业多的优势,鼓励企业吸收有能力、有特长的退伍人员。2012年以来的3年中,贵溪冶炼厂、贵溪化肥厂、贵溪发电厂等企业共安置退伍军人100余人。同时,不断创新渠道,鼓励支持退役士兵自谋职业、自主创业。贵溪市先后建立了餐饮、商住、服务等退伍军人创业就业基地,并与江铜技校、上饶凤凰光学技校、鹰潭应用工程学校等各承训机构建立了合作关系,加强对退役士兵的职业教育和技能培训。2014年以来,贵溪市对口培训退役士兵400人,推荐就业军人100人,自谋职业360人。

贵溪市还积极搭建服务平台,开展了"双拥在基层"活动,成立了拥军社会组织、退伍军人服务中心、复员军人之家等服务机构,设立优抚对象联络员,预防处理军民矛盾纠纷,保障军人及其家属的合法权益。

关注军人,也要关注军人的家庭。贵溪全市3 340名农村重点优抚对象、1 256名城镇无工作重点优抚对象全部被列为基本医疗保险参保对象;2014年,累计向450户义务兵家庭发放优待金400余万元,安排190余万元资金帮助优抚对象解决生活难、住房难、医疗难等困难。同时,根据实际情况,为困难企业改制下岗的250名涉军人员,每人每年额外补助600元,使他们的生活有保障。

广泛建立拥军优属服务网络,是贵溪市优抚工作社会化的一个显著特点。全市有各类拥军优属服务组织300多个,而洪凤珠老人就是其中的优秀代表。

第三节 拥政爱民做贡献

部队广大指战员视驻地为故乡,以支持地方经济建设和社会发展为己任，用自己的实际行动扎实开展拥政爱民活动。

1988年10月11日，空军某部一架飞机在贵南山区原双圳乡上空失事，双圳乡人武部迅速组织120多名基干民兵组成20多个搜寻小组，赶赴现场进行救援，圆满完成了寻找救护负伤飞行员和搜寻飞机残骸的任务。双圳乡基干民兵连因在完成急难险重任务中表现突出，1989年被国防部授予民兵预备役工作先进单位。

1996年，贵溪市出现严重旱情，市民兵高炮分队分别在白庙水库、硬石岭水库等处成功地进行了人工降雨作业，共发射炮弹697发，全市降雨量达320毫米，各水库增加库容总计580万立方米，大大缓解了旱情，确保了"二晚"的栽插。

1998年特大洪灾中，全市先后出动民兵10.2万人次投入抢险救灾，共抢修险段560处，装卸抢修物资400多吨，装运土石方1.6万余立方米。

2004年，子弟兵连续奋战48小时，帮助扑灭了塘湾、周坊两地的森林大火。

2006年，子弟兵顶风冒雨，保住了泗沥镇口路源水库即将决口的大堤。

2007年，在烈日下帮群众挖掘抗旱保秧苗的还是子弟兵。仅2005—2008年，贵溪市驻地官兵参加抗洪抗旱、抢险救灾战役就达120多次，出动了官兵2万多人次，车辆1 200台次。

2011年以后的几年间，贵溪多次发生洪涝灾害，驻市部队奋勇参加抢险救灾，在保护群众生命财产的斗争中发挥了生力军和突击队的作用。据统计，官兵出动2万人次，直接抢救出受灾受伤群众2400余人。

第二十二章 外出创业潮流涌动

在汹涌澎湃的改革大潮中，贵溪县内城镇待业青年和农村富余劳力成千上万，大概在1988年，贵溪县南北逐渐出现外出创业务工潮，他们父带子、夫带妻、兄带弟、朋友带朋友、亲戚带亲戚，是改革开放形势下的新现象。资料记载，1992年，贵溪县鸿塘、志光、泗沥、雷溪、余家和罗河6个交通便利的乡镇，劳务输出达10 278人，占全县劳务输出总人数的74.3%。2011年，仅泗沥镇务工青年就有8 000余人。资料称，2012年贵溪市在外创业务工人数达14.7万。2018年年末，农民外出从业人员达14.9万人，其中，外省务工的达11.64万人。

第一节 外面世界很精彩

20世纪80年代末，作为赣东北革命根据地的重要组成部分的贵溪县，在革命胜利几十年后，依然未完全摆脱贫困，就业仍是突出问题。当时，县里对劳务输出抓得紧、宣传广、工作细。1992年，经县劳动就业局介绍，先后有三批年轻人被介绍外出：第一批是到杭州富阳丝织总厂，第二批是到中外合资企业——春江棉纺厂，第三批是被零星介绍到一些企业。前后约有200人。1993年新年钟声敲响后，又有三批人经介绍到省内外务工，其中20人去了中外合资的南昌市鄱阳湖娱乐康乐有限公司。最后被送走的是浙江桐乡大麻丝绸厂的33个女工，都是来自农村的姑娘。大麻丝绸厂是乡办企业，原本吸引力不大，但该乡书记、乡长都来贵溪招工，诚心诚意，条件优惠。

劳务输出增加了农村经济收入，提高了农民生活水平，使一些家庭率先走上了致富之路。

第二节 返乡创业助致富

外出务工，不仅赚了钱，更重要的是解放了思想、更新了观念，还带回了资金本钱，带回了技术。当年红土地上涌动的外出务工潮，也曾经掀起过一股返乡的创业潮。

西窑乡已在2001年被撤，并并入文坊镇，但翻开该乡的历史，却仍然可见当年返乡创业留下的诸多故事。

1983年，西窑乡辖5个村，乡域为72.3平方千米，资源丰富，但人均纯收入仅98.1元，没有一户能买上电视机。由于交通不便，村委会干部到乡里开会靠两腿，群众卖木竹靠"两肩"。1983年之后的近10年，西窑乡人民用勤劳的汗水灌溉着这方热土，使全乡发生了翻天覆地的变化。1992年，全乡工农业总产值达1 130万元，年财政收入为22.9万元，年人均纯收入为554元，亩产粮食600~800千克。山乡各项事业迅猛发展，基本实现了村村通公路，户户有电灯。

那些年，西窑乡每年输出的劳务人员不下2 000人次，劳务人员去广东、上海、深圳、厦门、浙江等地，种养加工、经商务工，无所不干。干啥学啥，学啥像啥。等技术学成后便返乡，运用所学的技术创业致富。仅1993年上半年，就有数百名外出务工者带着学来的技术从全国各地回到家乡，或进入乡村企业担任技术指导，或办起了加工厂。几年下来，该乡有千余名务工者成为致富能手。

第三节 "桃酥军团"走天下

20世纪90年代初，贵溪的农民以种田为主，生活水平普遍不高，不甘于"面朝黄土背朝天"的农民开始探索外出创业之路。鸿塘镇横田村村民率先外出学手艺制作桃酥，通过"一户带一姓，一姓带一组，一组带一村，一村带一镇"的连带方式，使越来越多的贵溪农民加入"桃酥军团"。仅鸿塘镇横田村就一度有225户在外从事桃酥制作，年创利润近千万元。

"要想富，做桃酥"，已是贵溪市鸿塘、志光、滨江等地农民的口头禅。到2005年年底，4 000余家桃酥店开到了全国30个省市的700多个城市，形成了一支由2万余人组成、总产值达4亿多元的"桃酥创业军团"。

2008年的金融危机给贵溪的"桃酥军团"带来了挑战，但"桃酥军团"秉承"人无我有，人有我新，人新我特"的经营理念，在以桃酥为主的糕点制作上不断创造特色，新开发了"红枣饼""瓜子饼""脆皮蛋糕"等20多种特色糕点。此外，贵溪桃酥人还互相帮助，不仅交流新技术，而且合伙开店，几个亲戚将资金合在一起，分别在不同的城市、不同的地段开同一招牌的糕点店，形成了相互覆盖的一个大市场，既壮大了自己的实力，又占领了市场。

这些来自贵溪市志光、鸿塘和滨江等乡镇的农民，在全国开了数千家桃酥店。贵溪人自豪地说，全国的县一级市，贵溪人都去做过桃酥。有人保守估计，国内一半以上的桃酥店，都是贵溪人开的。桃酥产业是贵溪市的特色传统产业，全市有近10万人在全国各地从事桃酥类烘焙食品生产，在全国布局了约2万家门店，其中规模以上企业达30余家，创造了"吉利人家""麦田香草""韦佬表""闵氏佳""彭记优口"等区域知名品牌。为此，鹰潭市拿下了"中国桃酥之乡"的金字品牌。

第二十三章　樟坪畲乡沧桑巨变

樟坪畲族乡是江西省7个畲族乡之一，是鹰潭市内唯一的少数民族乡。该乡曾经是一个封闭、落后、贫困的边远山寨，山高路陡，平均海拔达700米。2000年时，全乡村民人均收入只有650元，财政收入不到30万元，连乡村干部和教师工资都难以保障。

21世纪以来，特别是2005年后，樟坪畲族乡创新思路，大胆实践，积极引导干部群众突破山寨子意识，强化大开放理念，突破靠山吃山传统，强化"出路在工"理念，成功走出了一条"把金山银山垒在园区，把绿水青山留在畲乡，把发展成果带给百姓"的可持续发展之路，创造了经济发展与生态保护相和谐的奇迹，畲乡面貌从此发生了翻天覆地的变化。2004年乡财政收入为734万元，2005年为2 400万元，2006年为6 500万元，2007年为1.12亿元，2008年为1.017亿元，农民人均年收入为4 900余元。樟坪畲族乡多年来从未发生过森林火灾事故，从未发生过刑事案件和安全责任事故，先后荣获"全国环境优美乡镇""江西省最佳投资环境乡镇""江西省先进基层党组织""江西省百强乡镇""江西省文明单位""新农村建设先进单位"等60多项荣誉称号，创造了"经济发展、生态建设、和谐发展"的三大奇迹。

第一节　金山银山在园区

"地无三尺平"，樟坪畲族乡山多平地少，山地面积占90%以上，在

20世纪90年代,乡内除几家木竹手工作坊外,没有一家工业企业。如何发展工业,是困扰该乡多年的一个难题。

面对各地涌起的新一轮工业化浪潮,樟坪人认识到:要从根本上摆脱落后,融入工业化是必然的选择。但是樟坪地处边远山区,在融入的进程中,面临的是"资源难保护、硬件难适应"两方面天然制约,能否突破这两方面的制约,成为樟坪乡能否发展的关键。2002年,贵溪市委、市政府为鼓励乡镇招商引资发展工业,先后制定了"异地办厂,原地纳税"等一系列优惠政策措施,规定乡镇通过招商引资、合资或自己投资等方式在市工业园区以及本市或其他区域兴办的企业所交纳的税收,按收入级次计入乡镇财政收入,即"异地办厂,原地纳税"。

对此,樟坪人迅速抓住机遇,跳出山区办工业,最终以山外的工业反哺山里的生态资源提升、基础设施建设、百姓生活改善,在最短的时间求得山区与工业化的有效对接。乡政府将"走出去、请进来"招商引资发展民营经济作为全乡经济发展主战略。突出"三为主":一是将招商引资作为发展畲乡经济主战略,二是将市工业园区作为招商引资主战场,三是开辟招商引资主抓工业作为发展民营经济的新路子。一方面,整合力量招商引资,在做好生态环境保护和维护社会稳定的基础上,集中"优势兵力"打好一场经济崛起翻身仗,配备一批文化程度高、开放意识强、实干劲头足的干部领导引资安商办工业;另一方面,想方设法提升干部队伍素质。通过"请进来"与"走出去"相结合的方式,定期组织干部参加招商、亲商、安商业务知识培训,并多次组织干部到发达地区参观考察,学习外地先进的服务理念和服务方式,使干部亲商、安商服务能力明显提高。

樟坪畲族乡政府强化招商引资领导力度,成立"招商引资工作领导小组",党委书记亲自担任组长,制订工作方案,班子集体形成齐心协力抓招商引资的氛围。对招商工作,实行专人负责,经费优先保障。只要有引资信息,就及时跟踪、服务,实行"包洽谈、包签约、包进资、包协调、包开工投产"的"五包"工作机制。

招商引资是个系统工程，谋事在人，成事也在人，乡干部先后数十次分赴浙江、江苏、上海、深圳、北京等地，行程数十万里，走南闯北寻找客商。为了引进一个企业，书记、乡长先后七次登门；为了找准一个项目，乡主要领导先后十下浙江。

樟坪畲族乡人民政府认为招商引资必须求真务实，一步一个脚印，说出了话就要做到，出台了优惠政策就要帮助兑现，承诺了服务就要逐项落实。他们优化环境，打好服务牌，诚实守信。有的客商说：有些地方，客商来的时候热情，来了之后就忘情；谈的时候什么都可以不要，谈成之后什么都想要。要以商招商，首先要取信于商。但是樟坪畲族乡人民政府对已入园的企业做到了热情不减，有求必应。在企业招工、劳动仲裁、子女就学等方面，委派分管领导、招商办主任常驻工业园区，常驻工作人员就像企业的"办公室主任"一样，积极帮助做好各项工作。

第二节 绿水青山留畲乡

在发展的过程中，樟坪畲族乡人民政府认识到，把工业办到山外的园区，并不意味着山里必然青山常在、绿水长流，立足本土的生态保护一刻也不能放松。为此，乡政府突破了多年一贯的单向、浅层、保守模式，转向"在强化保护中提升、开发，在提升、开发中促进保护"，努力实现了生态、经济、社会三种效益的良性循环发展。

在樟坪畲族乡内，有三种东西不能碰：一是路旁的树，二是水里的鱼，三是阳际峰生态自然保护区。这个规则在樟坪畲族乡是妇孺皆知的。樟坪畲族乡把保护好自己的绿色家园看得跟生命一样重要，为保护青山绿水，乡政府一方面牢牢抓住森林防火监管和林木采伐调控这个"牛鼻子"，完善从宣传教育、责任落实到处置细则等一系列措施，同时开展以"明晰产权，减轻税费，放活经营，规范流转"为主要内容的林业产权制度改革，管理全乡林业资源，确保资源不被过度开发。对所有农户承包的山林进行逐户登记造册，摸清各户山林资源蓄积量，并根据林业蓄积量一年一算，制定出各户当年可采伐资源项目和标准，所采的数目只能在安全比例之内，决不允许农户乱砍滥伐、破坏资源。另一方面，采取封山育林措施建设好1.1万亩国家公益林基地，规定沿公路线200米宽范围内，禁止采伐任何林木。不仅保持了高森林覆盖率地区连续19年无重大火灾事故的森林防火纪录，还从源头上杜绝了乱砍滥伐、盗伐林木、破坏资源等现象。由于保护得好，樟坪畲族乡森林覆盖率高达98%以上，成为名副其实的"森林公园"和"天然氧吧"，创造了生态建设的奇迹。在樟坪畲族乡，无论待在哪一个角落，都可以感受到"满眼青山绿，枕上听溪流"的意境。樟坪畲族乡也因此被评为"全省十佳环境优美乡镇"。

靠山吃山，这在以前是畲乡人民简单传承祖辈基业的无奈之举，而现在成为畲乡人民跨越发展的希望之源。深山老林，曾经是畲乡人民脱贫致富的障碍，如今却成为畲乡人民"招财进宝"的摇篮。乡政府坚定地咬住青山绿水不放松，坚定不移地推进农业经济结构调整，按照生态、优质、高效的原则，走特色农业产业兴乡富民之路，把一个个致富的希望种在山上。樟坪畲族乡人民政府以四大基地建设为主抓手，促使"青山"真正成为畲乡人民脱贫致富的"聚宝盆"。一是建设好1.5万亩毛竹丰产林基地，推进毛竹产业化发展；指导群众把山当田种，乡财政部门每年安排20万元扶持发展毛竹，毛竹年采伐量由原来的4万根提高到现在的20万根。同时，积极引进竹制品精深加工企业，畅通毛竹销售渠道，群众在家门口就可大幅度增加收入，每年仅毛竹销售一项就可人均增收800元。二是引导农民开发了1 000亩优质茶叶基地，形成了绿茶、保健茶、苦丁茶三大系列，打响了国家级品牌，人均增收200多元。三是建设好千亩优质茶叶生产示范基地。四是发展"电脑农业"工程，建设好500亩高效农业示范基地。

第三节 发展成果益百姓

经济发展的最终目的是让百姓得到实惠。新的发展模式，做大了财政蛋糕。用好了财政蛋糕，更能激发群众认可并推进新的发展模式。樟坪畲族乡财政投入积极寻求"后劲快速增强"和"百姓普遍受益"两个方面的结合点，投入资金把畲乡规划得更好、建设得更好，让畲乡群众得到更多实惠，促进了山区面貌整体改观。

从2003年到2009年，樟坪畲族乡人民政府先后筹资3 488万元大搞基础建设。筹资2 000万元建设了26千米水泥路；投资600万元用于通水、通电、通信和通有线电视工程；投资31万元对乡卫生院进行了改造，更新了设备，解决了农民看病难问题；投资78万元新建了敬老院。在全乡4个行政村、40个村小组中，100%的村小组通了沙石路，70%的行政村通了水泥路，75%以上的村民喝上了干净自来水，98%的村民用上了电，70%以上的村民装上了有线电视。同时，加大教育投入，改善山区办学条件。设立畲乡"希望之星"教育基金，乡政府每年拿出数万元用于补助困难学生学费、奖励优秀学生和先进教师；投入300万元新建了一所功能齐全、结构合理、管理现代的民族学校，成为畲乡的标志性建筑。所有惠民工程，乡人民政府没有向群众收取一分集资款，没要百姓投劳一个义务工。

樟坪畲族乡人民政府按照"生产发展、生活宽裕、乡风文明、村容整洁、管理民主"的要求，坚持"政府引导，群众参与；统一规划，分户建设；市场运作，加快发展"的建设原则，结合新农村建设引导农民积极开展新村建设，兴建具有民族特色的民居并配套建设村中的水、电、路、绿地、灯光等附属设施。乡政府专门聘请专家制定了建设详规，不论是畲民新村还是修路架桥等基础设施建设，都被纳入统一规划。为了充分体现畲民新村的民族文化特色，乡政府聘请中国民族研究会进行了高起点规划设计，并邀请中南民族大学的专家、学者参与评审指导，推出了5种风格的实用民居供村民选择。乡里对新村民居的外形设计、颜色搭配、院落布局进行统一管理，统一进行文化村的美化、绿化、亮化建设，展示了在党的民族政策光辉照耀下，共同团结进步、共同繁荣发展的新风貌。对原有民居，政府则出钱补助，鼓励他们进行粉刷、改造。乡人民政府还加大投入，采取以农民为主、政府为辅的投入机制，帮助生存环境欠佳、生活条件较差的少数民族群众有计划、分批搬下山来，已将50户深山农民搬迁下来。以政府的投入鼓励带动农民自身的投入，激发农民进行新村建设的积极性和主动性，做到"成熟一个、建设一个"，政府负责房屋拆迁、新居外基础设施的建设，并对改造改建房屋、粉刷房屋提供适当补助。社会主义新农村建设工作开展以来，樟坪畲族乡共投入140万元资金用于补助农民进行新村建设，全乡共有100余户进行了房屋改造。

樟坪畲族乡政府成立了专门的保护畲族物质和非物质文化领导小组，用民族独特的文化魅力铸造不朽的畲乡民族品牌，开始了对畲族传统盘瓠精神的挖掘。乡政府组织人员对畲族文化进行整理考证后，编写了《樟坪畲族志》（未出版），畲乡人有了属于自己的文字历史。乡政府还投资200万元兴建了全省唯一的畲族文化图腾广场。2007年，由中南民族大学民族专家设计的畲族文化博物馆规划亮相。与此同时，畲乡物质和非物质文化遗产整理工作启动，在全乡范围内，逐家逐户对民族、宗教及拥有的物质文化遗产进行摸底并登记造册的工作也正有条不紊地进行，全乡共整理出有价值的民族遗产300多件，濒临消失的民族特色文化又重新焕发了生机。

第五篇　走向复兴

滔滔信江水，见证着贵溪人民和全国人民一道走向复兴和永续发展的伟大征程。

党的十八大以来，有了坚强的政治保障，贵溪各项事业焕然一新，连续5年跻身全国百强县，棚户区改造创下了"贵溪速度"，脱贫攻坚成绩斐然，智慧城市建设蓬勃发展。

贵溪市除了被评为"全国文化先进市""全国科技先进市""全国全民健身先进市"，蝉联"全省双拥模范城"，两次荣膺"全国双拥模范城"之外，进入新时代后，在全省高质量考核中，贵溪市还连年稳居"第一方阵"。贵溪市还成功创建了省级园林城市、省级卫生城市，生态乡镇创建率达72.2%，荣获了"全国生态建设突出贡献奖"，被评为全国造林绿化工作先进市。2017年，成功创建了国家园林城市、首批城乡交通运输一体化示范县。

第二十四章　夯实政治作风保障

第一节　反对"四风"改作风

2013年6月18日，习近平总书记在党的群众路线教育实践活动工作会议上指出，这次教育实践活动的主要任务，是集中解决形式主义、官僚主义、享乐主义和奢靡之风这"四风"问题。根据中共贵溪市委安排，2013年8月，市委常委及市人大、政协主要领导分赴乡村调研"四风"问题，通过与基层干部、群众座谈交流的方式，围绕贯彻执行中央八项规定、集中解决"四风"问题及改进作风、开展群众路线教育实践活动等方面内容，广泛征求群众意见和建议。

2013年10月，中央党的群众路线教育实践活动领导小组印发《关于开展"四风"突出问题专项整治和加强制度建设的通知》，针对群众反映突出的问题，确定开展7个方面的专项整治。

2014年2月25日，全市党的群众路线教育实践活动动员大会召开。会议要求以党的十八大和十八届三中全会精神为指导，认真贯彻习近平总书记系列重要讲话精神，坚决反对形式主义、官僚主义、享乐主义和奢靡之风，着力解决人民群众反映强烈的突出问题，提高做好新形势下群众工作的能力，使党员干部思想进一步提高，作风进一步转变，党群干群关系进一步密切，为民务实清廉形象进一步树立，基层基础进一步夯实。

根据《中共贵溪市委关于深入开展党的群众路线教育实践活动的意

见》（贵发〔2014〕2号）安排，3月起，全市各乡（镇、场）、市委各部门、市直各单位按要求制定方案，召开动员会，重点对照"四风"问题的25种表现和中央活动办梳理的37条共性问题，联系实际、认真分析、勇于剖析、对号入座，深入查找问题。针对查找出来的意见建议，制定了《集中解决"四风"问题加强作风建设工作方案》《深入开展"四风"突出问题专项整治方案》《解决"四风"突出问题制度建设计划》等。

为落实中央八项规定和反"四风"专项整治工作精神，2014年下半年，贵溪市出台了《贵溪市机关单位会议费管理办法》《贵溪市机关单位差旅费管理办法》《贵溪市机关培训费管理办法》和《贵溪市党政机关国内公务接待开支标准及接待经费管理规定》，从2014年12月4日起正式实施。

2016年5月，为进一步贯彻落实十八大以来反"四风"的相关要求，严防"四风"反弹，贵溪市纪委提出了"五个必须、二十个严禁"。必须遵守廉洁自律规定，严禁收受红包，严禁违规操办宴席，严禁违规插手工程，严禁变相公款旅游，严禁损害群众利益；必须遵守作风建设规定，严禁迟到早退、串岗溜岗，严禁做与工作无关的事，严禁推诿扯皮、吃拿卡要；必须遵守公务接待规定，严禁同城吃请，严禁中餐饮酒，严禁接待用烟，严禁超标准接待，严禁到农家乐或高档（私人）娱乐场所消费；必须遵守公车管理规定，严禁公车私用，严禁私车公养，严禁超配公务车辆，严禁占用车辆，严禁滥用公车；必须遵守财务管理规定，严禁私设"小金库"，严禁违规发放津补贴，严禁假借名目虚列开支，严禁转嫁"三公"经费支出，严禁报销个人费用。

《关于新形势下党内政治生活的若干准则》指出："坚持抓常、抓细、抓长，特别是要防范和查处各种隐性、变异的'四风'问题，把落实中央八项规定精神常态化、长效化。"2017年1月24日，中共贵溪市纪委下发了《关于进一步加强党风廉政建设工作常态化督查的通知》（贵纪办字〔2017〕3号），对各地、各部门（单位）贯彻落实党风廉政建设"两个责任"、中央八项规定精神、反"四风"问题及集中整治"微腐败"、红包专项治理等党风廉政建设工作情况，实行常态化督查。

2017年9月19日，中共贵溪市纪委下发了《关于国庆、中秋期间深入落实中央八项规定精神、纠正"四风"的通知》（贵纪字〔2017〕108号），重申有关纪律要求，严防节日期间"四风"问题反弹。

2017年12月28日，中共贵溪市纪委下发《关于巩固和拓展落实中央八项规定精神成果严防2018年元旦春节期间"四风"问题反弹回潮的通知》，对"四风"问题，要坚持快查快办，对隐形、变异的"四风"问题，做到露头就打，对顶风违纪，不收手、不知止的违规违纪行为，发现一起坚决查处一起，始终保持反"四风"的高压态势。

2018年5月10日，全省干部作风建设工作会议召开后，贵溪市针对当前干部队伍中存在的"四风"问题，特别是"怕、慢、假、庸、散"问题，坚持"明察与暗访并举，节奏不变；查处与问责并行，尺度不松；通报与曝光并进，力度不减；治标与治本并重，决心不改"。"四管"齐下，严查严纠，狠抓狠管，提振干部精气神。

第二节 "两学一做"学习教育

2016年2月，中共中央办公厅印发了《关于在全体党员中开展"学党章党规、学系列讲话，做合格党员"学习教育方案》，要求各地区各部门认真贯彻执行。

5月9日，中共贵溪市委召开了全市"两学一做"学习教育动员部署会，学习贯彻习近平总书记关于"两学一做"学习教育重要指示和全国"两学一做"学习教育工作座谈会精神，以及全省、鹰潭市"两学一做"学习教育动员部署会议精神，并部署全市"两学一做"学习教育工作。

根据《贵溪市全体党员"两学一做"学习安排》的必读篇目，学党章党规，包括《中国共产党章程》《中国共产党廉洁自律准则》《中国共产党纪律处分条例》《中国共产党党员权利保障条例》；学系列讲话，包括《习近平总书记系列重要讲话读本（2016年版）》《习近平总书记在江西考察工作结束时的重要讲话精神》《中共江西省委关于深入学习贯彻落实习近平总书记对江西工作要求的决定》等。学习目的，一是坚定共产党人的理想信念，二是牢固树立党的意识、党员意识，三是强化党的宗旨意识，四是积极践行社会主义核心价值观，五是在推动改革发展稳定实践中建功立业。

开展"两学一做"学习教育，充分发挥党组织的战斗堡垒作用和党员的先锋模范作用，激发全市领导干部和党员提振干事创业精神，助推贵溪"争先进位"。一是助推脱贫攻坚。即通过学习教育凝聚脱贫攻坚力量，采取产业扶贫、就业扶贫、教育扶贫、健康扶贫、结对帮扶等方式，集中选派了191名优秀党员干部到村担任第一书记，充分发挥第一书记"抓党建、促脱贫、谋发展"的第一作用；建立了党员领导干部挂点帮扶制度，33名县级领导干部结对帮扶困难户122户共369人，其他各级党员干部按照"1+1""1+2""1+3"的结对帮扶模式，与建档立卡贫困户"结对认亲"，实现6 776户建档立卡贫困户结对帮扶"全覆盖"；深入开展"点亮微心愿，争做圆梦人"活动，建立"连心"小分队210个，走访并帮助群众实现"微心愿"800多个，传递了党和政府的温暖。二是助推降成本、优环境，即把"降成本、优环境"作为学习教育的重要内容，落实了市领导挂点联系重点企业制度和联系单位入企帮扶制度，成立了专项行动领导小组，设立了政策宣讲、入企帮扶、破解难题、督查考核4个专项小组，建立了工作推进机制、沟通机制和督查机制，对各单位开展"降成本、优环境"专项行动进行了督导、通报等。截至2016年年底，对贵溪上百家重点企业开展了政策宣讲和入企帮扶工作，开展政策宣讲104次，打捞问题300余个，解决问题251个。通过应急转贷、资金扶持、财园信贷通、科技奖励等方式累计发放资金6亿余元，惠及企业200余家，实现了降成本减负换来加速度,以优质服务帮扶企业渡难关,促进实现增强内生发展动力的目标。三是助推重点项目建设。围绕"两学一做"学习教育"艰苦奋斗攻难关"学习专题,在贵溪107个单位中开展了"学英雄、解难题、见成效"集中攻关活动,将重点项目建设等各项重点难点问题作为攻关的方向,大干实干3个月。截至2016年年底,全市800多个基层党组织1万余名党员干部开展了向英雄程永林同志学习的活动,查摆社会事业发展、重点项目推进、"三农"工作等各类问题2 300多个,其中重点难点问题352个,并针对重点难点问题分别制定了破解方案。四是助推整治基层"微腐败"。贵溪市紧紧围绕"转作风、办实事、树形象"的总体思路,把整治基层"微腐败"作为"两学一做"学习教育的重要内容,充分运用党内生活这个平台,针对"处事不公、以权谋私、作风不实"3大方面11项突出问题,及时制定整治方案,明确了13个牵头单位,具体负责整改。截至2016年年底,全市第一轮自查上报问题2 396件,涉及资金33.2万元,涉及4 156人次,已自纠2 360件。第二轮自查新增上报问题162件,涉及资金59.17万元,涉及95人次。

2017年7月20日,贵溪市纪委召开常委(扩大)会议,传达学习习近平总书记对"两学一做"学习教育常态化制度化工作的重要指示精神和中央、省委、鹰潭市委、鹰潭市纪委推进"两学一做"学习教育常态化制度化工作会议精神,研究讨论《中共贵溪市纪委机关推进"两学一做"学习教育常态化制度化实施方案》。

第三节　肃清苏荣案余毒

2018年8月16日,中共江西省委出台《关于坚决全面彻底肃清苏荣案余毒持续建设风清气正政治生态的意见》,从重要意义、总体要求、主要任务、组织实施4个方面提出了明确要求。

根据安排，9月15日，中共贵溪市委召开了常委班子专题民主生活会征求意见座谈会，广泛听取了相关部门和基层代表对市委常委班子贯彻落实中共江西省委《关于坚决全面彻底肃清苏荣案余毒持续建设风清气正政治生态的意见》的意见建议。

经过召开座谈会等方式广泛征求意见建议，认真开展谈心谈话，认真撰写班子对照检查材料和个人发言提纲，研究整改措施等环节后，9月21日，按照省委、鹰潭市委统一部署，市委常委班子召开专题民主生活会，以"坚决全面彻底肃清苏荣案余毒持续建设风清气正政治生态"为主题，深入进行对照检查，开展批评和自我批评，深刻认识并坚决全面彻底肃清苏荣案余毒，推动建设风清气正的政治生态。

之后，根据市纪委机关、市委组织部《关于开好"坚决全面彻底肃清苏荣案余毒持续建设风清气正政治生态"专题民主生活会和组织生活会的通知》（贵组发〔2018〕58号）的文件要求和市委统一安排，全市各级党组织重点对照市委《关于坚决全面彻底肃清苏荣案余毒持续建设风清气正政治生态的意见》提出的5个方面余毒的具体表现，从落实"两个坚决维护"和全面从严治党的政治高度，认真召开了专题民主生活会和组织生活会，联系个人思想、工作、生活和作风实际，深入查找自身存在的突出问题及具体表现，深刻剖析问题原因，明确了努力方向和整改措施。

第二十五章　精准扶贫结硕果

全市共有省级贫困村 11 个，分别为周坊镇河上村、胡家村、长塘村，河潭镇丰田村、河潭村、志光镇湖石村、彭湾乡白庙村、樟坪畲族乡双圳村、泗沥镇方家村、文坊镇西窑村、耳口乡横港村；鹰潭市级贫困村 10 个，分别为周坊镇三丫村、鸿塘镇陵家村、金屯镇黄梅村、樟坪乡樟坪村、耳口乡昌甫村、白田乡裴家村、河潭镇花屋村、泗沥镇郑坊村、天禄镇球源村、罗河镇童源村。

第一节　脱贫攻坚见成效

党的十八大以后，党中央把扶贫开发工作列入"五位一体"总体布局和"四个全面"战略布局，作为实现第一个百年奋斗目标的重点工作，摆在更加突出的位置。习近平总书记做出了包括精准扶贫、精准脱贫在内的一系列关于扶贫工作的重要论述，为新时期我国扶贫开发和脱贫攻坚实践提供了根本遵循。

2015 年 10 月召开的党的十八届五中全会，将"扶贫攻坚"改为"脱贫攻坚"，明确了到 2020 年实现"两个确保"的新时期脱贫攻坚总目标。12 月，中共中央和国务院出台了《关于打赢脱贫攻坚战的决定》，向全党全国发出齐心协力脱贫攻坚的动员令。2016 年 2 月，习近平总书记亲临江西视察，做出"在扶贫的路上，不能落下一个贫困家庭，丢下一个贫困群众"等重要指示。

按照工作部署，贵溪市从2014年开始对全市贫困户进行了精准识别，经统计，全市人均收入在2 736元以下的贫困人口仍有6 909户、16 736人。按贫困属性分，其中低保贫困户2 410户、7 837人，低保户3 007户、7 244人，五保户1 492户、1 655人。2016年，贵溪市正式启用国扶办新信息系统，再次对所有贫困户进行逐户甄别，对"七种情况"采取一票否决，对"四种情况"从严审核和甄别。经统计，全市共有建档立卡贫困户5 591户、13 297人。

截至2019年年底，全市共有建档立卡贫困户5 678户、15 494人（动态管理）。2015年脱贫651户、1 883人，2016年脱贫1 343户、3 990人，2017年脱贫1 194户、3 355人，2018年脱贫1 002户、2 629人，2019年脱贫1 067户、2 631人，未脱贫421户、1 006人。已脱贫退出的省级贫困村、鹰潭市级贫困村为21个，占100%。贫困发生率由2014年年初的2.98%降至2018年年底的0.7%。

到2020年，全市建档立卡贫困户5 621户、15 407人已全部脱贫，其中2020年脱贫415户、1 001人。脱贫攻坚成效考核连续两年位列全省"第一方阵"，位列"好"的等次；财政专项扶贫资金绩效评价连续三年位列全省"优秀"等次，近三年累计获省扶贫项目奖励资金1 000万元。

第二节 人力财力保扶贫

贵溪市坚持"市县抓落实、乡镇推进和实施"工作机制不动摇，切实发挥扶贫部门牵头揽总和行业排头兵作用。2017年以来，先后在40次市委常委会会议、36次市政府常务会议，提出脱贫攻坚工作意见建议；牵头召开23次市扶贫开发领导小组会议、114次脱贫攻坚工作调度会，研究部署脱贫攻坚工作。

起草制定了《脱贫攻坚各责任主体主要职责清单》《市委落实脱贫攻

坚主体责任的十六条措施》等系列政策措施，完善干部结对帮扶机制，压实结对帮扶单位和干部的帮扶责任，联合组织部门向3类村选派了64名驻村第一书记和22名驻村工作队员。建立市、乡、村三级帮扶到户责任制，实行"4321"挂点帮扶（在职正县级干部挂扶4户、副县级干部挂扶3户、科级干部挂扶2户、其他干部挂扶1户）机制，实行结对帮扶一包到底，帮扶干部变动后由新进干部自然接替，全面推行领导干部包片、一般干部包村，实现结对帮扶无缝对接。2019年，进一步完善干部结对帮扶机制，市四套班子领导率先挂户，科级领导干部实现挂户全覆盖，每名帮扶干部帮扶贫困户不超过3户，共安排2 180名结对帮扶干部，提升结对帮扶质量和成效。乡镇按照每个扶贫工作站2名、村级扶贫工作室不少于1名信息员的要求，全面推进扶贫信息员队伍建设。2016年以来，在脱贫攻坚一线提拔重用干部124名。

2017年，纳入整合范围的财政涉农扶贫资金3.29亿元，计划整合财政涉农扶贫资金规模达2.77亿元，计划整合率达84.19%；实际整合财政涉农扶贫资金2.74亿元，实际整合率达98.92%；已完成支出2.63亿元，实际支出率达94.95%。2018年整合财政涉农扶贫资金1.135亿元。加大财政专项扶贫资金投入，2018年市本级投入财政专项扶贫资金805万元。2019年，市各级投入财政专项扶贫资金5 538万元，其中，中央901万元，省级2 802万元，鹰潭市级880万元，本级955万元。2019年整合财政涉农扶贫资金5 973.3万元。

第三节　多措并举助扶贫

教育扶贫。全市69所义务教育扶贫资助政策学校均落实学校校长和乡镇属地双负责制，积极跟踪落实异地就学政策，提供了送教上门服务，没有一个贫困学生因贫辍学。2019年成功劝返义务教育阶段辍学学生33

名，为74人次提供了送教上门服务，送教率达100%。2019年国家资助政策共资助困难学生20 381人次，发放资助资金1 365.61万元。积极跟踪落实异地就学政策，为684名异地就学贫困学生落实资助政策。

健康扶贫。全市171所村卫生室全部实行了门诊统筹，县域内33个定点医疗机构全部实行"先诊疗后付费"和"一站式"结算，贫困户住院报销比例稳定在90%左右。

危房改造。2016年以来，为1 798户贫困户实施危房改造，入住率达100%。按照"一户一鉴定"的要求，对贫困户房屋进行了全覆盖鉴定，贫困户住房安全问题已全部解决。

安全饮水。2016年以来，实施饮水安全工程1 637处，1955个自然村已全部完成水质检测，基本符合国家饮用水标准。

产业扶贫。积极推广"一领办三参与"模式，大力推进稻渔综合种养、农林废弃物收储运、窄带植保无人机三大扶贫产业，壮大村集体经济，带动贫困户2 600余户，形成了"县有龙头企业、乡有增收门路、村有致富典型"的发展格局。例如，泗沥镇郑坊村探索成立"窄带植保无人机"扶贫专业合作社，贫困户可通过直接参与和入股分红的形式加入合作社，合作社每年将50%的纯收益用于贫困户分红，50%的纯收益用于合作社生产发展，不仅帮助贫困户实现了增收，而且壮大了村级集体经济。例如，罗河镇龙山村探索由村党支部引领，能人领办，干部带头，贫困户自愿参与的模式，成立了龙山村贫困户白茶种植专业合作社，吸收了21户贫困户参与，每年帮助贫困户人均增收1 500余元，村集体经济增收6万元以上。同时，大力实施光伏扶贫工程，全市11个省级贫困村建设村级光伏扶贫扩面电站，装机容量达1.259兆瓦。2018年11月1日至2019年10月31日，11个光伏扶贫电站上网电费收益为52.41万元，受益贫困户284户。

就业扶贫。推行政府购买公益性就业服务岗位方式，开发了976个就业扶贫岗位，安置贫困劳动力976名。截至2019年年底，贵溪市共有就业扶贫车间20个,吸纳贫困劳动力159人;2019年共发放就业扶贫资金471.63万元。

社会扶贫。积极开展民企帮扶活动,全市32家重点民营企业积极参与"精准扶贫行动",结对帮扶11个省级贫困村及其他10个村,对接成功率达100%。推行"互联网+社会扶贫",贫困户和帮扶干部在"中国社会扶贫网"注册率达100%,注册爱心人士达4.7万人,发起贫困需求1.7万余条,成功对接1.6万余条,对接成功率达94%,得到帮扶的贫困群众达1.5万人次。

消费扶贫。完善扶贫产品认定机制,共认定扶贫农产品53种,均已通过消费扶贫系统认定,并获得了工作编码,34种进入了省消费扶贫公共服务平台江西馆。成立了1家销售扶贫产品专馆,投放了30台无人柜,设立了2个消费扶贫"专区",实现直连直报424.78万元。线上、线下共销售扶贫产品6 281万元。

精神扶贫。积极开展"三讲一评"颂党恩、"同吃同劳动,真心真扶贫"等活动,完善"爱心扶贫超市""增收激励法",引导贫困户知党恩、感党恩。牢牢抓住"两不愁三保障"核心指标,适时启动反向约束机制。全市各帮扶单位累计与8 500余户贫困户签订增收激励协议,兑现奖励资金600余万元;在177个行政村推行设立了贫困户道德"红黑榜"。

保险防贫。出台了《关于开展"防贫保"工作的实施方案(试行)》,为人均收入低于6 000元、处于贫困边缘的"两类人群"在"因病""因学""因灾"等方面购买防贫保险,增强了其抵御风险能力。全市已向60户128人发放理赔金40.4万元。

第四节 创新方法助扶贫

在整个扶贫开发工作中,贵溪市坚持创新扶贫理念,创新扶贫工作方法，扶贫工作取得了显著成效，不少经验和做法被江西省、鹰潭市扶贫办推广、借鉴。

数据比对常态化方法准。2018年7月，贵溪市的这一做法在全省做了经验交流，并获运用推广。2018年第6期的《江西扶贫和移民工作简报》为《贵溪市以数据比对法为抓手，有效提升扶贫精准度》一文加编者按，称："脱贫攻坚贵在精准、重在精准，成败之举在于精准，精准是核心要义。为认真贯彻精准扶贫、精准脱贫基本方略，鹰潭市在贵溪扎实开展精准扶贫数据比对法试点，切实增强数据思维，充分运用数据手段，积极探索数据比对工作法，重点比对基础数据是否准确、扶贫政策是否落实、建档识别是否精准，并有力整改数据比对发现的隐患问题，有效提升了扶贫精准度。目前，贵溪市通过数据比对提升扶贫精准度的有关做法已在鹰潭市全面推开，并取得明显成效。现予以刊发，供各地学习借鉴。"

贵溪市认真贯彻精准扶贫、精准脱贫的基本方略，牢固数据意识，增强数据思维，运用数据手段，积极探索实践和创新运用数据比对法，重点开展"三比对"，即，比对基础数据是否准确、比对扶贫政策是否落实、比对建档识别是否精准，并坚持问题导向，落实"边比对、边摸索、边整改"要求，坚决整改数据比对发现的问题隐患，扎实推进精准扶贫、精准脱贫各项工作。一是高位推动，解决对数据比对工作"不重视"的问题。二是强化培训，解决数据比对方法"不会用"的问题。三是压实责任，解决数据比对责任"不落实"的问题。四是完善机制，解决数据比对机制"不畅通"的问题。五是督察问责，解决数据比对隐患"假整改"的问题。

规范扶贫资产管理方法好。省扶贫工作简报（2020年第9期）刊登了《贵溪市"四个强化"规范扶贫资产管理》，高度认可贵溪市这一经验做法，并在全省交流推广。

贵溪市充分利用省扶贫资产管理系统试点契机，通过上下联动抓清查、规范运作抓核定、动态更新抓录入、建章立制抓长效，开展资产登记管理，做到扶贫资产"底数清、权属明、信息全"。强化上下联动抓清查，把资产底数"摸"出来。一是建立责任体系，二是培训业务骨干，三是坚持试点先行。强化规范运作抓核定，把资产权属"定"出来。一是分类分级确权，二是核定资产净值，三是核清资产状态。贵溪市共形成经营类资产195个共6 891.2万元，公益类资产1 487个共32 014.7万元，到户类资产1 081个共3 280.81万元，资产总价值为4.219亿元。强化动态更新抓录入，把信息平台"建"起来。一是编制操作手册，二是录入资产信息，三是实行动态更新。强化建章立制抓长效，把扶贫资产"管"起来。一是做好资产移交，二是规范管理模式，三是强化监督管理。

扶贫资料电子化方法智。2020年《中国扶贫》杂志社推介贵溪经验，以《江西贵溪：家有"一户一码"，让脱贫更"智"更"真"》为题予以发表、推广。贵溪市探索运用信息化手段推动扶贫工作，自主研发"建档立卡贫困户帮扶措施监测查询服务系统"，在全市推行"一户一码"，实现基层负担减量化、数据监测实时化、政策落实精准化、信息查询智能化、帮扶服务便捷化，并在全省做经验交流。

一是融合数据，精心建"码"，扶贫信息"码"上感知。制定出台《贵溪市全面推行建档立卡贫困户"一户一码"工作实施方案》《贵溪市"一户一码"模板制作和系统查询指南》等文件和实操手册，明确各方工作责任，全程提供技术指导。依托系统平台，按照"个性化、精准化"要求，为191个行政村的5 600余户贫困户量身定制了实名制的"脱贫了'码'"。该码设置了健康、教育、住房、饮水、产业、就业等18个板块，涵盖了包括"十大扶贫工程"在内的68项指标。二是数据比对，智能扫"码"，扶贫动态"码"上监测。采取线上监测、线下核对的方式，定期对贫困户健康、教育、住房、产业、就业等指标数据进行比对核实，并及时动态更新各项扶贫政策落实、干部帮扶措施等情况。根据系统平台自动生成的贫困户近3年的收入情况，对贫困户收入是否达标进行综合分析研判，对人均收入低于4 000元的自动产生"红字预警"、人均收入在4 000~6 000元的自动产生"蓝字预警"。对"十大扶贫工程"牵头部门政策落实、帮扶单位帮扶工作以及乡镇工作开展情况进行 24 小时在线跟踪监测，对未在时间节点内完成的，系统后台自动生成问题台账，市扶贫开发领导小组根据职责划分，及时进行"派单"，推动整改落实。三是拓展服务，灵活用"码"，扶贫诉求"码"上通办。分级分类设置办公账号，乡镇有关行业站（所）、村级扶贫工作室通过办公账号，随时随地登录系统，将帮扶资金发放、房屋安全鉴定、水质鉴定、爱心扶贫超市、村级光伏扶贫等基础性资料及时导入系统。群众通过二维码内的"意见及诉求栏"在线提诉求，线上"点单"，系统后台根据职能职责进行"派单"，行业部门、乡镇及帮扶干部"接单"后，及时办理，切实解决群众生活、生产等方面的难题。

激发精神扶贫方法多。贵溪市创新"增收激励法"，激励贫困户自主增收，转变贫困户"等靠要"的思想；建设"爱心扶贫超市"，推行积分集中兑换；创新"7+1"感恩行动、"贫困户活动日"等各具特色的扶贫扶志感恩行动，激发了贫困户浓烈的感恩情。

规范扶贫车间增收方法广。制定《贵溪市"产业下沉"扶贫车间规范化建设实施意见》，从标志标牌、车间管理、配套设施建设、带贫益贫、扶持政策 5 个方面推进规范化建设。全市 21 个产业下沉项目，村集体经济年增收 165 万元，带动 755 名贫困人口增收。

第二十六章　五度跻身全国百强

贵溪作为工业城市，进入新时代以来，厂房林立、功能齐全、产业集聚的现代化工业园区日新月异。尤其是2013年以来，贵溪市以强劲的实力、迅猛的发展，多次进入多个研究机构发布的全国百强县名单。从2015年开始，连续5年跻身全国综合实力百强县，连续5年实现进位赶超，经济总量连续多年位居全省"第一方阵"。

第一节　冲入全国百强县

2015年8月22日，中郡县域经济研究所发布第十五届全国县域经济与县域基本竞争力百强县名单，贵溪市成功入围，排名第97名。贵溪市系首次进入中郡经济发展研究所所评榜单。2014年，贵溪市完成国内生产总值337亿元，财政总收入为43.22亿元。

2016年12月16日，中郡县域经济研究所发布了《2016年县域经济与县域发展报告》，并发布了第十六届全国县域经济与县域基本竞争力监测评价结果。评价结果显示，贵溪市再次挺进全国县域经济与县域基本竞争力排行前100名，名列第95位，较上届前进两位。

在本届评价中，增加了反映县域经济活力和内生动力的新增企业登记注册数量指标，并突出了居民收入、节能减排、绿色发展和科技进步等县域经济质量和效益指标，继续强化了社会安定、安全生产、环境保护和廉政建设等县域科学发展评价指标的约束。其中，贵溪市所有参评指标均达到最高或最优级，县域经济竞争力等级、县域民生建设指数等级、县域绿色发展指数等级3个指标均为A+级。

2017年12月，中郡县域经济研究所发布了《2017年县域经济与县域发展监测评价报告》，贵溪市进入"第十七届全国县域经济与县域综合发展"百强名单，位列第89位。

2018年10月8日，《人民日报》发布了"2018年中国中小城市科学发展指数研究成果"，贵溪市在全国2811个中小城市中脱颖而出，再次入选全国综合实力百强县市、全国投资潜力百强县市榜单，分别排名第77位、第46位，首次上榜全国绿色发展百强县市，排名第26位。自2014年以来，贵溪市已是全国综合实力百强县市和全国投资潜力百强县市的上榜常客，连续5年榜上有名。其中2019年全国综合实力百强县市排名比去年大幅前进了5位。

该成果由中国中小城市科学发展指数研究课题组、中小城市发展战略研究院、中城国研智库联合发布，其阶段性研究成果不断通过《人民日报》《中国中小城市发展报告》和新华社对外发布，其权威性和影响力已得到社会各界的一致认可。

据悉，全国综合实力百强县市评价指标体系立足新发展理念和高质量发展的要求，从经济发展、社会进步、环境友好、城乡融合和政府效率5个维度进行评价。全国投资潜力百强县市评价指标体系包含人口和劳动力、基础设施、交通区位、生态环境和营商环境5个方面的指标。全国绿色发展百强县市评价指标体系包含资源节约、绿色生活、污染治理、生态建设4个方面的指标。

2019年10月8日，《人民日报》发布2019年度全国中小城市百强县市榜单，贵溪市成绩亮眼。在全国综合实力百强县市、全国绿色发展百强县市、全国投资潜力百强县市、全国科技创新百强县市4项排名中，贵溪全部榜上有名，分别排名全国第75位、第25位、第44位、第61位，是全省2个荣获全部4项殊荣的县市之一。其中，在最具分量的全国综合实力百强县市排名中,在2018年大幅前移5位的基础上,贵溪市2019年再次跃升2个位次,攀升至历史排名最高的第75位。

第二节　做大园区助崛起

截至2019年年底,全市已有铜企业200余家,形成了铜原料、铜冶炼、铜加工、铜贸易、铜研发、铜检测、铜文化、铜制品"八位一体"的铜产业体系。有9家企业进入全省民营企业百强,14家企业进入全省制造业百强。2013年1月,经省编委批复,确定贵溪市工业园区为副处级单位,为贵溪市人民政府的派出机构。2015年6月,经省政府同意,贵溪市工业园区更名为江西贵溪经济开发区。

截至2018年年底,江西贵溪经济开发区总体规划面积达16.8平方千米,已建成工业、商业及配套用地11.5平方千米。现有企业400余家,其中工业企业200家,规模以上企业95家,高新技术企业37家,从业人员1.6万人。

经过近20年的发展,尤其是2012年以来,形成了以铜产业为首位产业,绿色新能源、智能制造为主攻产业的格局,先后被认定为省级重点工业园区、省级生态工业园区、省级民营科技园、省级铜产业特色园区、江西省十大最具投资价值工业园区等。2018年,在全省100个开发区(含19家国家级)争先创优工作中获得第9名。

截至2019年年底,贵溪经济开发区内现有创新创业产业园、铜线灯产业园、高端线缆线束生态产业园、智能装备产业园4个"园中园",并通过建设标准化厂房、完善企业配套设施,缩短企业投资周期。贵溪经济开发区铜及铜加工产业集群、高端线缆线束生态科技产业集群被评为省级重点工业产业集群。

2013年,铜循环经济基地成功申报为国家第四批"城市矿产"示范基地。

2018年以来，铜基地加快铜基地项目储备和发展，推进产业转型升级，以"发展'1+2'产业、打造'三个中心'、破解'三大难题'"为主抓手，全面推进铜基地高质量跨越式发展。

截至2019年10月，铜基地共有企业76家，其中规模以上工业企业33家。2019年1—10月份累计完成财政收入14.81亿元，同比增长43%；完成主营业务收入216.51亿元，同比增长73.49%；用电量达12 579.1万千瓦时，同比增长75%。

铜基地在2019年为25家铜加工企业和贸易企业累计提供了约5.85亿元资金支持；帮助恒鹏金属、正百科技、泰丰金属、鑫发实业、中南铜业和中天实业等企业获得了8 590万元财园通贷款；盘活"僵尸企业"2家，其中，盘活江西拓航物流有限公司土地212亩，厂房面积20 236平方米；盘活贵溪富坚金属有限公司土地82.8亩，厂房面积2 600平方米。

第三节　坚实支撑强产业

2019年1—12月，贵溪市规模以上工业主营业务收入完成3 259.07亿元，增长11.2%，其中市属规模以上工业主营业务收入完成741.55亿元……

这组喜人且亮眼的数据，充分印证着贵溪市发展的速度和质量。

产业强则市强，产业兴则市兴。近年来，贵溪市认真落实省委工作方针及鹰潭市委"三大四聚"发展路径和"六强四动一保障"工作思路，全面践行新发展理念，坚持主攻工业不动摇，推动转型升级不松劲，深入实施工业"十百千"工程，聚焦铜精深加工首位产业，抓住鹰潭同江铜战略性合作的契机，全面对接服务，推动铜产业做强做优做大；聚焦特色产业，全面融入"03专项"（江西省推进新一代宽带无线移动通信网国家科技重大专项）试点建设，加快推进移动物联网产业培育、集聚和壮大，加快发展绿色照明产业，推进铜精深加工与绿色照明产业融合发展。

工业高质量发展、服务业优化提速、"03专项"建设3年行动方案相继出台实施。浙江巨帆铜业有限公司15亿元黄铜型材、阀门管件项目从洽谈到签约仅用不到1个月时间；高端线缆线束产业园、创新创业产业园二期、铜加工孵化基地建设全面推进……贵溪市紧盯项目引进、落户、开工3个节点，全力以赴强攻产业、决战工业。贵溪市规模以上铜企业达65家，铜产业集聚效应不断增强，形成了铜拆解、铜冶炼、铜加工等多个层次的产业链，奥易特新材料、九星铜业等大型铜加工企业相继落户贵溪。

2019年，贵溪市实现财政总收入66.53亿元，增长了5.3%，其中，一般公共预算收入为37.39亿元，增长了6.7%。当前，贵溪市正认真落实鹰潭市工业强市推进大会精神，积极推动贵溪经济开发区、铜循环经济基地、生态科技园等工业平台提档升级，努力打造千亿产业园。

第四节　壮大引擎强动能

坚持把科技创新摆在更突出位置，培育壮大高质量发展新动能。贵溪市主动与北京航空航天大学、哈尔滨工业大学等高校开展产、学、研合作，先后设立了2个院士工作站和2个博士后创新实践基地。建成国家级工程技术研究中心1个、省级工程研究中心和省级企业技术中心3个、省级科技协同创新体2个、涉铜高新技术企业21家，着力推动铜加工企业创新升级。电子压延铜箔、超微细线等一批中高端铜产品不断研发投产。线缆线束、铜线灯等铜产业细分领域取得了重大突破，铜文化创意产业蓬勃发展。

位于贵溪经济开发区的江西凯顺科技有限公司，创建了"互联网+窄带物联网+设备"的发展模式，建立了铜产业"云平台"，成功使企业由传统机械制造商转型为设备、平台服务商。贵溪市以"03专项"试点示范为动力，出台了《关于进一步推动移动物联网产业发展的实施意见》《大力发展物联网及智能终端产业若干政策措施》等一系列涉产业引导、融资、科技创新、人才引进的优惠政策。积极运用物联网等新技术发展新产业、新业态，推动美的照明、泰来科技等企业向"制造+服务"型企业转型，推动铜产业工业化和信息化融合发展。

"03专项"试点应用成效明显。在鹰潭市率先构建了首个城市智慧停车体系，项目运营以来，平均每车位日周转率提高了50%，泊位占用率从89%下降为58%，有效缓解了城区"停车难"的问题。"铜都眼"项目全面完成，实现了预警、梳理、研判智能化。贵溪市共有2.3万余辆电动车、摩托车安装了物联网防盗器，系统应用以来，有221辆车发生被盗事件，成功追回215辆，抓获盗窃嫌疑人51名、销赃嫌疑人16名。

第二十七章　棚改创下贵溪速度

棚户区改造是党中央、国务院为改造城镇危旧住房、改善困难家庭住房条件而推出的一项民心工程。2016年9月起，贵溪市决定启动老城区棚户区改造工作。自2017年5月起，继城西老城区之后，又多次接连扩大棚改范围，先后对城南、城东的城中村，城北的企业相邻村实施棚改（搬迁），至2019年年底，分别完成了城西、城南、城东、城北等范围的棚户区改造（村庄搬迁）任务。

第一节　民心所向盼棚改

以贵溪市老县衙为中心的旧城区，多是年久失修的破旧矮房和老式商品房，其间夹杂着众多违建窝棚，道路狭窄拥挤，线路杂乱无章。

根据统计，城西老城的人均居住面积仅为6平方米左右，一家人挤在十几、二十平方米平房中的情况十分常见。从20世纪70年代起，整治、搬迁、改善就成了当地居民的梦想。经历了数次调查摸底，却因为改造体量大、规划受限、资金平衡难度大、政策变化等原因，始终未能启动。

与此问题相似的还有城南棚户区。自2002年以来，贵溪市先后4次启动城南棚户区有关改造工作，但是由于涉及人口多、拆迁成本高、安置工作难、稳定风险大等诸多复杂问题及原因，城南棚改工作数次中途搁置。棚户区改造一直是贵溪老城百姓最大的心声、最大的呼声。2016年年底，旧城所在辖区雄石街道开始对打算实施的两个项目启动入户调查，征询城西老城棚改征收范围内产权人、公房承租人的改造意愿。结果显示，意愿征询率高达98％以上。是年，贵溪市新一届市委、市政府对老城区按合理老城的定位进行了重新规划设计，以勇于担当、敢打硬仗的精神，启动了棚户区改造建设项目。

第二节 四面开花推棚改

城西老城区棚改 2016年，沿河西路公园建设和城西路堤防洪工程两个民生项目被正式纳入老城区棚改项目册。2016年年底，项目所在辖区雄石街道开始对两个项目启动入户调查，征询城西老城棚改征收范围内产权人、公房承租人的改造意愿。结果显示，意愿征询率高达98％以上，为意愿征询率最高的棚改项目。

2017年5月24日，市沿河西路、城西防洪路堤棚户区改造签约仪式举行。这次棚户区改造征收实施时间为2017年6月1日至10月20日，主要涉及沿河西路和城西防洪路堤两个区域。其中沿河西路棚户区改造东至菜市路，西至川心路南延伸，南至信江河北沿岸线，北至南大街、东大街。总建筑面积为69 824.33平方米，约包括690栋（套），占地面积约为94亩。城西防洪路堤棚户区改造东至沿河西路东扩15米范围线，南至新世纪花园西侧，西至信江河东岸线，北至贵溪大桥南侧。总建筑面积为17 024.6平方米，约涉及89户，占地面积约200亩。

自2017年6月1日棚户区改造进入签约阶段以来，各项工作进展顺利，截至2017年年底，拆迁安置2 600多户，拆除房屋面积30万平方米以上。

继2017年之后，又在2018年成立了贵溪市旧城区（棚户区）改造工作指挥部，下设沙井头片区、鹰雄大道南片区、西后街片区3个项目部。旧城区（棚户区）改造范围东至复兴路、川心路，西至城西防洪路堤，南至南大街西，北至雄鹰大道。征收范围占地面积约663亩，拆迁户1 129户（其中私房拆迁户744户，公房单位承租户385户），建筑面积近1 608万平方米。

截至2019年7月，完成私房协议签订743户，签约率达99.09%；腾空742户，腾空率达99.07%；拆除720户，拆除率达96.08%，拆除面积约为1 406万平方米。

城南棚改 继城西老城区棚户区改造顺利完成后，贵溪市适时启动了城南片区棚改。城南棚户区改造项目成立于2018年1月，共涉及众德、董家、黄家、子云4个村及一中扩建公房区共5个片区，总面积为148.64万平方米，共678户，征收房屋面积约11万平方米，总人口2 136人，涉及公房单位6个，面积达20 762.91平方米。

城南征收范围共3个地块：一是众德地块，东至江滨花苑，西至远东国际华城，南至320国道，北至信江河；二是象山水产场地块，东至书香门第西侧规划道路，西至金邸华府，南至城市开发边界，北至信江河；三是一中扩建地块，范围为市一中扩建项目建设区域。

自2018年10月18日启动城南棚改签约以来，至当年12月31日，在第一时间节点实现了681户签约和结算率100%，完成了棚改"双百"。

城北村庄搬迁 继城西旧城区、城南棚户区改造项目之后，2018年10月，贵溪市又启动了城北村庄搬迁工作，对城北5个村庄正式实施整体搬迁。城北村庄搬迁工作涉及泗沥镇5个村庄、500多户村民。泗沥镇5个村庄分别为桃源村桃源、蒋家、石窝、李家村小组和枧张自然村。搬迁范围为：东至河潭镇蛤蟆石水库及贵溪大道高速挂线，西至铜产业循环经济基地四十三号及化工新材料基地经七路，南至铜产业循环经济基地十三号路，北至化工新材料基地纬一路。

2019年11月13日，城北村庄搬迁指挥部桃源村石窝组迎来了第一次大面积拆除，当天共拆除房屋10户。

自2019年10月26日签约工作启动以来，截至12月16日，城北村庄搬迁项目累计签约656户原始户,签约率达100%。

城东棚改 2018年年底,贵溪市启动城东棚户区改造工作。城东棚改项目区域范围包括三块:一是花园街道花园六组(子塘、花园、姚山、龙背、塘坊、刘家),二是花园街道郑家组,三是四冶12号地块公房。共计548户,353栋房屋。征收范围有两块:一是东至信江河,西至贵溪大道,南至花园里圩堤,北至信江维也纳国际酒店(包含花园村6个组房屋拆迁);二是东至天骄华庭,西至规划六路,南至兰亭苑,北至花园郑家安置房。2019年7月30日,对四冶12号地块破旧房屋进行拆除,沉寂8年之久的拆除问题得以彻底解决。

四冶12号地块位于市财政局后面,总面积达8.8万余平方米。地块内居民的平房凌乱拥挤,10余家租赁于此的企业和小厂房散乱不堪,给居民生活带来了诸多不便,早在2011年四冶12号地块就被提上了拆除改造日程,但由于诸多历史原因而未果。此次棚改,克服了"公房无补偿",清除了148户居民、11家租赁此处的小企业及小厂房业主的抵触情绪,至2019年9月30日,148户共148套公房(约4.8万平方米)已全部拆除。

截至2019年11月底,一是完成了棚改征地任务,花园六组685亩、郑家组53亩,总计738亩,征地已全部到位;二是棚改征房任务,集体土地400户共205栋房屋(约6万平方米),全部完成签约结算。四冶12号地块公房全部拆除。

第三节　公平拆迁助棚改

在棚改工作中,贵溪市把临时党支部和党小组建在棚改指挥部和拆迁工作小组上,把党旗竖在棚改工作最前沿,充分发挥了党组织的战斗堡垒作用和党员的先锋模范作用,让广大党员干部成为棚改工作中主动担当、主动作为的"干将"。

拆迁工作开展以来，在强化临时党支部核心领导作用的同时，贵溪市棚改项目指挥部要求党员当好"宣传员""示范员"和"调解员"。指挥部邀请社区老党员深入棚改一线宣讲棚改政策，为拆迁户释疑解惑。同时，开展"党员助拆迁、矛盾我来解"活动，把党员组织发动起来，针对棚改工作中出现的难点问题，建立民情家访台账，"一对一"认领化解。

为了在拆迁过程中做到公开透明，一个方案管到底、一把尺子量到底，贵溪市邀请10名在老城区有威望的退休干部组成市民监督组，对房产面积测绘、价格评估、协议签订、补偿落实等环节进行全程监督，并把拆迁政策以及拆迁户信息第一时间张榜公示，用"明白账"换来"信任簿"。

几年下来，从城西旧城，到城南、城北、城东，在棚户区改造中，贵溪市委、市政府始终把百姓利益摆在首位。从拆迁政策到补偿标准，从自行选择拆迁方式到商品房安置优惠，始终体现了群众利益至上原则。在棚改过程中，没有发生一起群体事件、越级上访事件和安全事件，100余名群众送来锦旗，为棚改工作点赞。

第二十八章 项目引进全省第一

招商引资是经济发展的"生命线"。近些年来，贵溪市以"大干项目年""项目建设提速年"活动为契机，把招商引资作为"头号工程"来抓，推动招商引资取得显著成效，曾被评为"江西省投资环境·十佳县（市）"。2015年，贵溪市共引进投资5 000万元以上项目38个，引资总额超过90亿元；2016年，共引进投资2 000万元以上项目59个，引资总额超过108亿元，被评为江西省利用外资先进县（市、区）；2017年，共引进投资2 000万元以上项目68个，引资总额超过121亿元，全省县（市、区）招商项目个数排名第七；2018年，共引进投资2 000万元以上项目101个，引资总额超过136亿元，全省县（市、区）招商项目个数排名第二；2019年，贵溪市引进省外2 000万元以上项目124个，项目引进数由2018年的全省县（市、区）第二跃居全省第一，"50"项目取得历史性突破。贵溪市荣获2017—2019年度全省开放型经济先进单位。

第一节 体制创新快推进

贵溪市党政主要负责人坚持每月两次外出招商，做到重大招商活动亲自参加、重要客商亲自接洽、重大项目亲自推动、重点问题亲自协调解决，既保证抓招商的足够精力，也注重抓招商的成功效率，突出高频出击促项目对接快、高位推动促项目落地快、高效督导促项目推进快，以"一把手"的组织领导之能，聚快速推进"一号工程"之势。

贵溪市谋划制定"一企一策"招商目录和"路线图",探索实施"2+2+N"招商机制(2名牵头市领导,2名招商小分队队长,若干名招商专员)。党政主要负责人带头走进市场,走近企业,密集推动"三请三回""资智回贵""三企入贵"等特色招商活动。

为了提升招商引资工作中的决策效率,贵溪市创新建立了"4+X"重大项目会商决策服务机制("4"指市委书记、市长、市委副书记、常务副市长,"X"指分管市领导),第一时间研究解决重大招商引资项目推进中的"绊脚石""中梗阻",仅2019年就召开"4+X"会议20多次,解决重大项目"急、难、大"问题70余个,有力确保了项目早签约、早进资、早开工、早投产。

贵溪市坚持县级领导挂点重大项目机制,对项目签约、注册、开工、投产等情况实行月通报制度,并用明察暗访等形式对重大项目和重点工作进行督查通报,确保项目快速推进。特别是为快速有效解决项目落地、企业发展中的困难问题,贵溪市探索建立了由市委书记、市长轮流主持的政商恳谈"圆桌会议"制度,以下发交办单的形式实行"点单式"服务,并建立健全政府、企业双向沟通机制,完善市领导、市直部门挂点联系民营企业制度,推动解决企业实际困难和问题。同时,强化考核导向,量化考核标准,严格奖惩兑现。2019年,对招商业绩突出的5支先进招商小分队给予重奖,提拔重用招商一线干部6人。

第二节 招大引强准定位

大企业、大项目是集聚产业的"磁石",是培育产业链的核心。在发展资源十分有限的情况下,招商引资要按照"四个聚焦"的要求,招大商招好商,着力引进"优大强""独角兽""小巨人""瞪羚型"好企业,实现延链、补链、壮链、强链。近年来,贵溪市立足新定位,进击大目标——"聚焦新动能，筛选大企业"，创新新模式，撬动大资本，努力提升招商引资的质量。

贵溪市瞄准在全省乃至中部地区争一流、"站前列"的发展定位，用"跳起来摘桃子"的勇气抓招商引资，紧盯全国500强央企上市公司、行业龙头等优大强企业，提出"在'5020'项目多多益善的基础上，向100亿及以上项目进军"的招商目标，并实施培养本地企业上市的"养狼计划"。2019年，贵溪市签约引进"5020"项目15个，占同期引进项目资金总额的75.2%。

围绕加快产业转型升级，贵溪市以产业发展指导目录为依据，用"排除法"筛选大企业。一方面，聚焦铜产业中技术先进、产品丰富、业态多样的新板块，紧盯浙江、天津等重点集聚区，锁定价值链高端招大引强，推动首位产业走向精深化。2019年引进涉铜产业项目32个，其中10亿元以上项目9个，包括浙江力博集团有色智造工业园和惟精新材料股份有限公司两个"50"型项目。另一方面，聚焦非铜产业特别是物联网、现代农业文化旅游等特色领域，引进了精气神京东AI有机田园综合体、江西长天集团等一批10亿、20亿元以上的高成长性大项目。

贵溪市积极探索招商新模式，在用活用好"以商招商""平合招商"等方式基础上，充分吸收借鉴"重资本轻资产"的新理念，与大企业、金融机构、投资机构合作，引"市场资本"变"产业基金"，推动财政资金和社会资本有机结合，蓄积发展"资金池"，用以支持企业落地前期建设，缩短进资投产周期，发挥资本方"自投项目"和"吸附项目"的专业招商优势，撬动更大规模的资本循环，使得一批大项目接续落地。例如，与北京德冠诚投资公司合作建立了80亿元智能高端装备产业基金，成功引进投资10亿元的康硕江西（贵溪）智能制造创新示范中心和投资20亿元的长青集团高端装备制造项目；与中城联合投资集团有限公司合作成立了中集资本控股有限公司，创新建立了以资产抵押、融资设立基金池的运作模式。

第三节　优化环境强安商

贵溪市坚持把官商环境建设作为"永不竣工的工程",按照聚焦资源强园区、聚焦政策强服务、聚焦改革强效率的思路,以实在的惠企政策,让企业投资落地更有信心,亲商安商氛围更加浓厚。

贵溪市将园区作为经济发展的主战场,加大投入补短板强功能,推动园区资源集聚功能集成、土地集约,全力打造经济高质量发展的"引爆区"。这些年中,全面加强园区"七通一平"及水电气路网基础设施建设;通过迁村腾地和清理"僵尸企业",盘活土地厂房,实现"腾笼换鸟",提高项目用地保障能力;着力打造创新创业产业园、铜线灯产业园、高端线缆线束产业园、智能装备产业园4个专业化"园中园",引进社会资本参与标准厂房投资建设和运营管理,让企业"拎包入驻"。2019年,完成标准厂房建设约110万平方米,场地平整2 900余亩;盘活低效闲置土地1 100余亩、厂房及办公楼9.1万平方米;安装供水、消防管网24.2千米,园区路网"白改黑"升级改造全面完成,平台承载能力进一步增强。贵溪经济开发区荣获"2019年全省开发区争先创优综合考评省级开发区第一位"和"江西工业崛起园区发展专项奖"。

根据重点产业和重点企业发展现状,贵溪市完善产业扶持政策、人才政策、金融政策等,支持重点产业加速集聚,扶持优势企业做大做强。为了解决企业融资难、融资贵问题,贵溪市组建工控金信供应链管理公司,探索供应链金融业务,帮企业"用小钱换大钱",获得低成本融资。打出税前周转、转贷、过桥等金融惠企"组合拳",多措并举为企业拓宽融资渠道。2019年贵溪市为8家企业提供了供应链融资2 807亿元,贵溪财园信贷通为115家企业发放贷款5.2亿元,兴园公司、兴业公司等平台为108家企业提供了流动资金89.7亿元。为深化"降成本、优环境",贵溪市推行退税资料"容缺受理",2019年为企业减负20.75亿元。

为提升办事效率,贵溪市以深化行政审批制度改革为契机,扎实推进"五型"政府建设,依申请类政务服务事项"一次不跑""只跑一次",办理率达74%,简单办理事项即办率达100%,复杂事项"最多跑一次",比例为80%以上。"赣服通"贵溪分厅率先在全省上线。为让客商少跑腿,贵溪市全面推行项目全程代办制和项目跟踪协调服务机制,有效提高项目签约落地效率。

第二十九章　民生工程重在惠民

第一节　互助养老保幸福

贵溪市统筹利用农村各种资源，坚持三级联动、多方投入，深入推进"党建+农村互助养老服务"规范发展。截至2020年年底，全市投入运营的幸福之家达190个，实现行政村全覆盖，1.5万多名老人在家门口得以享受优质的居家养老服务。

2019年11月初，贵溪市基于农村老人养老问题的严峻，深入调查、全面了解农村老人的生活状况，并结合外出学习的先进经验做法，经市政府研究，确定了建立互助养老幸福之家的新思路，将农村互助养老服务设施建设作为"不忘初心、牢记使命"主题教育的重要载体，全面统筹协调农村互助养老幸福之家的推进、建设、监管等各项工作，并下发幸福之家建设指导材料，迅速在全市乡镇推广开来。

贵溪市发挥市、乡、村三级党组织力量，形成了市级统筹、乡镇主抓、支部牵引的"党建+农村互助养老服务"格局。市委、市政府把农村互助养老幸福之家建设作为深化基层治理、促进城乡融合发展的重要抓手，列入议事日程，市、乡分别成立建设领导小组，统筹推进农村互助幸福之家的建设、监管、运营等各项工作。各乡镇将幸福之家建设列为书记工程，党委书记亲自抓，各村支部书记履行第一责任，将幸福之家建设纳入年度考核和村党组织书记述职内容，为幸福之家建设提供坚实保障。各村党支部牵头并指导成立幸福之家理事会，成立了由支委、党小组长、党员志愿者组成的志愿服务队，不定期开展党员志愿服务活动，收集社情民意。

市级统筹谋划，通过建章立制，规范服务标准，不断丰富服务内涵。统一设计贵溪市农村互助养老幸福之家标志、标牌，规范场所名称，85.6%的幸福之家与新时代文明实践站实现阵地整合。建立人员进出、财务、自助互助、安全等五项管理制度，形成村理事会、村老年协会管理，村委会监督的模式。丰富用餐助餐、日间生活照料、娱乐休闲等养老服务内容，定期开展健康知识讲座、安全意识教育、科普宣传和戏曲舞蹈等精神文化活动。180家幸福之家与村卫生室签订了健康协议，实现"一对一"服务，为老人提供义诊。

在经费筹措上，不断拓展思路，调动社会各类资源，确保运营的可持续性。一是市级财政支持一点。市财政对每个点一次性补助基础设施建设经费5万元，正常运营且验收合格的每年每个点补助运营经费2万元。二是乡镇财政解决一点。每个点至少投入3万元，各乡镇共投入600余万元。三是老人自身承担一点。坚持自养为主原则，各地根据实际情况按每人每天10元左右的标准收取费用。四是社会爱心捐助一点。发起"贵溪市互助养老幸福之家帮扶倡议书"，鼓励单位、企业和社会各界人士采取"一对一、多对一"等方式进行帮扶。全市募集500多万元及米、油等物资用于幸福之家。五是自发劳动补贴一点。鼓励身体健康、有劳动能力的老年人群体利用闲暇时间开展小饰品加工、手工小活等，所得收入全部用于补贴自身开销及幸福之家运营经费。六是自力更生节约一点。每个村集体提供一块菜地，由党小组干部、低龄健康老人种植日常所需蔬菜，每个点可节约2 000~4 000元不等的经费开支。

第二节 智慧建设成热点

2017年以来，贵溪市认真贯彻落实鹰潭市委、市政府深入推进智慧新城建设决策部署，围绕鹰潭市提出的"五个最"的智慧新城建设目标和定位，按照"用新理念引领，用新技术支撑，带来产业发展有新业态、政府管理服务有新手段、百姓生活有新体验"的工作思路，精心组织，周密安排，主动融入，积极推进。

贵溪市在工作启动前，成立了专门的调研小组，对智慧新城建设的规划、建设项目进行了可行性论证，并邀请鹰潭市及省直有关部门领导进行指导。在此基础上，贵溪市制定了《贵溪市开展智慧新城建设工作方案》，落实项目共36大项75小项，其中，对接鹰潭项目共18大项36小项，自选项目18大项39小项。在规划阶段，通过培育市场、激活市场、开放市场，依据市场规律和原则探索商业模式的思路推进智慧项目建设，最大限度减少政府投入，同时拉动和衍生相关产业发展。

为培育壮大智慧新城产业，贵溪市制定了《关于加快物联网产业发展的工作意见》，出台了相关优惠政策，充分运用中经赣荣产业引导基金，将物联网产业纳入基金扶持范畴。2017年，渥泰环保、凯顺科技等5家企业经过严格筛选考察，分别获得了50万元的产业发展资金扶持。制定了《贵溪移动物联网产业创新创业企业考核评估办法（试行）》，确保产业扶持政策切实落在优势企业、高新项目和优秀科技人才上。建立物联网产业帮扶机制，组建了物联网企业帮扶团队，对物联网产业企业落实"一对一"帮扶责任机制，帮助解决企业遇到的实际困难。积极与中国信息通信院西部分院等专业机构开展战略合作，推进科技成果转化和应用。

截至2019年6月，贵溪市有渥泰环保、美的贵雅、凯顺科技、中臻铜业等36家企业开展了物联网技术应用。其中，有24家物联网制造企业，

12家转型升级企业，物联网产品总计32款。2019年上半年，物联网产品出货量累计达88万件。智能净水器在线量达15万台。全市共引进物联网产业招商项目6个，其中，创新创业园标准化厂房建设项目4个，新引进企业6个，实际进资总额为2.1亿元，认定投资总额15.8亿元，完成了任务的35.1%。其中，投资10亿元以上的龙头物联网项目1个。

第三节　殡葬改革出经验

2019年年底，贵溪市选送的《尊重民意　科学规划　高质量推进城乡公益性公墓建设》，入选全国殡葬综合改革试点36个优秀案例，供全国各地学习借鉴。

2018年6月15日正式启动殡葬改革工作后，贵溪市殡葬改革工作积极稳妥推进，实现了"四个百分之百"。一是公益性墓地建设覆盖率100%。全市共完成农村公墓建设1 089处，建成墓穴31 963穴，可满足6年以上生态安葬需求。二是棺木回收率100%。全市共回收棺木14 580副，关停经营性棺木店51家。三是村（居）红白理事会建成率100%。全市215个行政村（居）全部成立了红白理事会，明确了殡葬改革信息员215名。四是遗体火化入墓率100%。从10月1日全面启动遗体火化入墓工作以来，截至当年12月2日全市共火化亡故遗体597人，亡故遗体火化入墓率实现100%。殡葬改革期间，全市无一例上访事件，无一起民事纠纷，无一个负面舆情。

贵溪市委、市政府始终把殡葬改革作为打造美丽江西"鹰潭样板"的重要抓手，作为移风易俗、惠及百姓的重要民生工程，咬定目标，攻坚克难。出台了《关于进一步推进殡葬改革工作的实施方案》，同时结合实际制定了从亡故遗体到丧事活动、入墓安葬、公墓管理的一系列制度，细化要求，规范管理。市财政安排1.8亿元资金用于殡葬改革。建立全市殡葬改革微信工作群，市委、市政府主要领导和分管领导，各乡（镇）党政主管、领导小组成员单位负责同志等132名人员加入了微信群，工作进度在微信群里一天一通报、一日一排名，市领导及时点评。同时，市委主要领导多次实地考察推进，市领导小组先后召开了3次现场推进会，会上前3位介绍经验，后3位表态发言，全市形成了"市级带着干、乡镇比着干、村级学着干、小组争着干"的浓厚氛围。

为移风易俗、转变观念，首先，贵溪市通过召开党员干部大会、举办"党员活动日"、组织现场考察公墓建设、"两报告一承诺"等途径，统一党员干部思想。全市党员干部全部签订了承诺书。其次，加强对风水地理先生、土工、"八仙"、喇叭等殡葬从业人员的教育管理，通过召开风水地理先生座谈会、培训会等形式，对殡葬从业人员进行教化，引导其成为殡葬改革的拥护者、宣传者、倡导者。同时，以乡（镇、街道、场）为主体，村（居）组为单元，采取悬挂横幅、张贴标语、出动宣传车、召开党员会、召开群众大会、进行视频公益宣传等手段，多渠道、多层次地开展殡葬改革宣传工作，做到宣传"无死角"。

公墓建设、棺木回收、遗体火化入墓是殡葬改革的三项关键性工作，贵溪市坚持疏堵结合，统筹推进。在推进殡葬改革过程中，贵溪市把公益性墓地建设作为先手棋，着力从"建""管"两个方面入手。市财政每穴补助1 000元，按照标准化、园林化、生态化、人性化、规范化"五化"建设总要求，实行了自然村单建、自然村联建、行政村合建、乡镇集中建、规划区统一建5种公墓建设模式。选址上，充分尊重群众意愿；建设上，以节地生态为原则，单墓不得超过0.4平方米，双墓不得超过0.6平方米。同时，完善墓区通道、停车场、绿化等基础设施。与传统土葬相比，公益性墓地的功能完善，环境也得到提升，得到了群众的认可。以群众家中无棺木存放、从业人员无棺木工匠、流通市场无棺木销售为目标导向，以乡镇为单位，对全市民间棺木存量和棺木店进行调查摸底，登记造册，全面掌握底数，由乡镇回收，统一送至市集中存放点。市财政对每具棺木奖补 2 000 元。对回收的棺木统一制作成骨灰盒，免费发放，进行生态循环处理，有效利用资源。为做好遗体火化、入葬公墓工作，贵溪市以"三注重"促进全覆盖。注重信息掌控，通过建立村（居）红白理事会、村组殡葬改革信息员队伍，制定亡故报告、跟踪管理等相关制度，及时掌握亡故人员信息。注重做好亡故家属思想工作，一旦发现或者接到死亡报告，乡、村（居）干部第一时间到死者家中吊丧，晓之以理，动之以情，劝导死者家属将遗体火化入墓。注重善后服务，投入 1 000 多万元对市殡仪馆实行提升改造，以满足殡葬改革需要，同时对遗体接运、暂存、火化、骨灰寄存、公墓选用等实行全过程免费服务，给予人性化关怀，惠民利民。

第三十章　走向农旅化新时代

贵溪作为农业大县，也曾经大兴水利，也曾经搞过大集体，自从实行联产承包责任制以来，发展"三农"的利好消息如春风化雨，在土地中滋润着勃勃生机，结出了丰盈硕果。这些年来，贵溪市农业发生了翻天覆地的变化，农业效益不断提高，农民收入稳定增长，农业产业化经营不断推进，智慧农业、生态旅游农业不断尝试，在传统农业向现代农业转型的征途上迈出了更加坚实的步伐。

第一节　转型升级生态好

早在人民公社建立不久、以粮为纲的年代，为克服严重窝工现象，1959年4月春耕期间，贵溪县余家公社陈坊、官溪两个生产队经社员大会自发决议，实行了包产到户、分户耕作。公社党委经调查，决定在全社推行。同年5月，该公社已有6个大队、32个生产队实行了包产到户。但后来该做法受到了严厉批判，公社党委书记因此被撤职。

十一届三中全会以后，贵溪县着手重建农业生产责任制，但一度进展缓慢，可农民已按捺不住。1980年，贵溪县金沙公社岭脚大队何家和西洋大队方圳等生产队，已率先暗中自发将部分不便于集体耕作的水田、旱地包产到户。

包产到户有效提高了粮食的产量，但由于年年增产，到20世纪80年代末90年代初，贵溪广大农村普遍出现了"卖粮难"现象，农业增产不增收，农民收入增长缓慢。

2012年以来，贵溪市农业在转型中升级，粮食主攻品牌战略，积极推广稻渔综合种养生态农业和绿色增产增效技术，稳增长、调结构，提高品质效益。

江西蓑衣佬农农业开发有限公司于2016年9月成立，是一家以绿色大米为主导产品的农业企业。截至2019年9月，该公司所主导的合作社依托贵溪当地优异的水土资源，采用"合作社+农户"的模式开展土地托管服务，托管土地面积7000亩，建成了绿色大米生产基地。

与以粮为纲的年代相比，以前农民更看重产量，认为粮食单产越高越好，现在人们的思想观念不一样了，觉得生态环保、安全绿色更加重要。因此，贵溪市蓑衣佬农有机绿色大米种植专业合作社在指导农民生产时，也更加注重绿色生态种植。对所种植的所有水稻，坚持不使用化学农药，并减少化肥使用量，还种植绿肥紫云英和施洒有机肥，利用生物农药和太阳能杀虫灯、性诱剂等方式杀虫，采用人工稻田除草管理，保证绿色无公害，做强有机品牌。正是因为这样做，其所生产的大米不仅更加绿色生态，而且产值也比单一种水稻更高，有效地增加了农民收入。

2018年蓑衣佬农有机大米荣获第十四届江西生态鄱阳湖绿色农产品（上海）展销会参展产品金奖。

截至2018年年底，贵溪市已建成绿色大米生产基地20万亩，优质南方早熟梨基地10万亩，毛竹速生林基地10万亩，油茶基地2万亩，蔬菜基地1万余亩。

第二节　特色产业气候新

20世纪80年代，农产品市场逐步放开，贵溪曾提出"南林北果中间菜"的农业发展构想。后来随着市场的变化，贵溪市与时俱进，选择了优质稻、蔬菜、油茶、白茶、花卉苗木、蛋鸡、毛竹7个发展前景看好的产业进行重点扶持和打造，突出产业特色，打造特色品牌，农业种养由传统的自给自足模式向专业化种养模式转型。

随着规模不断扩大，贵溪市农业产业区域化布局逐渐形成，基地建设初见规模。截至目前，贵溪市重点打造了3个农业产业示范园区。其中白鹤湖现代农业综合示范区以绿色大米、果业、油茶、花卉苗木、休闲农业为主；雷溪农业现代化科技示范园区以蔬菜种植、农业观光旅游为主；罗河、冷水等白茶种植示范园区以白茶种植为主。

在贵溪，茶园面积在50亩以上的种茶农户有400多户，他们或者加入专业合作社，或者与龙头企业合作，为白茶的产业化经营贡献着力量。近年来，贵溪市将白茶作为七大重点农业产业之一高位推动，出台了一系列扶持政策，整合科研、生产和加工力量，使贵溪市很快涌现了一批新型茶叶生产经营组织，如"龙头企业+基地+农户""行业协会+专业合作社+农户""专业市场+经销户+农户"等，促进产销衔接，完善了茶叶产业链，有效带动了农户增收。

截至2018年，贵溪市拥有江西省最大的白茶种植、加工和销售基地。茶叶生产和贸易快速增长。全市现有茶园总面积2万余亩，年产茶叶1500吨，产值2800余万元。

在2017年中国（南昌）国际茶业博览会暨第四届庐山问茶会茶叶评比活动中，贵溪市阳际峰茶业专业合作社的阳际峰白茶和阳际峰兰颜、贵溪市周坊镇源头白茶专业合作社的雾须岭白茶获得了金奖。此外，"天华山"茶叶、"东际峰"白茶和"桂景峰"白茶都是省内知名品牌。

第三节 综合种养效益佳

志光镇皇桥李家村位于志光镇以西约8千米处，离白鹤湖景区不到1

千米，离塔桥万亩梨花园1.5千米，330县道与白鹤湖大道均从该村通过，是鹰潭通往白鹤湖景区和塔桥园艺场的重要途径。

2018年年初，志光镇皇桥李家村阳扬综合种养专业合作社通过招商引资吸引外来客商投资2 000万元，经国家发展改革委备案成立了"600亩国家级稻蛙（虾）共生示范基地"。截至2019年年初，基地已建成青蛙连体大棚110亩，温室大棚10亩，龙虾池138亩，并开始投产放养蛙苗1 660万尾，龙虾苗5 000斤，种植无公害水稻200余亩。

2018年，稻蛙（虾）共生示范基地提高了该村经济效益，解决了农民土地流转问题，已向33户农户流转农田556亩。流转收入由原来的每亩200元提高到500元，农户土地收入每亩提高了300元。同时，解决了周边150户农户就业问题（其中包括8位残疾人员，5户贫困户）。基地所需要的饲养员、水稻种植人员、服务员、产品销售人员等大多数是从周边农户中招收而来，并拉动了基地周围商业、服务餐饮业、农副产品种养业的发展。

自2002年被确定为国家农业综合开发项目以来，贵溪市通过实施土地治理项目和农业产业项目，在全市已经建成了3.68万亩"旱能灌、涝能排、渠相连、路相通"的高标准良田，农业产业化龙头企业在项目扶持下呈现出规模增大、效益提高、辐射带动能力增强的良好发展态势。近几年，贵溪市在促进农业结构调整上下了大功夫。一是抓土地流转，让"小田"变"大田"；二是抓高标准农田建设，让"低效"变"高产"；三是抓特色种养，让"单一"变"多元"。

据了解，"稻虾共作"模式不仅实现了"一水两用、一田两收、稳粮增效"，而且亩均纯收益可达6 000~10 000元。在企业和合作社的示范引领下，全市稻渔综合种养面积达1万亩，参与农户0.5万户，帮助400余户贫困户脱贫。

截至2018年年底，贵溪市有农业龙头企业106家，其中省级龙头企业17家，鹰潭市龙头企业71家，县（市）级龙头企业18家；全市有农民专业合作社1 196家，其中，种植业占总数的六成，养殖业占总数的两成多。这些企业和合作社不仅成为推动现代农业发展的主体，同时也成为促进产业结构调整的主体。

第四节　农业生产科技高

贵溪欧绿多肉植物有限公司位于江西贵溪雷溪现代农业科技示范园，成立于2015年5月。公司主要以种植销售景天科、番杏科、百合科等多肉植物为主。

在2018年3月，总投资2.48亿元的6个现代农业项目集中落户白鹤湖现代农业示范区，时隔1年，投资1.2亿元的贵溪现代智慧农业基地又落户雷溪镇墙圈村。

该项目是江西华业农业科技有限公司的重点投资项目，实现了江西现代农业的南北布局。项目第一期占地总面积达425.19亩，其中农业设施用地43亩，实验连栋大棚56亩，生产大棚大约330亩。此项目以现代智慧农业为核心，通过云计算、大数据、智能物流等技术，结合旅游观光，在玻璃温室智能大棚内实现阳台庭院种植、鱼菜共生、现代育苗及现代种植科普，为广大市民提供安全绿色果蔬，从根本上改变了以往的单一种、销模式，现代智慧农业更节约、环保、科技、生态和高产化。

截至2018年年底，贵溪市已完成市智慧农业应急指挥调度中心建设，可与农业物联网基地对接。全市已建有富群石蛙、金峰渔业、欧绿多肉植物、塔桥园艺场、西江畈水稻5个物联网基地。

附　录

一、人物

（一）江宗海

江宗海（1902—1927），又名百川，贵溪罗河镇樟槎江村人。1918年毕业于县立第一高等小学丙班，同班中有后来成为国民党军第十二兵团中将司令的黄维，中国著名土壤学家黄野萝。后入江西省立第五中学（在鄱阳）。1920年转入南昌心远中学，并加入袁玉冰、黄野萝等人创立的江西改造社。1922年在心远中学毕业后，回贵溪任县立模范小学教员。第二年考入北京国立师范大学理学院。

附图1-1　江宗海

在北京求学期间，江宗海与汪群、邵式平等一道结识共产党人和革命青年。江宗海在日记中写道："人生斯世，岂徒温饱而已？须有彪炳之事业、焕然之文章垂于青史，留一生之痕迹，方不负天赋之德。"1924年暑期，江宗海回到贵溪，开始有目的地在社会上进行调查研究。经过这次暑期活动，江宗海回到北京国立师范大学后，更加积极地参加中共组织的各种活动，于1925年5月加入中国共产党。1926年国共合作，北伐军兴，北京国立师范大学党组织遵照上级决定，派遣一批党员回故乡开展革命工作。江宗海随同邵式平一道离开学校，返回家乡。

江宗海回乡后，迅速与杨庸、黄导接上关系，并于10月正式成立了中国共产党贵溪支部，任组织委员。随即着手发动群众参加革命工作。

11月成立中国国民党贵溪县临时党部，江宗海与当时的中共党员杨庸、黄导、江一鉴、程衍（大革命失败后，此4人脱党）、张亚光、黄唐英（女）7人为执行委员。接着，江宗海出任县教育局局长，果断撤销了一批国民党右派校长，委任了一批进步青年。

1927年1月，江宗海组织贵溪革命群众，在邵式平的领导下，一举捣毁了贵溪上清天师府镇妖堂中的坛坛罐罐和泥木偶像，活捉了第六十三代天师张恩溥。然后又在县城召开了以农会和工会骨干为主的群众大会，宣传唯物主义，反对封建迷信。

正当革命斗争如火如荼发展之际，蒋介石在上海开始了"四一二"反革命大屠杀，大批共产党人和革命群众惨遭毒手。

5月7日，江宗海与正在贵溪的邵式平等召开反蒋群众大会。贵溪县大操场及主要街道贴满了反蒋标语。农村的农民肩荷锄头、扁担、梭镖，与城内的工、商、学、妇各界挥动三角小旗，浩浩荡荡进入操场。江宗海任大会主席，与省农民协会特派员邵式平在大会上揭露了蒋介石反共反人民的罪行，阐明了反帝反蒋和拥护共产党的道理。会后江宗海率领队伍游行示威，"打倒帝国主义""打倒蒋介石""打倒土豪劣绅""打倒贪官污吏"的口号响彻全城。接着，江宗海等又带领群众捣毁了国民党右派省参议员汪楚书的家，抓到土豪劣绅饶拙成、张星照并游街示众。

第二天，国民党军李烈钧部吴都俊率兵来县，在解元坊街口同德堂药店门口抓到了正在买药的江宗海，随即把他押到贵溪东门外十亩地枪杀。临刑前江宗海怒斥敌人："我干的事业光明正大，我们为了千千万万的劳苦大众。"并高呼口号："打倒蒋介石！""打倒国民党！"

江宗海是贵溪第一个为革命壮烈牺牲的共产党员。

（二）汪 群

汪群（1904—1929），文坊镇人。9岁进文坊小学读书，后转到贵溪读小学，以第一名的成绩毕业。1919年考取江西省立第一中学。在五四运动的影响下，汪群如饥似渴地阅读《新青年》等传播马克思主义的书刊。

1921年，袁玉冰、黄道等以改造社会为宗旨，创办了江西改造社和《新江西》杂志，汪群是改造社的第一批社员。他在《新江西》上撰文写稿，批评时政，在青年学生中引起了强烈反响。

附图1-2 汪群

1923年，汪群加入了社会主义青年团，曾任省一中团支部干事。1925年考入北京大学，直接得到了李大钊等人的教育和培养，政治上日益成熟。他是赵世炎主编《政治生活》周刊的经常撰稿人，给了帝国主义、北洋军阀以有力的抨击。"三一八"惨案后，李大钊遭到军阀通缉，避居在北京东交民巷。汪群不计个人安危，经常向李大钊请示工作。经过斗争考验，汪群光荣地加入了中国共产党。

汪群十分关心贵溪的革命工作。1924年在南昌时，他把在南昌读书的进步青年组织起来，成立了贵溪青年社。次年5月，贵溪青年社在南昌出版了宣传马克思主义和进步文化的《溪音》杂志，汪群担任主编。他还组织进步青年回贵溪创办了图书馆和贫民夜校，加强阶级教育和扫盲工作，宣传马克思主义。

1926年夏，中共北方区委为了配合北伐战争，开展南方工农革命运动，派了一批优秀的革命骨干到南方工作，汪群被分派回江西，先后担任青年团江西省委常委、中共江西省委宣传部部长等职。这年暑期，他亲自到贵溪了解革命斗争情况，发展共产党员。10月北伐军潘骥的先遣部队到贵溪后，汪群便指示江宗海建立了第一个中国共产党贵溪县支部，为后来在贵溪迅猛发展的大革命打下了坚实的思想基础和组织基础。

1927年3月6日，蒋介石制造了赣州惨案，杀害了赣州总工会委员长陈赞贤。汪群对国民党右派破坏统一战线的罪行非常愤慨。他写了《悼我们的同志——陈赞贤》和《陈赞贤为什么死了？》两篇檄文，一针见血地指出："杀死陈赞贤的不是别人，就是反动的国民党右派。"这些"自称总理忠实信徒的右派先生，反共反工农本来是他们唯一的责任"。他号召江西人民："起来！一致继续赞贤同志的精神，勇猛地向那红光中前进！"

"四一二"反革命政变后，白色恐怖笼罩全国。在这危急关头，汪群受党的委派担任中共赣州县委书记，与爱人贺服丹一道，毅然奔赴赣州，继续陈赞贤烈士的未竟事业。

贺服丹出生于江西安福县的一个封建家庭，在"五四"新文化影响下，成为封建的叛逆女性。1923年，贺服丹就读于江西女子师范学校，在刘和珍、王经燕等人的帮助下走上了革命道路。1925年入党。共同的革命理想使她和汪群结合在一起，成为患难与共的亲密战友。

汪群到赣州后，在工人、农民和进步青年学生中进行秘密活动，建立了织袜、泥木、缝纫、理发等行业的6个党支部，同时在郊区成立了东、南、西、北4个区委，在八角井老郎庙设立了"工余俱乐部"。党的组织恢复重建后，汪群抓紧进行了革命气节教育，鼓励全体党员学习陈赞贤的高贵品质，发扬共产主义的献身精神。

根据中共中央"八七会议"精神，江西省委制订了全省秋收暴动计划，将全省党组织划为赣东、赣西、赣南、赣北4个特委。汪群任中共赣南特委负责人，贺服丹负责交通与机关的掩护工作。赣南特委成立后，汪群着手恢复了于都、南康、信丰、兴国等县党组织，创办了《曙光报》（后改为《红旗报》）。1927年10月，汪群传达了党的"八七会议"精神和全省秋收暴动计划，建立了秘密农协组织，做好了农暴准备，开展了土地革命。1928年年初，在赣县的空同山召开了中共赣州南区区委扩大会议，由汪群主持，研究部署了大埠地区农民武装暴动。为了声援赣县、万安的农民暴动，汪群召开了赣州城内和城郊党的基层组织负责人会议。第二天晚上，《红旗报》《中国共产党夺取政权宣言书》在戏院散发，"打倒国民党反动派""组织暴动，夺取政权"等标语贴满了大街小巷。

1928年2月，震撼赣南的农民暴动开始了。3 000多名秘密农协会员向大埠地区的豪绅地主发起了猛烈冲击，一举攻占了大圩镇，建立了革命委员会，揭开了赣南土地革命斗争的序幕。接着，南康、信丰等地的农民暴动相继兴起。国民党惊恐万状，一面对农民暴动血腥镇压，一面在赣州城里疯狂搜捕，致使赣州特委遭到破坏。汪群、贺服丹转移到兴国、于都坚持农村斗争。

11月，汪群与贺服丹又秘密回到赣州，重建党组织。由于叛徒告密，两人不幸于12月3日在田螺岭十号同时被捕。国民党独立七师师长刘士毅对他们施用了种种酷刑。汪群在法庭上凛然宣称："我就是共产党员，共产党员是不怕死的！"敌人对贺服丹以"保送出国留学"为饵，并伪造汪群口供以动摇她的革命意志。贺服丹识破了敌人的卑鄙伎俩，严词痛斥。在狱中，他们团结难友坚持斗争，并抓紧时间向看守人员宣讲革命道理，介绍共产主义。敌人无计可施，于1929年1月将汪群与贺服丹在赣州的卫府里杀害。夫妻二人昂首挺胸，从容就义，为共产主义献出了壮丽的青春。汪群时年25岁，贺服丹23岁。

（三）邵忠、邵棠

邵忠（1898—1931）、邵棠（1905—1929），贵溪周坊镇人。父亲邵冬起初以石匠为业，后移居横峰县。

邵忠、邵棠先后考入饶州中学（在今鄱阳），后又就读于江西南昌。在南昌结识了方志敏、黄道、邹秀峰等一批马列主义者，积极参加革命活动，兄弟双双加入了中国共产党。1927年大革命失败，邵忠、邵棠秘密回老家贵溪隐蔽工作一段时间后，去横峰与党组织接上了关系。

1928年1月，邵棠以贵溪党代表的身份参加了方志敏在弋阳九区窖头村召开的五县党的会议，到会的有邵式平、邹琦、方志纯、黄道、邹秀峰等，会上成立了中共五县工作委员会。2月，邵忠、邵棠受五县工作委员会的派遣，从横峰县城返回贵溪周坊邵家，开展秘密活动。开始以刘炳龙教武术为名，联系穷苦的农民，宣传搞减租废债、打土豪、分田地的道理，宣传共产党的方针、政策。经过教育与斗争的考验，发展邵道记、周拱柏、周七太等革命意志坚定的农民加入了共产党，并以亲串亲、友联友、结拜兄弟、喝鸡血酒等方式，开展"上名字"活动。1928年4月正式成立了中共贵溪县周坊支部，邵忠为党支部书记。5月成立了中共贵溪区委，邵棠为贵溪区委书记。兄弟二人散家财以资革命。

附图1-3 邵忠

附图1-4 邵棠

1928年7月初，黄道、邹秀峰带着"方胜峰会议"开辟东北第二革命根据地的决议，以游方医生的身份来到贵溪周坊白沙岗落户，与邵忠、邵棠共同分析了贵溪的革命形势，决定在贵（溪）、余（江）、万（年）三县边界广泛开展"上名字"运动。由党员串联骨干分子，骨干分子串联积极分子，积极分子串联一般群众，在各村组成"十三太保""二十四天王""七十二金刚""一百零八将"等农民革命团。为加强思想工作和组织纪律性，中共贵溪区委在周坊太山峰庙里举办了农民骨干分子训练班。方志敏、黄道等亲临讲课，介绍了弋阳、横峰的暴动经验，教育学员树立坚定的革命信念，以武装夺取政权。1929年

3月，邵棠出席了中共信江特委成立大会，随即抓住青黄不接的时机，由邵忠等党员领导贫苦农民，以村为单位召开"禁会"："禁止米谷外运""禁止土豪劣绅禽畜糟蹋农民的庄稼和菜园""禁止恶棍到农民菜园随意摘菜"等。禁会的议约打击了土豪劣绅的气焰。恶棍周茂太四兄弟扬言："邵棠是共产党，要去报国民党政府捉拿他。"不久，上级党组织便将邵棠调到红军独立团工作。一次邵棠被围，他穿上哥哥的长袍，戴上大礼帽机智脱险。1929年5月，邵棠率红军第四连在弋阳和敌人遭遇，他在激烈的战斗中掩护战士撤出，自己不幸受伤被俘。敌人把他押送到横峰，绑在门柱上严刑拷打，逼供审问，邵棠坚不吐实，只有痛骂。6月3日，敌人将其押到弋阳西江桥沙洲上杀害。就义前，邵棠慷慨激昂，高呼："中国共产党万岁！苏维埃政府万岁！"敌人残忍地割掉了他半截舌头，又挖去他的心脏，时年24岁。

6月6日，邵棠的遗体被运回贵溪周坊。面对烈士被害的惨状，中共贵溪临时县委和农民革命团无比悲愤，决定立即行动，当晚就将告密陷害邵棠的"水蛇崽"四兄弟和门上周家的"三崽仂"捉到周坊畈后面的树林里处决，以祭英灵。从此拉开了周坊暴动的帷幕。

邵忠同黄道一道组织了周坊暴动，后又领导贵溪、余江、万年三县边界农民革命团数千人，掀起了声势更大的武装暴动。7月17日，在赣东北红军的配合下，他们把贵溪国民党靖卫团翁志高带领的80余人打得丢盔弃甲，并活捉了翁志高。

1929年8月，贵溪县第一次苏维埃代表大会在周坊邵家召开，成立了贵溪县苏维埃政府。100多名代表出席了会议，邵忠当选苏维埃政府主席。邵忠领导苏区人民开展了平债分田、建立政权和扩充红军等工作。10月17日在标溪汪家创建赣东北红军独立团第八连，10月26日又率领地方武装配合方志敏、邵式平的红军独立团成功击败了进驻周坊的国民党军一九六团第六连和贵溪县的靖卫团，缴获机枪1挺、长枪67支，俘敌24名。后邵忠因患肺病，于1930年被调至信江特委任财政部部长。1930年12月

22日红军攻克铅山河口镇后，国民党军第五十五师偷袭苏区弋阳方家墩，致使大批战利品（物资和银圆）损失。这个损失使已患重病的邵忠遭受了更大打击，1931年年初不幸逝世，葬于离葛源十五里的太林江宋，时年33岁。

（四）龙志光

龙志光（1903—1932），贵州人。原在国民党军周志群旅部任排长。1928年冬，该旅从横峰县周村出发进攻赣东北苏区，兵士们衣单腹空，痛恨国民党军官克扣粮饷，向往民主、平等的苏区。龙志光经新婚妻子苏区妇女曹林花的鼓励，于1929年2月同副连长杨辉率起义士兵将连长和哨兵打死，带了30多支枪在弋阳程家桥投奔革命。在龙志光的影响和带动下，周志群

附图1-5　龙志光

部第十二连也投向红军，使红军扩大到5个连。不久在黄沙岭改编为中国工农红军江西独立一团，团长为周建屏，政委为李尚达。

1929年秋，贵余万根据地受国民党"进剿"，龙志光跟随方志敏、邵式平的红军独立团开往贵溪，在周坊遇困。连长龙志光向邵式平请战，他身先士卒，英勇善战，一举粉碎了敌人的进攻，还俘虏了靖卫团一个连。

1930年5月，红军攻打景德镇。龙志光设计将红军化装成白军，把湘籍口音的战士排在前面。守城的士兵问了几句，便认为是友军。红军"大模大样"地开进城镇，缴获了大批枪械、物资和给养。1930年7月，红军在葛源成立独立师，龙志光升任第四旅旅长。在一次战斗中，红军一、七两旅被白军围困，午饭后红军师部命第四旅将敌人反包围。龙志光接到命令，立即亲自带兵包围白军，结果红军内外夹击，粉碎了敌人的进攻。接着，红军在乐平县众埠街进行了整编，将红军独立师改为中国工农红军第

十军，军长周建屏，政委方志敏，并将原旅改为团的建制，龙志光任二团团长。

1930年8月，红军攻打万年朱砂桥未成，转移到安徽省攻打秋浦县和江西彭泽县。龙志光带领尖兵班走在前面。白军发现后，扫来两排子弹。龙志光并不后退，带着战士迅速逼近秋浦县城，接着用人梯翻过城墙，勇敢地击退白军前哨，打开城门，让红军冲进城内，缴获了几百支枪和大批银圆。在攻占彭泽时，一开始敌人惊慌失措，红军很快便拿下了县城。后来白军发现红军人多武器少，妄图把红军围歼在城内，用大炮向红军轰击。龙志光利用彭泽县三面依山的地形，在山上插满红旗，让战士在城内休息。这样国民党军以为山上有很多红军，便在船上用大炮向插红旗的地方轰击。待敌人筋疲力尽，军火耗空，龙志光指挥红军战士猛打猛冲，夺取了彭泽县战斗的胜利。

1930年9月，在江西河口战役中，龙志光不幸负伤，他并没有退出战斗，而是更加英勇地带伤指挥。在他的鼓舞下，战士们信心百倍，分兵两路，一路过浮桥，一路过渡船，攻打金鸡山、天主堂，战斗至后半夜便取得了胜利，缴获敌迫击炮4门、机枪4挺，俘虏敌军400余名。

1932年，为了拔掉对苏区威胁极大的贵溪县夏家岭炮台，红军连续6天发动了多次进攻，但都没能拿下。龙志光便亲自带领几名侦察员，在夜间逼近碉堡，不幸被敌人发觉，敌人立即用机枪向他们扫射，龙志光胸部中弹光荣牺牲，年仅29岁。

为了纪念英勇善战的龙志光烈士，1933年闽浙赣省第二次工农兵代表大会通过决议，将烈士牺牲所在地贵溪第七区命名为志光区。新中国成立后，该区先后被称为志光区、志光公社、志光乡。

（五）赵梓明

赵梓明（1897—1935），原名赵水生。白田乡人。读私塾4年后，便帮其父赵福太维持生计。1929年4月加入共产党，任支部书记。在黄道的直接领导下，组织赤卫队、儿童团、少先队，打土豪、分田地。1930年9月当选为贵溪县苏维埃政府主席。他领导下的苏区人民热爱党，在艰苦的岁月里发展生产，配合红军粉碎了国民党的3次围剿。1933年1月，红十军与中央红军在上清会师，国民党认为赣东北苏区红军主力已调走，便开始了对苏区的第四次"围剿"。遵照闽浙赣省委指示巩固发展苏区，扩大红军队伍，赵梓明动员贵溪苏区的人民投入"扩红"运动。在短暂的两三个月里，贵溪苏区先后有569人参加新组建的红十军，得到了方志敏的表扬。1934年10月，新十军编为北上抗日先遣队，上级决定赵梓明留守苏区。1934年11月任贵余万中心县委书记兼中心县苏维埃主席。他把游击队改编成精干连，在崇山峻岭中机动灵活地对国民党开展武装斗争，粉碎了敌人炮台40余个。

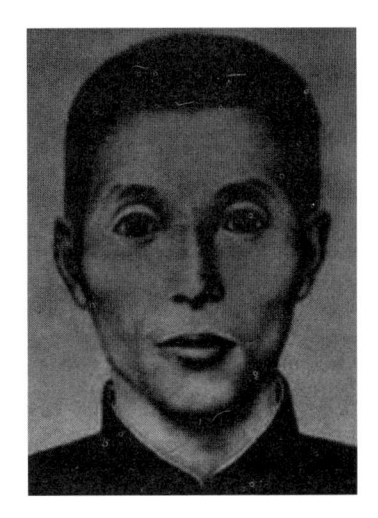

附图1-6　赵梓明

1935年5月3日，精干连袭击了墩上徐家的敌军之后，在上坊余家宿营。因连长程银桥禁受不住艰苦斗争的考验，通过其舅父向敌人告密，使队伍受到敌军的偷袭。接着，程银桥伙同陈凤堂、陈仁和带枪投敌，次日又带领国民党第五十七师一个旅的兵力，将游击队重重包围于吞头山。赵梓明指挥队伍同国民党军展开激战，以图突围，因腿部中弹不幸被捕，同时被捕的还有裁判长宋元生、财政部部长胡林顺。

1935年6月20日，国民党反动派将屡施酷刑而不屈服的赵梓明、宋元生、胡林顺3人押往贵溪西门外杀害。赵梓明一路高呼革命口号，并对围观的群众说："革命是一定要胜利的！"

（六）汤维新

汤维新（1904—1935），又名汤箭发，参加革命后改名鲁子才。贵溪县古城（今志光镇内）汤村人。1928年参加共青团，1929年加入中国共产党。历任中共贵溪县区委书记、德兴县委宣传部部长、中共铅山县委书记、闽北分区委秘书长等职。1935年被错划为"AB团"分子，含冤而死。

汤维新兄妹8人，靠父亲站柜台维持生活。1922年汤维新小学毕业，考入省立贵溪中学。1925年中学毕业后教私塾以糊口。1928年春，他秘密参加了革命，后随方志敏参加革命工作。

附图1-7 汤维新

1929年7月，中共贵溪县委在周坊召开第一次党代会，汤维新当选县委委员。这年冬天，汤维新和团区委干部邵云龙下乡工作，正遇漫天飞雪，两人便进了一个山洞。后看天将放晴，汤维新跑出山洞，用指头在雪上深深画下了几行字——"红军是日，白军是雪，雪遇到日，一定要灭"，写罢继续上路。

1930年春，汤维新任德兴县委宣传部部长，不久调闽北。8月任铅山县委临时书记。他带领赵伯长、陈风山、饶久仔、胡花娇等在车盘一带组建乡、区苏维埃政权，成立了赤卫队。

在广丰，他举办党训班，培训党的骨干，发展了一批中共党员。1934年任闽北分区委秘书长时，他与黄道交往甚密，经常互相切磋，共同开展革命斗争。

1935年苏区内清算"AB团"的斗争扩大化，汤维新受到残酷打击。在生命的最后一刻，他坚定地说："我虽然含冤而死，但我仍然坚信，我在九泉之下还是能够听到革命最后胜利的欢呼声的！"他被杀害于福建崇安马家坪，年仅31岁。

（七）赵礼生

赵礼生（1907—1937），曾化名曹利生、老齐、老四，白田乡老屋赵家村人，出生在一个贫苦农民家里。他的父亲赵火祥、母亲吴春风，生育了三男三女。赵礼生排行第三，男属老大。15岁时父亲离开人间，16岁的赵礼生便给土豪当长工，两个姐姐做了童养媳。

1929年夏，赵礼生由赵梓明介绍"上了名字"，参加了农民革命团，积极参加打土豪、废契约斗争。1930年3月，带头报

附图1-8 赵礼生

名参加红军，后任班长，不久调信江特委当保卫干部。由于他机智勇敢，1934年秋，（开）化、婺（源）、德（兴）中心县委根据闽浙赣省委指示和当时斗争的需要，指派赵礼生去浙江开化县西北山区，开辟游击根据地。他很快打开了局面，站稳了脚跟。不久他与在浙江开化长虹、库坑一带打游击的邱老金接上关系，进而并肩战斗，革命形势发展很快。1935年5月，随着游击区域的不断扩大，闽浙赣省委又根据活动的需要，决定由赵礼生筹建开（化）、婺（源）、休（宁）中心县委。于是，赵礼生在库坑召开会议，成立了开婺休中心县委。省委任命赵礼生为书记。赵礼生狠抓党组织建设，到1936年2月止，开婺休地区建立起中共支部110个，有党员480多人，使闽浙赣根据地浙西一翼在白色恐怖中出现了令人振奋的局面。

在长虹高田坑伏击国民党保卫队，缴获步枪20支、机枪1挺，击毙敌人9人，俘虏10余人。尔后，在十里坑口和辛田村巧战敌保安队并获胜，

缴获机枪1挺，使队伍越战越强。由于赵礼生工作开展顺利，取得了较好成绩，1936年4月，在彰公山召开的闽浙赣省委扩大会议上，赵礼生被任命为省委委员。

1936年8月13日，根据形势的发展，皖浙赣省委决定将开婺休中心县委改为浙皖特委，任命赵礼生为书记。赵礼生接任后，即在开化县舜山召开会议，与浙皖军分区司令员邱老金商议，决定开辟千里岗游击区。他们各自率领武装，分头进行活动。他每到一处，就紧密依靠当地党组织，广泛发动群众参军、参战。在开（化）、常（山）、衢（县）、遂（安）、寿（昌）边区的广大区域内，神出鬼没地打击敌人。9月20日，赵礼生与邱老金亲领特委独立营，在严忠良部的配合下，攻克了衢州上方镇，烧毁上方镇警察分局，活捉绅士方石根，缴获了一批枪支弹药和物资。

1936年11月4日，蒋介石任命国民党第二十八军军长刘建绪为闽浙赣"清剿"指挥部主任，坐镇衢州。刘建绪和闽浙两省国民党集结了数十倍于红军的兵力，向浙皖边区开来，疯狂向游击区进攻。赵礼生等率领队伍与敌周旋，粉碎了敌人的多次"清剿"，相持近1年。但终因寡不敌众，供给又极度困难，队伍日益减少，游击区逐日缩小，党组织被破坏，上下联系中断。1937年10月，赵礼生在浙江开化县长虹老屋基村被捕。同年12月22日，被国民党在开化县城内枪杀。

（八）裴月山

裴月山（1914—1943），又名裴裕生、裴丁山，周坊镇裴源村人。12岁时，父母在贫病交迫中相继去世，兄妹3人分别投靠别人。1930年红军驻扎裴源，16岁的裴月山迫切要求参加红军，因年幼被分配在赣东北工农红色二分院（地址设在标溪汪家的丁家坞）当看护员。1934年参加红十

附图1-9 裴月山

军，并加入中国共产党。第五次反"围剿"失败后，部队被冲散，裴月山聚集部分红军战士，在皖赣边区坚持游击战争。

1936年4月，中共闽浙赣省委为了加强游击战争的领导，巩固扩大游击根据地，在彰公山召开扩大会议，决定由杨文翰、裴月山率领几位同志到磨盘山组建弋阳、横峰、上饶、德兴中心县委，裴月山主管军事。后遵照省委指示，将磨盘山地区分为3个中心区，裴月山负责三县岭中心区。8月29日，他率队突袭三县岭下黄村，抓获国民党梭镖队队长黄茂喜后，命其带路捕捉古港恶霸裴礼臣。狡猾的黄茂喜故意转移目标，使裴礼臣闻风潜逃。因此，裴月山将黄茂喜押回三县岭，经过审讯后予以处决。随后，裴月山又率队攻打古港，捕获作恶多端的国民党保长裴显哉（恶霸裴礼臣之子），就地对其执行枪决。泗沥乡圳上保长张义山百般欺压百姓，百姓怨声载道，裴月山率领游击队黑夜奔袭将其拿获，带到周坊杨前岗处决。裴月山在镇压首恶的同时，对一般国民党保长和豪绅地主约法三章：一、不许抓贫苦农民当兵夫，二、不许告密游击队和地下党活动的消息，三、不许向贫苦农民勒索捐税。采用镇压与宽大相结合的政策，分化瓦解敌人。贵溪三县岭地区人民奔走相告："红军又回来了！"革命人民欢欣鼓舞，土豪劣绅胆战心惊。

为扩大游击区，裴月山经常化装深入群众，发展党的组织，并亲自到余江狮马源召开会议，宣布余江秘密区的成立及其领导人的名单，部署发展党、团员与打土豪筹款等工作。

西安事变后，国共两党实行第二次合作，全面抗击日本军队的侵略，国内的主要矛盾由阶级矛盾转化为民族矛盾。长期和党中央失掉联系的裴月山、杨文翰，由于消息闭塞，思想上适应不了新形势的发展，看不清大局，不相信共产党与国民党的第二次合作。黄道写信劝他下山改编为新四军，他拒不理睬，反把信撕掉。中共皖浙赣省委书记关英亲自上山做他俩的思想动员工作，他又将关英当作叛徒，连同警卫员一同杀掉。

1937年9月，裴月山、杨文翰在贵溪三县岭双源石头坞召开了贵余万三县基层党组织负责人会议。会上，裴月山、杨文翰分别做了报告。会议决定成立中共贵余万三县中心县委，建立泗沥、吞头、余江、万年、铁路、标溪和裴源特区7个秘密区委，并组建贵余万三县游击队。到1937年年底，三县岭、磨盘山两地周围革命形势发展很快，通过秘密串联，地下党员已发展到三四百人，游击队员已发展到二三百人，正式改编为赣东北工农红军游击队大队，裴月山任司令员，杨文翰任政委。

1938年7月，国民党江西省政府派保安十六团对三县岭、磨盘山大举"清剿"，裴月山组织游击队奋起反击，终因敌我悬殊，给养困难，部队被打散。到1939年，游击队仅存40余人。同年春，裴月山率领40名游击队员攻打余江蟠墙、邹家界上，归途中与国民党军猝然遭遇，经接战，队伍被冲成两股，后游击队会合在一起，在裴月山、杨文翰的领导下，转移到赣皖边界山区，坚持异常艰苦的游击活动。

1943年3月，皖赣国民党联合"清剿"，游击队处境艰难，又被迫向磨盘山转移。游击队进至德兴张村时，由于邵恒竹叛变投敌，又遭国民党军围击，损失很大。裴月山因与十几名战士提前出发，未遇此难。裴月山率部分游击队员日伏夜起，经磨盘山辗转到三县岭大禾源一带活动。游击队长年累月行军作战，疲惫不堪。同年7月，因人告密，古港恶霸裴礼臣带领国民党军警搜捕，当地秘密工作者被捕叛变，设下圈套，在农历七月十二，以药鱼（即用石灰等在河流中毒鱼）给部队改善生活为名，诱使游击队遭敌人伏击，除裴月山患眼疾未去，其余全部被捕。事后，裴月山只身一人转移到余江狮马源坚持地下活动。9月病重，孤立无援，在余江不幸被捕。不久，被杀害于余江锦江城外，时年29岁。

（九）夏润珍

夏润珍（1909—1955），文坊镇岭西村人。1932年担任岭西村苏维埃主席，同年6月加入中国共产党，9月在闽北红军五十八团、闽北独立师团任事务长和党支部书记。1935—1938年，任建松政（建阳、松溪、政和）特委供给部长兼第三纵队总支书记。1940年3月至1942年,在中共福建省委任管理科长、省委总务队政委兼机关总支书记。1943—1945年,任中共闽北特委委员,兼管军事、经济工作。1946—1948年7月,任中共闽西北地委委员兼民运工作。1948年7月,任中共南古瓯中心县委书记。1949年4月任中共贵溪地委委员兼民运部长。1949年7月至1953年3月,任中共上饶地委委员兼中共贵溪县委书记。1953—1955年3月任上饶地委城工部长。1955年3月27日因病去世。江西省人民政府于1962年追认夏润珍为革命烈士。

附图1-10 夏润珍

夏润珍10岁时即在岭西黄表纸作坊当童工,成年后既做工又务农,历尽艰辛。20岁时投身革命,开始了艰苦卓绝的战斗生涯。

1934年第五次反"围剿"后,红军主力北上抗日,夏润珍和刘文学奉命留守贵南坚持游击战争。在同国民党正规军、保安团无数次围追堵截的战斗中,夏润珍英勇善战,利用熟悉情况的有利条件,多次化装侦察,带领队伍在岭西、文坊、花桥、塘湾等地神出鬼没地打击土豪劣绅,为游击队的生存、发展、壮大做出了卓越的贡献。1936年他率队夜走百里,奇袭花桥,消灭了一个民团;1937年攻打饶桥又获全胜;1941年巧取文坊乡公所,缴获10多支枪及大批弹药、现金和布匹;1943年8月,率闽北游击队攻打塘湾天堡墟,活捉恶霸地主龚纪祥,缴获大量物资。连年来屡战屡捷,使敌人惊恐万状。国民党第三战区司令长官顾祝同只好悬重赏捉拿夏润珍。

在艰苦的战争年代,不少同志英勇牺牲了,有的经受不住考验开了小差。为了稳定部队、振奋精神,夏润珍对干部、战士说:"我们是工农子弟,我们大家都是自愿来的,就应该革命到底。为了劳苦大众的解放,创造一个没有人剥削人的新社会，我们宁愿牺牲自己的一切。"他以身作则，身体力行，每当战斗的紧急关头，他总是突围在前，掩护在后，得到干部、战士的爱戴和拥护。有一次，游击队打到广丰县的丰景山，夏润珍带病参战，由于劳累过度，病情加重，生命垂危，幸有战士们采集草药救治才得以生还。

1943年8月，夏润珍与左丰美率队来岭西，驻扎在夏烂坑，不料被国民党区长黄绢的姘头寡妇周回香发现。于是国民党政府以闽浙赣边区总指挥官李维群为首，率贵溪保警队、上饶直属大队、铅山保安队、江西省大队和国民党四十师与四十一师部分兵力，采用铁壁合围的办法，妄图将游击队一网打尽。敌军一面在通往福建的大小关卡上修筑炮台，截断游击队去路；一面从贵溪塘湾、文坊扑冲过来。游击队得到消息后，主力部队由左丰美率领安全转移，夏润珍则带着少数战士留下来牵制敌人。10月30日，国民党大围剿扑空，恼羞成怒，便将岭西汪村等地农民70余人捆绑起来，逼招夏润珍和游击队情况，并枪杀了地方革命干部汪文成、汪贤臣、汪碧阜、黄金发；同时，漫山遍野四处搜查。隐藏在山上的夏润珍和游击队战士，不能举炊冒烟，只能吃野菜、野果和竹笋充饥。警卫员华仔经不住考验，偷了夏润珍的一支枪跑到冷水坑投敌，游击队迅速从岭西西窝大山转移到闽坑、龙潭才得以脱险。后又有黄子兰叛变，夏润珍及时命令游击队分散隐蔽，保存力量。11月上旬，夏润珍与汪铁崽在联宋村屋背大山上搭了一个窝棚隐蔽起来。这里山高林密，四周都是悬崖，只有一条小路通往联宋村。由于国民党严密封锁，山上衣、米、盐奇缺。12月底，夏润珍两次叫联宋村的表弟李炳禄用打土豪缴获的戒指去塘湾换钱买米、盐、草鞋等。第二次李炳禄却在塘湾赌博，把钱输光，最后竟丧尽天良地把情况密告敌人。1944年2月初，国民党区长黄绢率数十人由李炳禄引路偷袭联宋山，企图活捉夏润珍领重赏。夏润珍早已在这条小路上堆满了毛竹梢，李炳禄上山时将毛竹梢移开弄得"哗哗"直响。夏润珍警惕地问："哪一个？"李炳禄心虚地说："是我。"夏润珍知情有异，后见敌人已全部堵住了山路。在这千钧一发之际，夏润珍与汪铁崽宁死不屈，从两丈多高的悬崖上舍身跳下。夏润珍一口牙齿全部摔断，血流满面，脚被竹蔸戳得鲜血淋淋，他翻身起来忍着剧痛立即转移。敌人摸上山时，得到的只不过是一个空空的窝棚，只好站在悬崖上端着枪乱射。3天后，夏润珍找到汪铁崽，两人转到箬港和竹叶山交界的地方。当地的香菇客把夏润珍藏在木炭窑里，送粥养伤。半个月后，夏润珍与汪铁崽拿着柴刀，穿着蓑衣，背着竹篓，化装成香菇客顺利回到福建省委。

1947年，夏润珍在南古瓯工作，领导群众开展抗丁、抗粮、反霸斗争，在国民党的后方开辟了一块小根据地。1949年1月，夏润珍随中国人民解放军闽浙赣游击纵队司令兼政委曾镜冰一道，从南古根据地向浙赣线进发。5月5日，游击队在贵溪县城与二野陈康兵团一〇三师一一〇团会师。

新中国成立后，夏润珍在贵溪任县委书记期间，仍保持战争年代的艰苦作风，经常深入基层，密切联系群众，严于律己，廉洁奉公。他有两个弟弟在岭西种田，想进城当干部，夏润珍说："群众对革命都做过贡献，田没人种吃什么？"经过他耐心说服，两个弟弟一直在家务农。夏润珍在县委工作5年，住在一间破旧的小房里，中间一隔，前面办公，后面睡觉。有人劝他："你打天下吃了那么多苦，该享受享受了。"他说："战争是胜利了，可国家还困难，还要建设，这里风吹不着，雨淋不着，比打游击时的环境强多了。"

长期的游击战争和艰苦生活，严重损害了夏润珍的身体，可他仍带病坚持工作，和同志们一道剿匪反霸，一道搞生产建设。为了贵溪西溪坝的水利建设，他日夜操劳，有一次竟昏倒在工地上。1955年3月27日，夏润珍终因积劳成疾，身患肝硬化，在上海华东医院病逝。

（十）江天辉

江天辉（1910—1969），又名江金喜。志光镇湖塘人。父江高旺以裁缝为业。江天辉读私塾年余，十几岁便随父学技。1928年7月，方志敏、黄道在贵溪周坊开展革命活动，江天辉加入了农民革命团。11月在农民骨干训练班加入共产党。随后回到自己家乡，进行党的秘密工作，并着手组建农民革命团，发展党的组织。

1929年，江天辉参加了震惊赣东北的周坊暴动。1930年2月贵溪苏区召开第一次工人代表大会，当选为工会委员的江天辉担负起开展工人运动、粉碎敌人经济封锁、制造武器、发展手工业生产的任务。

附图1-11　江天辉

他相继组织码头工会、沿河工会，使工作由苏区发展到白区，由农村扩展到城市，并动员白区懂技术的工人到苏区来，很快办起了裴源兵工厂、畈上吕家铁器厂，用土法生产松树炮、石头炮、"地老虎"，在反"围剿"中显示了威力。到1932年7月，江天辉先后两次当选为贵溪总工会委员长。

1933年1月，赣东北红十军同中央红军第三十一师合编为十一军后，闽、浙、赣省以赤色警卫师为基础，抽调各县骨干力量组建了新十军，江天辉奉命率80余名党员干部参加新十军，任八十四团一营一连指导员。

1934年11月，中共中央电令红十军组建抗日先遣队北上抗日，江天辉任侦察连指导员。后先遣队失利，江天辉率部独立坚持斗争。1935年7月参与组建江南红军独立团，后在九华山伏击镇压了国民党安徽省党部宣传部长领导的军队。8月向贵池县殷家汇进攻，歼敌一个保安中队，缴获四五十支枪。9月又发动了纵横波及七八十里、有上万群众参加的中秋暴动，成立了江南特区苏维埃政府，江天辉任特区工会委员长。1936年春，江天辉等分别率红军游击队到婺源鄣公山，与闽浙赣省委书记关英会合，建立皖浙赣省委，将红军组编为独立团。江天辉任皖赣特委兼祁（门）、浮（梁）、婺（源）中心县委书记，并以赣皖特委独立营为主力开展斗争。1937年年初，国民党闽浙赣皖绥靖公署主任刘建绪在衢州开会，限令3月底以前肃清四省红军游击队。江天辉与李步新等经历了游击战争中最艰苦的岁月。他们依靠群众，化整为零，灵活机动，四处出击，保存了300余人的红军骨干力量和自己的游击战场。

1937年7月7日卢沟桥事变后，形势起了变化。9月，新四军南昌办事处项英、陈毅给皖浙赣边区游击队送来《国共合作宣言》和东南局《给南方八省各游击队的公开信》，江天辉决定同国民党江西省第五行政公署暨浮梁县政府代表张议谈判。11月，江天辉、李步新到南昌找项英、陈毅汇报、请示工作，适值项英飞赴延安，陈毅在湘赣边区未回，只得住在新四军租用的月宫饭店等待。这时国民党江西保安司令周志群亲自送来官服，要他们换装，并谎称项英、陈毅有留言叫皖赣游击队开赴景德镇改编。江天辉、李步新表示没有接到上级指示决不擅自行动。11月下旬，陈毅回到南昌，高度称赞说："你们不简单呀！"接着陈毅传达了党中央的方针、政策。1937年12月，江天辉等会集各部游击队300余人，在瑶里改编为"江西省抗日义勇军第一支队"。1938年3月，在岩寺将队伍编为新四军一支队二团三营，开赴抗日前线。江天辉与朱辉健继续留在皖赣坚持敌后斗争。11月20日夜，国民党保安团以抓新四军逃兵为名，将正在浮梁县三区油柞印村开展工作的江天辉逮捕。后经新四军军部与国民党第三战区多次交涉，揭露其阴谋，江天辉才于1939年5月9日回到新四军，得到项英、雷山、李一氓的热情接待，并安排他参加中共中央东南局党校高级班学习。

1939年，江天辉任泾县县委书记，9月调任皖南特委军事部长。翌年兼任铜（陵）南（陵）繁（昌）青（阳）中心县委书记。在此期间，江天辉积极开辟敌后抗战游击根据地。

1940年5月28日，皖南特委根据党中央准备召开"七大"的指示，在泾县云岭白果召开党代会，选举江天辉、雷山、李步新为党的"七大"代表。因党中央要听取各地党组织工作汇报，经项英、陈毅等领导批准，江天辉代表皖南特委先赴延安。由于"七大"延期举行，江天辉到延安后被分配到中央党校学习，并任党校一部党支部书记。在党校学习期间，听取了毛泽东所做的《改造我们的学习》《整顿党的作风》和《反对党八股》等报告，江天辉联系实际给党中央写了《皖南特委工作报告》以后，出席了党的"七大"。不久日本无条件投降，党中央电令：南方各省代表全部开赴东北，参加地方新政权的建设和剿匪工作。

1945年11月至1946年5月，江天辉先后任辽中地委委员、鞍山市委组织部部长等职。5月后调任吉林省蛟河县委书记兼保安团政委、延吉县工委书记兼保安团政委。这期间，东北敌我双方争战激烈。国民党大举进攻，陆续占领了山海关、锦州。蛟河县是通往哈尔滨和图们的交通要冲，为保卫新生政权，江天辉带领保安团，在正规部队的支援下，收复了拉法、新站，控制了蛟河枢纽，并制服了青背、黄松甸、王家岗等地的土匪和敌伪势力，先后在新站、蛟河、奶头山、王家岗建立农会、区干队、自卫队等组织，使人民群众掌握了政权和武装。

1949年2月江天辉随解放军南下，任江西省抚州地委副书记兼专员。9月调任上饶地委书记，历时四载，成功领导了上饶地区的剿匪反霸、土地改革、土改复查和镇压反革命运动。长期的戎马生涯，严重损害了江天辉的健康，1953年2月以后，江天辉身患多种疾病，但仍然坚持工作。后相继调任上海市蓬莱区委书记、江苏省肃反办公室副主任和省委工业部副部长。1968年因病住院，第二年9月去世。

（十一）芦甸

芦甸（1916—1973），原名刘贵佩，又名刘振声，塘湾镇芦甸村人。为纪念可爱的故乡，遂以"芦甸"为笔名发表文学作品，为"七月派"诗人。芦甸幼时丧父，母亲以帮人烧火做饭维持生计，母子相依为命，生活异常艰难。

芦甸幼时羡慕别的孩子读书，常躲在窗外听得十分入神，后得私塾老师孔召济的帮助得以入学读书。12岁时因家贫辍学，到本乡"同顺和"店做学徒。但芦甸仍如饥似渴地读书，凡是能借到的书都看。因多次向店老板的女儿借书，遭老板斥退，遂愤而出走。为寻求生路，于1934年考入国民党贵溪训练班，结业后任塘湾乡联保主任。因其出身卑微，常受乡绅轻蔑，一怒之下便报考了南京国民党教导总队，并以第一名被录取。在教导总队期间，芦甸嗜书如命，省下的津贴全都买了书。不久，他又考入南京国民党中央军校第14期，亦称黄埔军校14期。考试时正值日军空袭南京（1937年8月14日），芦甸镇静如常，第一个交卷。监考官称赞道："凭你刚才的表现，你就够得上当一名合格的黄埔生。"1937年南京陷落，军校迁往成都，由湘入川步行近万里，历时4个月，芦甸表现出来的顽强坚毅品格，受到了老师和同学的赞许。

附图1-12 芦甸

军校毕业后芦甸留校任政治指导员，不久调空军军士学校任区队长。生活相对安定后，芦甸便埋头阅读"五四"以来的《奴隶丛书》《拓荒者》《北斗》以及《七月》等进步文艺书刊，并以"芦甸"做笔名，在胡风主编的《七月》和《希望》杂志上发表作品。芦甸后来说，他是受了诗歌的启发才投身革命的，这期间芦甸与中共地下党员岳军（蔡原牧）、任耕（赵适）以及《新华日报》成都分社顾造新等来往密切。

在中共地下党员的影响下，芦甸认真阅读毛泽东等中央领导人的文章，积极参加民主斗争。不久，芦甸的活动引起了国民党的注意，特别是他编写的话剧《祖国万岁》在空军军士学校上演后，芦甸被列入黑名单。于是，他辞去军职，到金陵大学教育长柯象峰处当秘书，并得到了去华西大学中文系读书的机会，开始了半工半读的生活。这期间，芦甸一度和人创办了"平原诗社"，并加入了"现实文学社"。

华西大学中文系教授李一清不仅欣赏和器重芦甸的文学才华，而且积极支持他所从事的进步活动，并把家里当成他们开展工作的场所。教授的女儿李嘉陵也是受了芦甸的影响而走上革命道路的，并与之结成伴侣。

1945年，中共中央南方局通过重庆的《新华日报》号召国统区的广大知识青年、进步学生到敌后抗日民主根据地开展工作。芦甸作为一个小组负责人，带领一批青年于当年5月上了大别山。离开成都时，芦甸在一首《沉默的竖琴》中写道："我只能以沉默的竖琴/弹奏我的祝福/我愿花朵属于你/荆棘属于我/我即将远去/后有马蹄的追赶/前有人群的召唤。"

芦甸夫妇先是到李先念率领的新四军五师，后来又被分配到王震的三五九旅政治部。在行军的间隙，他创作了《萤火》《动员会》《在山那边》等脍炙人口的诗篇。在《萤火》中他写道："我们的队伍/静静地行进在夜的草谷里/无数的萤火虫/不声不响地/给行军纵队掌着灯/我们也像无数的萤火呀/从不给自己喧嚷什么/却给这夜的中国/发出光亮。"

1946年7月，国民党调集30万大军包围中原解放区。在震惊中外的中原突围中，芦甸表现得十分勇敢，并在火线上光荣入党。后来，他按照党组织的指示，化装穿过国统区，到达太行山晋鲁豫解放区。

在太行山下、漳河之滨，芦甸见到诗人鲁黎，从怀中掏出的礼物竟是经过千辛万苦后仍然珍藏着的《七月》《希望》《泥土》等数卷杂志。在边区举行的文艺座谈会上，芦甸向大家介绍了在国统区的作家和文学状况；在诗歌朗诵会上，芦甸以浓重的乡音，充满激情地朗诵了海涅的诗篇《德国，一个冬天的童话》以及自己的诗作。之后，他创作了《农村的风俗画》《柳林庄上送公粮》等作品。

新中国成立后，芦甸任天津文联秘书长、华北文联常委等职。他饱含着对新中国的热爱，写下了《献给朱总司令》《我们是幸福的》《浪涛中的人们》《第二个春天》等文艺作品。他说："要像一头牛，每跨出一步就得翻起一块泥土。"并决心为时代、为人民默默地工作，他说："我多么渺小/我是大海中的一滴水，然而，我骄傲/我为大海所包容……"

1953年组织上要派芦甸到法国任文化参赞，他听后着急地说："我是诗人，我要写中国。"1954年，他和妻子一道回江西贵溪看望分别多年的老母亲。在家乡，他着手收集方志敏烈士的生平史实，准备为他写传。在路过杭州时，芦甸与浙江文联主席冀汸畅谈了20世纪40年代后期就大规模开展的文艺批评，他们都不相信权力可以代替真理。

1955年3月，芦甸参加了胡风《关于解放以来文艺实践情况的报告》，即后来呈送党中央、毛主席的《三十万言书》的讨论和起草工作。不久，芦甸因"胡风反革命集团"一案被逮捕审查，并立即停止党的活动。1955年9月，芦甸被定为"胡风反革命集团骨干分子"，身陷囹圄达10年之久。在狱中，他坚持写诗，学习英语，学习数学，最后在巨大的精神压力下疯了。1965年获准出狱后，在李嘉陵无微不至的体贴照料下，心情逐渐平复，病情日见好转。1966年，他在天津杨柳青919农场参加劳动。

在农场，寒冷的深秋打蒲草，没人敢往水里跳，他第一个跳下去。农场母猪产崽，他把自己的皮大衣盖在小猪身上挡风，一个人一直守候到天亮，最后终于病倒了。1973年，年仅57岁的芦甸病逝。

1980年10月，中共中央为"胡风反革命集团"冤案平反，同年12月23日为芦甸昭雪，恢复名誉。1982年6月23日，中共天津市委为芦甸举行追悼会，称之为"我国无产阶级文艺战士和著名诗人"。

（十二）刘金才

刘金才（1916—1981），贵溪塘湾镇白果村人。1933年7月参加中国工农红军，1933年12月加入中国共产主义青年团，1934年12月加入中国共产党。刘金才戎马一生，参加了第二次国内革命（土地革命）战争、抗日战争、解放战争和抗美援朝战争。20年间，他出生入死，英勇作战，先后身负12处枪（炮）伤，1处刀伤。荣获中华人民共和国三级八一勋章、二级独立自由勋章和朝鲜民主主义人民共和国二级独立自由勋章。

1933年11月，刘金才在闽北红军第五十八团团部任通讯员、战士，红军游击队员。他参加红军第四次、第五次反"围剿"，经历大小战斗30

多次，左脸部被炮弹弹片炸伤，导致终身面残。1934年秋，红军主力开始长征，刘金才因重伤留在闽北苏区，坚持了3年艰苦卓绝的游击战。1935年1月在闽北红军独立师任特务员。1936年2月在三团任排长、福建省江夏区游击队长，先后3次负伤后重返前线，坚韧不拔，与敌人展开殊死斗争，保卫苏区，开辟新的游击根据地。

1937年7月7日，卢沟桥事变爆发，日本发动全面侵华战争。同年10月，中共闽赣省委、省军区同国民党当局代表在光泽县举行停止内战、国共合作抗日谈判。1938年2月，闽赣边区红军游击队正式整编为"国民革命第四军第三支队第五团"，开往皖南，奔赴抗日前线。其间，刘金才在新四军三支队五团三营任排长、党支部书记、连副指导员、连长等职。1940年12月，刘金才在一次抗日战斗中身负重伤，不久后又重返前线，英勇杀敌。

附图1-13 刘金才

1941年1月，国民党顽固派发动了第二次反共高潮，制造了皖南事变，新四军遭到重创。中共中央对这种破坏团结抗日的罪恶行径做了坚决斗争，重新整编新四军。1941年7月，刘金才在新四军五十三团任副营长，1942年4月任皖南大队副大队长、大队长，1944年5月任临江团二营营长，1945年8月任临江团副团长。在坚持敌后抗日过程中，刘金才先后参加了攻打繁昌、戴家汇、盛家桥、华家涝、横山桥、肖家渡、鹳嘴、奎潭等地的30余次战斗，袭击日伪军据点，粉碎了日伪军的"扫荡""清剿"，创建和巩固了皖南抗日根据地。

抗日战争胜利后，1945年10月，遵照中共中央的部署，苏皖地区新四军组建为中国人民解放军华中、华东野战军。刘金才先后任华东野战军第六纵队第十七师四十九团副团长，五十一团代团长、团长。1949年2月，根据中央军委命令，为适应渡过长江、解放全中国的需要，原第六纵队七十一师四十九、五十、五十一团番号改为第二十四军七十一师二一一、二一二、二一三团，刘金才任二一一团团长、七十一师参谋长、渡江战役先锋团团长。他奋不顾身，横刀跃马，参加了孟良崮战役、莱芜战役、凤凰山战役、济南战役、淮海战役、渡江战役等。刘金才作为中国人民解放军指战员的一员，亦为中国战争史谱写了浓墨重彩的一笔。

中华人民共和国成立后，中央军委决定组建空军部队。1950年11月，二十四军七十一师奉命改编为空军，进驻东北公主岭，正式组建为中国人民解放军空军第十五师。1951年6月，刘金才任空军第十五师参谋长。同年10月，空军第十五师奉命抗美援朝，番号改为中国人民志愿军空军第十五师，刘金才任师参谋长、空军第三师副师长、中国人民志愿军空军指挥所主任。1952年12月至1953年7月，该部队在朝鲜作战10余次。在对空作战中，四十三团一大队飞行员韩德平击落美军战机，该部队还涌现了吴胜凯、孙忠国、蒋道平等英雄模范人物。

回国后，刘金才任中国人民解放军步兵一一七师副师长兼参谋长。1956年至1959年6月，任吉林省军区公主岭分区（四平军分区）司令员。1960年5月10日，国务院总理周恩来颁发中华人民共和国国务院任命书，任命刘金才为中国人民解放军长春分区司令员，1962年6月29日兼任长春市人民武装委员会副主任。1966年5月至1976年5月任吉林省军区副司令员兼长春市人武部部长（1966年6月至1969年3月）。1968年3月至1975年2月，刘金才任吉林省长春市革命委员会副主任（1971年3月任中共长春市委书记）。1978年5月返回部队后任吉林省军区顾问。1955年9月被授予上校军衔，1962年晋升为大校军衔，被评为二级甲等伤残军人。

刘金才在吉林省军区任上，于1981年1月3日在沈阳逝世，终年65岁。他在弥留之际，仍然保持红军老战士的本质，多次嘱托医务人员和他的家属子女转告党组织：后事处理要从简，不给组织添麻烦。他逝世后，党组织遵照其爱人宋春同志及其子女的嘱托，丧葬不开追悼会，不送花圈，少通知亲友。其高风亮节，难能可贵。为此，中共吉林省军区委员会于 1981 年 2 月 9 日以吉党字第 008 号文特发《关于刘金才同志逝世的通报》，称：刘金才同志是党的好干部、好党员，他的一生是革命的一生，战斗的一生，全心全意为人民服务的一生。号召全体官兵学习刘金才同志忠实于共产主义事业的坚定信念，学习他与党中央保持一致的立场，学习他艰苦奋斗、廉洁奉公、团结同志、联系群众的好作风，学习他移风易俗的改革精神，继承和发扬我党我军的革命优良传统。

（十三）黄野萝

黄野萝（1902—1981），原名黄正财，又名黄在璇。贵溪志光镇人。曾留学日本、法国、德国，获森林和土壤学博士学位，是我国著名的农业专家。

1918 年，黄野萝考入南昌二中，在五四运动的影响下，1920 年与同学黄道、袁玉冰、黄家煌以及同乡汪群等 8 人组织"改造社"，自费出版了《新江西》杂志，提出"改造社会、改造江西"的主张。1924 年考入南京东南大学，积极参加反对北洋军阀的学生运动。1926 年曾受到北洋

附图 1-14　黄野萝

军阀军警的围捕，幸事先获悉，得免于难。黄野萝的困境受到共产党组织的关注，这年 11 月，他应老同学共产党员袁玉冰之邀回到南昌，任国民党左派江西省党部宣传部秘书，兼左派《贯彻日报》总编辑及南昌大学图书馆主任。1926 年，段锡朋来到南昌，把革命党人排挤出国民党省党部，并封了《贯彻日报》。1927 年 2 月黄野萝参加共青团，同年 4 月加入中国共产党，接着参加了中国共产党领导的"八一"南昌起义，在七十师政治部做宣传员，跟随朱德、周士第等从临川、瑞金、长沙一直打到广东潮州的三河坝。由于"东江的失败"，即随朱德总司令退回闽、赣、粤边区打

游击，后因部队给养困难精简遣散非武装人员而回到家乡贵溪。从此与党失去了联系，遂产生了科学救国的愿望。

黄野萝在南京经过几个月的准备，于1928年7月东渡日本就读于明治工业专门学校。1930年在日本林业试验场实习后，又进入日本东京文理科大学学习。1932年回国，在北平静生生物调查所工作半年。1933年1月赴德国柏林补习德文，从4月起在德国明兴大学深造。1937年8月毕业后，到匈牙利森林学院工作。1938年6月回到明兴大学整理论文，获得明兴大学森林及土壤学博士学位。同年赴英国土壤试验部苹果研究所工作。1939年6月在法国巴黎学习法文。1940年1月在美国罗杰斯大学土壤系工作。这时正值中国抗日战争最艰苦的时候，黄野萝放弃外国优越、安定、舒适的生活和科研条件，毅然回国，以自己所学报效灾难深重的祖国。

1940年11月，黄野萝任国立中正大学农学院森林系教授兼系主任。在抗日战争和解放战争时期，黄野萝随着学校颠簸于泰和、乐安、宁都和上饶等地，他对当时进步的学生运动始终表示同情和支持。

新中国成立后，黄野萝任南昌大学教务长、江西农学院副院长兼教务长等职，受到党和政府的信任和支持。当选过省人大代表、省政协委员、民盟江西省委委员等职。

黄野萝尤致力于土壤改良的研究工作，曾任中国科学院南京土壤研究所通讯研究员，主持该所在江西新建县设立的甘家山红壤试验场的研究工作。多次到省内典型地区总结农民群众的实践经验，会同国外专家对红壤改造进行磋商研究。农学院合并到江西共产主义劳动大学总校后，黄野萝任农学系土壤学教授。

黄野萝生活俭朴，长期留学于美、英、法、日、德、匈等国，仍然洋风不染。一次在中正大学领工资时，发工资的人说："你是帮黄先生领工资的吧？"竟把他错认为工友。

黄野萝著述甚丰，他用德文写成的《在林地落叶腐料过程中氮素分解与酸度改变的田间试验》等论文，在今天仍然有现实指导意义。文章中的某些观点，曾被美国一本造林学的教科书所引用。

黄野萝晚年不顾年老体弱，坚持在学校东风队实习农场进行红壤利用改良的试验研究。他长期患气喘病，于1981年5月1日在南昌病逝，享年79岁。逝世前，他嘱咐说："死后不要开追悼会，不要送花圈，骨灰撒在红壤上。"5月23日，学校在红壤试验地为其举行了撒骨灰的仪式，完成了黄野萝化为骨灰后也要扑倒在毕生为之奋斗不息的红土壤上的夙愿。

（十四）俞君适

俞君适（1893—1985），名谟，以字行。清光绪十九年（1893）农历二月二十八日出生在贵溪城厢一名书吏之家，父亲曾任县衙承发科缮写员。光绪三十四年（1908），知县刘光赏主持县立高小招生考试，他考得第一；宣统元年（1909）赴南昌报考江西省模范中学（省立一中前身），又以第一名被录取。1913年春毕业，本可升入名牌大学，却因家境困窘，返回贵溪，在县立高小任教师。

附图1-15 俞君适

俞君适初涉教育界，除教算术、自然两科外，还积极协助校长，赞襄校务。时任高小校长王介贞曾留学日本，对其信任无间；王因事赴上海半年余，校务全托其处理。不过两三年时间，贵溪高小名声骤起。该校毕业生到南昌、上饶、鄱阳投考中学（时贵溪尚无中学），大受各校欢迎。省教育厅通令广信府7县各小学到贵溪参观取法，俞君适在江西教育界初露头角。

1917年春，由于弋阳县高小校长方克为连续7次到贵溪邀请，俞君适前往该校任教，学生有方志敏、邵式平等人。1919年五四运动爆发后，俞君适接到好友张石樵的快信，最先获知详情。他当即召集本班同学，通报了张石樵来信的内容,并在全校师生大会上发表演讲。"他的声音由低而高,渐渐地吼叫起来,脸色涨红,渐而发青,颈子胀大得像要爆炸的样子,满头的汗珠子,满嘴唇的白沫,拳头在讲桌上捶得砰砰响。"方志敏在《可爱的中国》中这样描写俞君适。

1919年夏,弋阳高小首届高级班毕业,俞君适辞职离去。他随即赴京考取北京高等师范(1923年改名北京师范大学)博物部。在学期间,俞君适活跃进取,在学界有名,被选为班长,并任江西同学会总务、编辑、文牍。为抵制日货,发起成立高师国货商店并连任两届总经理,被选为高师博物学会会长,曾主编多期《博物》杂志,还与同学合编了中学生物课教学用的博物挂图。1920年,被江西旅京商业学校聘为生物学兼职教师。1923年夏毕业,被北京师范大学留任博物部助教;同时考取博物总研究科带职研究生,1925年夏毕业。在北京师范大学学习长达6年。1923—1925年,俞君适曾兼任北京师大附中生物课教师。其时,未来的新中国导弹之父、两弹一星元勋钱学森,恰于1923年考入师大附中。

俞君适在附中采取亲近自然、采集标本、动手动脑、活泼生动的教学方法,这契合了少年钱学森的志趣,俞君适成为钱学森所敬重的附中7位教师之一。1982年北师大80周年校庆,俞君适前往参加,年逾古稀的钱学森与夫人专门到寓所看望。翌年3月,钱学森又给俞老师发出一封信,全文如下:

君适吾师:

农历腊月二十六日来示奉悉。现遵命附上照片2张,一张摄于1926年,一张1980年。前一张我时年15岁,当在初中三年或高中一年,距随师捕昆虫做标本时不远。今已57年矣,回想当时所受诸师教育,其水平大大高于现在的中学。故认真总结那一段的经验,对提高我国教育是很有意义的。听说母校教师们正在做这件事,唯尚未见其结果。谨此问安,并祝健康长寿!

钱学森

1983.03.14

1925年秋，江西教育厅厅长朱念祖进京到北京师范大学选聘教师，坚邀俞君适回赣服务，任省立一中初中部主任兼全校生物课老师。1926年年底，北伐军占领江西。翌年初，国共合作的国民党江西省党部执行委员兼农民部长方志敏，向省政府推荐，任命俞君适为省立上饶中学校长。1928年2月，俞君适经鄱阳湖、九江到达上海，就任立达学园（1925年建立）教师。俞君适在该校任训导、教务主任和行政委员会主任，并先后在暨南大学师范班、劳动大学、复旦中学、浦东中学、上海中学兼课，假日仍常带学生旅行，采集标本，到过苏州天平山、杭州西湖、普陀山等处。1932年，淞沪抗战爆发，立达学园校舍、鸡场全部毁于战火，俞君适前往苏州暨南大学中学部任教，翌年任暨南大学海外文化事业部副主任。抗日战争期间，在桂永清属下先后任武昌战时干训团秘书、湖南常德《自强日报》社社长、重庆自强印刷厂经理。1946年年底，回贵溪，俞家祖传房屋已于1942年被日军焚毁。翌年秋，接替张石樵任贵溪县中校长。时当战后，百废待举，俞君适大力筹建校舍，劈山为基，建成"仰止楼"上下两层及左侧平房新教室共12间，炸岩洞建成天然大礼堂兼作饭厅，砌围栏开荒塘引入象山清泉，命名"鉴塘"，还添置仪器，开办图书阅览室。尤其是向京沪杭及信江各县物色、延揽良师，整肃校风，提高教学质量。全校气象焕然一新。

1950年10月，江西省农业厅厅长邓洪派俞君适任莲塘农业科技研究所作物组技士。翌年省农学院院长杨惟义聘其为植物生理学、动物胚胎学教师。俞君适到南昌任教后，邵式平、胡德兰夫妇和方志敏夫人常抽暇去看望，畅谈当年师生情谊，并征求对当前党的方针政策和政府工作的意见。1959年冬，副省长方志纯创办了瑞金大学，调俞君适任园艺系主任。1962年调江西大学生物系。1974年退休。

俞君适晚年安居南昌，坚持阅读，了解时事；常练书法，种花种草；公园品茶，气定神闲。搬家多次，他始终将方志敏《可爱的中国》珍藏于书橱，只是常叹息："从离开弋阳高小和志敏分别，直到1934年，他在各处都给我写了许多信,我把这些信珍藏在贵溪老宅的屋梁上,却被日本飞机炸毁了!可惜呀,可惜!"1985年10月10日,俞君适与世长辞,享年92岁。

(十五)汪占辛

汪占辛(1912—1987),江西贵溪人,先后就读于贵溪模范小学、省立贵溪第十四中学。1931年在南昌一中高中毕业后考入河南焦作工学院矿冶系;1935年毕业,任河南中福煤矿第一矿练习生;1936年任浙江煤矿工务员;1937年任南京政府实业部矿业司科员;次年赴四川南桐煤矿工作,任煤矿工务员、助理工程师、副工程师、工程师;1946年调安徽淮南矿务局;工作1年后于1947年考入美国犹他大学研究生院,攻读采矿专业硕士学位;1949年学成回国,任江西南昌大学教授兼矿冶系主任。

1952年全国院系调整,调中南矿冶学院任筹备委员会委员、采矿系教授兼系主任、建筑委员会主任委员等职。

1958年调广西大学任矿冶系教授兼系主任,1965年调中国科学院长沙矿冶研究所任研究员。1980年,汪占辛又回到中南矿冶学院任采矿系教授,并先后在科研处和图书馆从事资料研究工作。

汪占辛是我国矿业界的前辈和知名学者。我国采矿事业的兴衰起落,紧密联系着他的一生。他除翻译出版过《钻眼工具》《岩石爆破现代技术》,还发表过《硝铵炸药》《锚杆支柱》等专论。

1956年,他参加了周恩来总理亲自主持的《全国十二年科学规划》的制定工作,是《凿岩爆破工程》规划部分的起草人,受到了毛主席和周恩来总理的接见。1961年在执行《全国十年科学规划》中为广西大厂锡矿设计出每月1 200米多头巷道掘进的施工方法,提高该矿掘进速度达4倍之多。后来又向广西煤炭局提交《南宁市市郊褐煤气化开采设计方案》,向湖南省提出《钨矿开采的几点意见》,并完成了硝基炸药的研制工作。直到暮年,他仍在撰写20多万字的《矿山环境保护》一书。

汪占辛在高等院校执教近40年，是创建中南工业大学的元老之一，培养出采矿专业学生4 200多人。汪占辛在古稀之年仍为出国留学人员进行专业英语和口语培训，为青年教师的论文进行中译英、撰写英文文摘和译成英文的论文达40余篇。为扶植新秀、提携后进，汪占辛不辞辛劳为中、青年教师的晋升和聘任评审论文、论著50余次。

早年，汪占辛就赞同中国共产党的抗日救国政策。1949年留美时拒绝外国的重聘和优厚条件，冒着被国民党迫害的危险毅然回到刚刚诞生的新中国，参加祖国的建设。1950年被推选为南昌市第一届人民代表。1961年任广西壮族自治区政协委员。1961年荣获广西大学和南宁市"先进工作者"的光荣称号。1980年以后任湖南省政协委员兼民主同盟中南工大支部主任委员。

从1956年起，汪占辛就积极要求加入中国共产党，即使在十年动乱、身心备受摧残的逆境中也不动摇，始终坚信党的实事求是的政策，把加入中国共产党当作自己政治上的最终归宿，终于在1985年1月31日被批准为中国共产党党员。

因积劳成疾，汪占辛不幸于1987年11月15日凌晨4时病逝。根据他生前的"丧事从简，不举行追悼会"的意见，中南工业大学汪占辛教授治丧委员会举行了沉痛的遗体告别仪式，称之为"我国矿业界一颗巨星陨落"。为此《光明日报》于同年12月10日专文报道了汪占辛病逝的消息。

（十六）张石樵

张石樵（1894—1989），又名张云，笔名赤乔。出生在贵溪南乡张家桥的一个石匠家庭。清宣统二年（1910）在贵溪高等小学堂毕业后，入南昌第一中学就读。1914年考入天津军医学校。入学半年后，考入北京高等师范学校（北京师范大学前身）。张石樵在北京求学期间，因受俄国十月革命影响，在李大钊等革命先驱的熏陶下，积极参加北京学生运动，并组织了"同言社""星期六座谈会"等革命组织。1919年2月，又与同学匡互生、周馨等组织"工学会",出版《工学杂志》月刊,提出了"工学合一"的教育主张。

1919年五四运动中,张石樵与匡互生等联络各校学生,到天安门广场集合,声讨卖国求荣的北洋军阀,并与工学会同学一起冲进曹汝霖家,痛打章宗祥。

1920年,张石樵在北京高等师范国文部毕业后,应聘到湖南省第一师范任教,并于1921年5月加入"江西改造社"。1922年5月5日,在有1 000多人参加的纪念马克思诞辰纪念会上,毛泽东讲演了《马克思与中国》,张石樵讲演了《改造社会应当应用什么理论》。

附图1-16 张石樵

1926年2月,张石樵就任浙江建德严州中学语文教员后,积极投身革命活动。通过教学,他对学生宣传并介绍五四运动的经过及俄国十月革命的伟大胜利,并向进步学生传播马列主义。

12月国民党左派建德县党部正式成立以后,教员竹均之、张石樵、唐公宪、车素英及学生严汝清、童祖恺、关尔康7人,参加了中国共产党,成立了建德县第一个共产党小组。

1927年2月底,张石樵经邵式平介绍到上饶中学任高中部文科主任,由于李烈钧在上饶成立了"赣东政府",张石樵被迫离开上饶,回到南昌,出任国民党省党部宣传部秘书。3月,张石樵回到贵溪,担任教育局局长,后因事去南昌,遗缺由国民党贵溪县委员会主席江宗海继任。3月下旬,南昌"礼送"共产党员出南昌,张石樵回到贵溪后,立即参加了邵式平、江宗海领导下的农民运动,组建了农民学会。4月底,筹备召开全县群众大会。5月7日,以农民为主的群众3 000余人,齐集贵溪大操场参加大会。江宗海任大会主席,群众进行了示威游行,情绪高涨,给土豪劣绅以沉重打击。

5月8日，邵式平、张石樵等在天主堂向省立贵溪中学学生进行国内外形势教育，是时江宗海在城内解元坊被进城的国民党军杀害，邵式平、张石樵等迅速转移。

1927年5月底，张石樵去南昌，由方志敏、黄道介绍，再履行入党手续，任国民党江西省党部宣传队秘书。南昌起义前一天，通知疏散眷属，黄道、俞君适、张石樵等护送家属下船，因回南昌城不得，乃随家属来到贵溪。

1928年春，张石樵在浙江温州省立第十中学任教。1930年去上海，在上海立达学园任农村教育科主任（时该校艺术专修科由丰子恺负责，中国文学系由夏丏尊负责，1926年增设农村教育科）及黄渡乡村师范教员。立达学园是一所实验改革教育、培养文化教育和农业科技人才的专门学校。当时有夏丏尊、刘淑琴、匡互生、周为群、刘董宇等人在校任教，于是共同组织了"工学社"，以求培育"改造农村生活的实力"。提倡创新，突破教育框框，充分发挥学生的劳动潜力，使教育与生产劳动相结合，以改造世界观。对学生注重学生的自觉、自动、自治，为此，张石樵撰写了《立达学园农村教育科集团主义的工学生活的试验》一文。1931年2月，又著有《农村工学教育原理》（黎明书店出版）。1937年立达学园被炸，该校迁往四川，张石樵于是回到江西。肖炳章（老同盟会会员）任上饶专署专员，约请张石樵担任上饶专署教育科长兼贵溪县教育科长。张石樵决心在家乡贵溪创办一所立达学园式的"工学"学校，得到了辛亥革命前辈彭程万的支持，于1938年秋，成立"贵溪私立象山中学"，彭程万任校长，张石樵任副校长。校址设在距县50里的塘湾镇。他主张"工学合一"办学校，开办冷水、子午塘两所农场及鹰潭象山铁厂，作为象山中学学生生产及实验基地。提出"以生产养校、以劳动养身、工学合一，学校、工厂、农村三结合"的办学主张。

1945年秋，贵溪县立扶风中学与私立象山中学合并，改称"贵溪县立中学"，张石樵任校长，校址择定城南2里许之象山书院旧址——徐岩。

经过一番努力，原来的简陋校舍扩大为初具规模的完全中学。

1947年3月，张石樵赴江浙考察教育，遗缺由俞君适补。张石樵再次回到立达学院（该校已由四川迁回）任教。

1949年8月，张石樵应江西省省长邵式平之约，重新与邵式平、方志纯、黄知真等领导会见。邵式平介绍张石樵入"八一革大"学习，结业后，张石樵被任命为江西省立上饶中学校长。1952年下半年任上饶农业专科学校校长。1954年去南昌江西教育学院、瑞金大学等校执教。

他先后被选为江西省第二、四届政协委员，鹰潭市人民代表，贵溪县政协委员。张石樵退休后仍于垂暮之年为学生义务补习英语，并想出资筹办补习学校。然终因身体老迈，其志未遂。1989年1月26日病逝于贵溪解元坊寓所，享年95岁。

（十七）徐碧宇

徐碧宇（1912—1992），原名秉源，号预卜。鸿塘镇塘湾村人。父徐吉斋，同盟会会员，曾任贵溪县立两等小学校长。

徐碧宇小学毕业后到南昌一中读书，1928年因参与反对反动校长陈颖春，被省教育厅通报全省国立高中不准录取，遂就读私立心远中学。1930年到武昌考取湖北省立高中，后因反对压迫学生的校长杨昭被学校开除，又到南京就读私立三民中学。时值"九一八事变"，徐碧宇与一群热血青年决心放弃学业报效祖国。他们结伴北上，

附图 1-17　徐碧宇

千方百计想去东北找抗日名将马占山将军，走到昌黎、抚宁，得到了当地许多爱国工人、市民的帮助，才不至饥寒致死。后终因日军封锁甚紧，不得已回到北平。1932年考取青岛国立山东大学工学院。1936年毕业后，

又考取台湾中央大学机械特别班学习航空工程。1938年毕业后在成都航空研究院、空军机械学院工作。1943年赴美留学，在康索立德飞机制造厂实习，并到密歇根大学研究生院进修。1946年12月学成归国，在成都机械学校高级班任主任教官。徐碧宇此间的待遇和生活条件都比较优厚，但他目睹了国民党当局的腐败，决心离开国民党的航委会，毅然拒绝去台湾。为此几经周旋，才去四川大学航空系教书。不久，迎来了中华人民共和国的诞生。

1952年10月徐碧宇调到北京，积极参加北京航空学院的筹建工作。1954年他负责创建了我国最早的焊接专业之一——北航焊接教研室，并任主任。经过几年艰苦创业，1961年北航焊接专业已培养出首届毕业生。是年，他又承担了北京工业大学热加工专业的筹建工作，并任主任。从此，徐碧宇一直在北工大教书育人长达31年。

徐碧宇热爱祖国，热爱人民，赤子之心，终身不移。在"文化大革命"的岁月里，他首当其冲，遭受了常人难以忍受的对待，但他坚信苦难终将过去，乐观、坚强地工作着。他不顾年老多病，和其他教师同住同劳动，给大家送开水、换饭票，工余缝洗衣服、学习时事，用乐观向上的精神感染着大家，增加了大家克服困难的信心和勇气。粉碎林彪、江青两个反革命集团后，他无比喜悦，亲自在《焊接》杂志上撰文，高呼要大家迎接新中国焊接的春天。

1980年，他为北工大筹建了金属材料学与工程学系，并任系主任。1983年任北工大学术委员会副主任、学部委员会委员，他先后培养了五届研究生，教过的学生数以万计。他热爱自己的工作，热爱自己的学生。快50岁时，他从头学习俄语，并很快翻译出版了《焊接热过程计算》《焊接过程理论》。他经常告诫自己的学生：我国焊接工人有百万之多，焊接科学责任重大。小到锅炉机器，大到轮船火箭，稍有不慎，就会造成人民生命财产的巨大损失。作为老一代的知识分子，他深深盼望祖国的振兴腾飞。他热情辅导被推荐到海外求学的学生，并谆谆告诫他们早日学成，报效祖国。他曾深情地对他的研究生王智慧说:"美国的条件好不好?好。中国的条件差不差?差。但中国是生你养你的祖国,中国不富强,你能感到自豪吗?"

这位中国焊接专业的奠基人,先后组织编写了《焊接冶金学》《熔化焊接理论基础》等专著,并在国内外学术界发表了许多有重大影响的学术论文,被称为中国的焊接泰斗。但他并没停留在理论研究上,他清楚地看到理论和实践之间的鸿沟。他重视学术,重视科普。1957年参与创办了我国焊接专业的第一本学术刊物——《焊接》杂志,并担任编委主任,直到1990年。从1961年到1990年任《焊接学报》主编。他认为提高我国的焊接技术,必须提高广大焊接工人的水平,遂于1985年发起筹办了《焊接工人》杂志。他一方面着手建立北工大与日本名古屋大学、波兰华沙大学、美国田纳西州州立大学的学术联系,一方面筹备成立全国焊接技协,亲自组织了全国焊接技术的操作比赛。

1986年,他在全国焊接技协首届年会上忧虑地说:由于条块分割,焊接研究所往往对工厂要求心中无数,工厂对科研成果也不摸底。轻工部上海焊接所已经研制出先进的不锈钢无缝钢管焊接设备,而邻近的冶金系统的一个厂子仍在花大量外汇进口外国同类设备。他大声疾呼,科协、技协这些跨部门、跨行业的组织要多多提供信息交流的场所、渠道。他曾多次身体力行地到工厂了解情况,解决问题。浙江温州电焊设备总厂1979年濒临倒闭,徐碧宇为该厂出主意、想办法,使该厂的生产和效益迅速腾飞,1985年资产达500万元,利润为200万元。国家科委、《浙江日报》都给予了高度评价,时任总理的李鹏同志曾亲自到厂视察。

1980—1990年,徐碧宇被北京市高教局聘为高等院校提升教授和副教授的评委,他严肃认真,秉公办事,受到好评,他以自己的学识和热忱,同时兼任装甲兵工程学院顾问、教授,西北工大兼职教授,镇江船舶学院兼职教授。他还参加了国家几个五年计划和国家科学发展规划的制定。1987年,75岁高龄的徐碧宇实现了自己的夙愿,成了一名光荣的中国共产党党员。1991年国务院特别授予徐碧宇"有突出贡献的高等教育专家"称号，并决定发给政府特殊津贴。

徐碧宇在健康日益衰退的状况下，更加忘我地加紧工作。他在《八十述怀》的诗中说："体衰形老不由人，青春年少在精神。灿烂晨曦诚可贵，夕阳好景赞黄昏。过隙白驹百十年，虚荣空名乃云烟。年迈未显龙钟态，只缘奋进充心田。"

1992年在重病中，他仍然惦记着学科的发展。北工大阎玉芹主任的《重点学科申请报告》，从初稿到定稿，布满了徐老密密麻麻的病中手迹。1992年4月23日，徐碧宇在京逝世，享年80岁。

徐碧宇家无藏物，除留下一大堆书籍，还有一部尚未完成的洋洋数万条的《日英汉科技大辞典》。1992年10月7日《光明日报》在一篇《焊接之光》的文章中说："徐先生的逝世，使学者失良师、师者失楷模；使科技界无仰庇，国家无以稽其疑。但是，他留下的丰富的精神遗产，将与祖国的焊花共存。"

（十八）刘亨云

刘亨云（1913—1992），贵溪泗沥桥刘家人。1929年，16岁的刘亨云参加了中国工农红军，成为赣东北红十军方志敏部战士。1931年，在赣东北红五分校学习。1933年任红十军二十一师五连连长。1934年冬随方志敏北上抗日先遣队转战皖南。

1935年1月，抗日先遣队在怀玉山被数倍于己的国民党军队包围，展开了殊死血战。刘亨云奉命在王龙山阻击，方志敏曾亲切地拍着他的肩膀说："告诉同志们，红军

附图 1-18　刘亨云

是打不垮的，革命是消灭不了的。"刘亨云在三面绝壁的山顶修筑工事，堵死唯一的山路，打退一营敌人一次又一次的进攻。弹药不够，搬来石头。夜晚又悄悄摸下山在敌人的尸体上搜集弹药，第二天给敌人以更猛烈的打击。几天粒米未进，时逢连日雨雪，他与战士们依偎在冰冷的工事里，用草根、树皮充饥。与上级失去联系后，入夜，他们用绑腿带连成长带，从南面峭壁攀附而下，在深山密林里经过两天两夜的艰难奔突，闯过了封锁线。最终带着一个完整的建制连回到闽浙赣苏区，与先期突围出来的粟裕、刘英会合。

抗日先遣队在怀玉山失败后，刘亨云参加了粟裕、刘英组建的挺进师，向浙闽敌后挺进，在青田、泰顺与敌周旋。1937年2月，蒋介石在浙南纠集重兵发起拉网式进攻。粟裕兵分两路，命刘亨云负责军事，与闽浙赣军区政治部主任刘达云、卫生部部长张友坤在一路，后二人经不住艰苦斗争的考验，强与刘亨云分开后，带人枪投敌。刘亨云与身边的5个同志坚持斗争，接连数月没住过一天房子，完全过着野人般的生活。为了避开敌人严密搜索的山区，他们潜入金华、遂昌，活动在平原集镇打土豪、发动群众。1937年夏在门阵与粟裕、刘清阳会合。刘亨云检讨自己没带好部队，粟裕鼓励他说："情况我都知道，革命战争是一个大熔炉，钢和渣就是这样清清楚楚地分离开来了。"

七七事变后，刘亨云被编入新四军二支队四团三营任政委，1940年任新四军江南挺进纵队四团参谋长。华东局为加强敌后斗争，派刘亨云与何克希、张文碧、罗白桦、戈扬等化装前往浙东。8月在慈溪鸣鹤场成立了第三战区三北游击司令部，刘亨云任参谋长，司令为何克希，政委为谭启龙，统一整编浙东主力部队为三、四、五大队，活动在四明山、会稽山等三北地区。

当年10月，日伪军对立足未稳的三北游击根据地进行了扫荡，杨觉殿遭遇一战，打退敌人7次冲锋，毙伤日伪军近百人，接着刘亨云在竹山乔又打了一个伏击战，杀伤日伪军30余人。两次战斗，挫败日军"扫荡三北"的锋芒,鼓舞了根据地人民抗日的斗志。此时国民党政府第三战区指派艾庆璋以"忠救军"指挥名义率1000余人,并纠集金山、平湖、奉贤抗卫总队和土匪王八妹部共2000余人,向三北逼近,声言"三五支队务必退出三北"。面对国民党顽固派与日伪军的夹击,身为参谋长的刘亨云组织力量在顽伪没有统一部署之前,于10月24日在宓家埭三七房进行伏击,全歼顽伪第十师的一个营,俘敌200余人。艾庆璋自恃兵力雄厚,仍然步步紧逼。为立足三北,刘亨云与谭启龙、何克希决心消灭艾庆璋部。11月26日组织浙东抗日队伍1000余人在游源集中,他们在地下党侦察员和人民群众的配合下,抓"舌头",摸口令,首先把张立民分布在周家路、小安街、登州、草楼一线的国民党抗卫总队的情况摸得清清楚楚,包围攻击布置得停停当当。11月28日拂晓一声令下,当敌人从睡梦中惊醒时,刺刀已对准了胸膛。天色大亮,各路报捷,除张立民带少数随从逃脱,其余抗卫总队500余人全部就歼,一举砍掉了艾庆璋的一条臂膀。12月2日在虞北黄家埠、十六户寻着战机,穷追猛打又歼顽军五百余人。12月8日,侦察到艾庆璋部扎于谢家塘一线,当晚即往奔袭。中途发现情况有异,离谢家塘几里的村落里驻着国民党平湖县长谢友生和王八妹的部队五六百人。刘亨云主张先放弃攻打谢家塘的计划,集中力量先打掉谢友生、王八妹。说打就打,前后11分钟,兵分两路,一路沿海堤居高临下猛扑,一路从杭州湾一侧包抄打进去,敌人都还在睡梦中,可俘房不多。经过宣传,群众知道是坚决抗日、爱护人民的三五支队后,便纷纷引路,把那些化了装混迹在民家的土匪都揪了出来,包括谢友生在内,捉住500余人。刘亨云说:"那情景真像半夜点着灯捉蛤蟆一样。"当日上午,部队悄悄退回黄家埠隐蔽休息,是夜迅速向谢家塘乘势强攻。因艾庆璋部屡遭歼灭,士气低落,遭此突袭一触即垮。这个第三战区委派的"剿共"指挥带着残部逃进小越的伪军据点,一头钻进日军的卵翼下。刘亨云分析,艾庆璋与伪军合在一起虽有500余人,但已是惊弓之鸟,仓促之中不可能建立统一指挥,且小越伪军只有一个连的工事依托,我军目前虽然无力阻止日伪的调动和增援，但速战速决，可一举拿下小越。于是一面向日伪的百官、松厦据点派警戒部队，一面派人向马诸、余姚侦察敌情。12月15日深夜小越攻击战打响。附近群众、民兵撑着船、背着大刀和土枪前来助战。刘亨云兵分三路，战士们带着跳板、长梯、棉被，主力由北向南沿河往镇子里打，东西两翼强攻后山和马面山的碉堡。仅用1个多小时就结束了战斗，持续18天的浙东第一次反顽战斗胜利结束，部队发展到2 000多人。

1943年4月22日，刘亨云率部攻打有360余个伪军固守、经营了三四个月的日伪据点梁弄。面对伪军的碉堡、堑壕以及利用坚固建筑为依托构筑的完整火力配系，刘亨云决定实施日夜连续突击，不使敌人喘气，并采用逐屋打通民房，避开敌人主堡、地堡和高层楼房的火力，隐蔽逼近、白刃格斗的战斗方案。于是部队在群众的协助下，逐屋破墙，穿越而行，迅速地解决了战斗。除一高地伪军夺路向余姚逃跑外，消灭伪军80余人。从此梁弄回到人民怀抱，成为浙东抗日民主根据地的中心。浙东游击队在此导演出了关于"二五"减租、反"清乡"斗争、训练队伍、发展生产、出版报纸、发行"抗币"、学习文化等的威武雄壮的话剧来。

1943年11月，国民党军第三十二集团军天台"前进指挥部"遵照蒋介石"限期剿灭浙东奸匪"的命令，纠集挺三、挺四、挺五和突击总队一队等近3万人向浙东根据地进攻，面对十倍于己的国民党军，我军开始了第二次艰苦的反顽斗争。12月22日，新四军军部电令浙东抗日武装正式编为国民革命军新编第四军浙东游击纵队，正式打出新四军的旗帜。刘亨云任参谋长，谭启龙任政委，何克希任司令。面对国民党"步步为营，筑垒深入，逐步推进"的战法，刘亨云与何克希、谭启龙采用"避强打弱，寻隙歼敌"的策略，于1944年1月20日跳出四明山根据地，攻占挺五司令部所在的章镇。翌日，西渡曹娥江，击溃挺五魏显庭部。2月11日奔袭挺四田岫山部，但终因敌我兵力悬殊，伤亡较大，便采用分散游击、坚持斗争的方针。

1944年4月，侵华日军发动第二次浙赣战役，再次攻陷衢州、龙游。第三战区金（华）、兰（溪）前线告急，国民党军才撤出对浙东的进攻。于是刘亨云与何克希、谭启龙集中力量打击日伪，并发动三北人民与主力部队配合，进行了3次千人以上的大破袭。他们扒公路、炸桥梁、收电线。1944年7—9月，全中队作战62次，毙伤日伪军459人，俘虏222人，从日伪军手上夺回粮食数十万千克，解放区人口达400余万，部队由数百人发展到1万余人。1945年2月刘亨云与谭启龙、何克希热情接待、医治了被淞沪大队救护的美国驻华空军中尉飞行员托勒特，热情接待了日军中起义投诚的坂本、冢原重治、本村正春、岩冈文雄等（其中坂本后来成为中国共产党党员，成为解放军中一名出色的炮手，1948年在淮海战役中牺牲）。

1945年5月，刘亨云率部讨伐罪恶多端、依偎敌伪中间、顽固反共的田岫山挺进第四纵队，主攻许乔。对有28个碉堡之多、拥有"马其诺防线"的敌人，刘亨云利用其分兵把守、互相隔绝的弱点，采取分割包围，用夜战、火攻、烟熏，打得有声有色，经14个昼夜的奋战，全歼田岫山部伪军1 000余人。

1945年9月20日，中共中央电令浙东区党委、新四军浙东游击纵队，除留下党的秘密工作者和少数秘密武器外，立即撤离，开赴苏北。在"七人会议"上，刘亨云领命与张翼翔率五支队、纵队侦察分队去三北，会合海防大队全力确保杭州湾南岸沿线主要渡口，封锁钱塘江口，集中船只，3天内做好北渡的一切准备。北撤中，刘亨云率部冲破国民党在杭州、松江一线集结的几个师的兵力，以及伪中央税警团和上海保安队的袭击。11月7日，浙东游击纵队15 000余人经过长途跋涉，克服重重险阻，到达了苏北涟水。

此后，刘亨云任华东野战军一纵三旅副旅长、旅长、师长。在解放战争中先后参加了宿北、鲁南、莱芜、孟良崮、滕县、沙土集战役，歼戴子祺，击马励武，冲李仙洲，败区寿年，刘亨云从一名普通的红军战士成长为一名勇猛善战的指挥员。

1948年7月,在豫中战役中,一块手指粗细的弹片打入刘亨云的右肺,粟裕知道后说:"一定要想法救活他。"后报请军委,派来加拿大外科专家顺利地动了手术,把刘亨云从死亡的边缘救了回来。

新中国成立后,刘亨云先后任东北军区公安军副司令、石家庄高级步兵学校副校长、浙江省军区副司令员等职。1955年被授以少将军衔,1988年10月中央军委授予其一级红星勋章。1982年离休,1992年10月病逝于杭州。刘亨云60余年的军旅生涯,作风简朴,待人诚恳;离休后编著党史以润后人,有张爱萍题写书名的《浙东游击纵队》一书传世。

(十九) 程美兴

程美兴(1915—2004),1915年1月出生在贵溪县周坊乡河上村的一个贫农家庭。1929年,方志敏领导贵溪人民创建革命根据地,制订暴动计划,组织周坊农民武装起义,开展了轰轰烈烈的土地革命。此时,年仅14岁的程美兴参加了当地苏维埃政府组织的儿童团活动。1930年任儿童团团长和地下(秘密)交通员。1931年6月参加方志敏、邵式平创建的中国工农红军第十军,先后在新兵团当通讯员、红十军卫生部当看护(护理伤病员)。1932年加

附图1-19 程美兴

入共青团,1933年5月转为中共党员。1933年年初,奉中共中央军委之命,红十军调赴中央苏区,改编为红十一军。程美兴随军转战江西黎川、资溪、广丰和福建将乐、光泽、沙县、顺昌、连城、龙溪等地。1933年8月,参加了"东方战役"(筹款百万,赤化千里)和南平、洋口、顺昌的战斗。1934年在第五次反"围剿"战役中,参加了红七军团在黎川、广昌等地的阻击战和保卫战。同年6月,红七军团调入瑞金休整,组建了北

上抗日先遣队，于7月7日从瑞金出发，转战闽浙皖边区，冲破了国民党军队重重包围和阻击，行程万里，战斗百余次，辗转至赣东北苏区德兴县重溪镇，与阔别多年的方志敏创建的新红十军胜利会师，改编为红军第十军团，对外称为北上抗日先遣队。行军途中遭到敌人前堵后追，经过殊死搏斗，先遣队遭受了重大挫折。方志敏率领的军团机关与直属队经过五天五夜又饥又冷的急行军，于1935年1月到达敌人封锁线前沿港头地方，发现敌对我已经形成包围圈，情况十分危急。为保存革命力量，方志敏果断命令红十军团参谋长粟裕和政治部主任刘英率军团机关、直属队和轻伤员近千人突围。程美兴跟随粟裕、刘英冲过敌人的封锁线，率部安全到达赣东北苏区广财山，等候与方志敏会合，但已失去联系。后获悉方志敏所率部队在怀玉山地区弹尽粮绝，全军覆没，大部分同志牺牲或被俘。

突围出来的红军组成了红军挺进师，粟裕任师长，刘英任政委。从此，程美兴跟随粟裕转战南北，先后担任粟、刘首长的警卫员、警卫队长兼政委、保卫队长兼政委、团长兼政委等职，成为粟、刘部下一名干将。

1935年10月18日，红军挺进师到达与福建省毗邻的浙江泰顺县垟溪乡，随后在周边的苍南、平阳、瑞安等县开辟了革命根据地。程美兴参加和指挥了斋郎、白科湾、国纻、李家山、王村口等数十次战斗。他英勇杀敌，多次负伤，在3年艰苦卓绝的游击战争中，为建立浙西、浙南革命根据地做出了巨大的贡献。

抗日战争期间的1938年1月6日，国民革命军新编第四军军部在南昌成立，江西各游击区的红军分别编入一支队至四支队和9个团中。粟裕率部开赴抗日前线。刘英、程美兴继续在浙西开展革命斗争。程美兴为恢复壮大党的组织、巩固革命根据地，立下了不可磨灭的功勋。他先后担任永瑞县委副书记、浙南特委委员兼军事部长，特别是1940年12月至1947年，他在瑞安县担任县委书记达7年之久。他带领瑞安的党员干部团结广大人民群众，在五云山、沙门山、梅尖山等地一次次阻击了国民党的军事进攻和阴谋破坏，经受了国民党顽固派掀起的3次反共高潮的考验，在中共浙江省委机关遭到破坏、省委书记刘英被捕牺牲的危难时刻，他坚贞不屈、出生入死，开展游击战，使浙西南成为稳固的革命基地。抗日战争期间，温州地区沦陷，他创建了武工队，深入抗日前沿，密切监视和牵制日寇，打击汉奸叛徒，发动群众安全转移。

解放战争期间，程美兴调离瑞安，参加浙南特委整风学习。特委举办军政干部培训班时，他负责传授游击战术。此后，他担任浙南游击纵队参谋长。1949年春，他参加了争取国民党军第二〇〇师起义的谈判，带领纵队迎接解放大军和平解放温州。

1949年10月新中国成立后，程美兴任中国人民解放军温州军分区副司令员，不久调华东军政大学高干团担任队长、军事学院合同技术教授会副主任、参谋系副主任。1975年回浙江省军区任副参谋长。

程美兴少年参加革命，经历了土地革命、抗日战争和解放战争三大革命历史时期，身经百战，六处负伤，被评为二等甲级伤残军人，先后荣获中华人民共和国二级八一勋章、二级解放勋章、二级红星勋章。1979年以副军级离休后，老骥伏枥，壮心不已，发挥余热，贡献不断。他担任浙江省新四军研究会顾问，积极撰写革命回忆录，撰写的《铁流丰碑》获浙江军分区二等奖。

程美兴因病医治无效，于2004年12月7日在浙江医院与世长辞，享年89岁。

（二十）汪占非

汪占非（1911—2013），原名汪占辉，贵溪市彭湾乡人，1911年10月出生在农村一个较为殷实的家庭。8岁时丧母，1923年，父亲送他去省城南昌省立一中读书，14岁时父亲不幸病故，从此家道中落。在南昌就读时，正是中国社会动荡变革时期。贵溪籍在南昌读书的汪群、江一鉴、黄导等进步青年成立了贵溪青年社，确定其宗旨为"改造社会，振兴中华"，社址设在省立一中，并创办了《溪音》杂志。汪占非积极投稿，曾在该刊发表《"车夫"与"偷儿"的谈话》一文，抨击贵溪县政府加收农民的"田税"，搜刮老百姓钱财。随后几年，南昌的进步青年遭到当局的打压。为避免遭险报复，1929年夏，汪占非念完高中理科两年，便返回贵溪。因少年父母去世，他只得单独扬起生命之帆。在南昌他读的是理科，但他更喜欢文学和绘画。有一天他听说杭州有一所美术学校，便从贵溪徒步向浙江省江山县走去，在此搭小船沿富春江向杭州进发，

附图1-20　汪占非

报考国立艺术院（后改名国立杭州艺术专科学校），在预科一年级学习绘画。同年冬，经学兄李可染、张眺介绍，加入了革命群众团体"一八艺社"（因该组织成立于民国十八年，即1929年，同时象征新青年十八岁）。1929—1932年，"一八艺社"受到中国共产党外围组织"上海左翼美术家联盟"的支持，得到鲁迅先生的关心和指导。

汪占非愤世嫉俗，忧国忧民，追求进步，向往光明，经常阅读鲁迅著作、苏联小说和进步报刊。他的美术作品注重反映现实，忠实于对象，忠实于生活，并加以提炼。1931年夏，"一八艺社"社员的美术作品第一次在杭州举办展览会，并在上海出版了《"一八艺社"1931年习作展览会画册》，汪占非的木刻版画《五死者》入选画册。那是1931年1月17日，国民党政府逮捕并屠杀了柔石、殷夫、胡也频、李伟森、冯铿五位左翼作家。为纪念五位烈士，汪占非创作了《纪念左翼五作家》，为躲过国民党当局的检查，当时该画用了《五死者》这个隐晦的标题。这幅作品后来被鲁迅先生收集在《中国现代木刻选集》中。汪占非为画册撰写了"前言"，鲁迅先生为画册撰写了"小引"。前言写道："我们要振兴中国的艺术……我们将要运用我们尖锐沉重的笔尖。凭着我们青春的热情，做有力的贡献，使这灰暗的世界较为曦和，这是'一八艺社'的企望！"鲁迅先

生的小引写道:"现在新的、年轻的、没有名的作家的作品站在这里了,以清醒的认识和坚强的努力,在榛莽中露出了日渐生长的健壮的新芽。"并鼓励沪杭两地"一八艺社"社员和广大为光明而战的美术青年,义无反顾地继续战斗。1932年夏,"一八艺社"社员的美术作品第二次在上海展览,汪占非的素描《阿波罗全身像》和油画风景《葛岭》入选。1932年秋,"一八艺社"在杭州为汪占非、王肇民、沈福文、杨澹生、任开钧举办了"五人画作展览会",汪占非的木刻作品《锦带桥下的脱逃》获得了参观者的好评。在校期间,他还担任过上海进步报刊《文艺新闻》在杭州的总经售人和特约通讯员,积极宣传革命。

"一八艺社"的革命进步活动,引起了国民党当局的戒备,国立艺术院被下令更名为国立杭州艺术专科学校。1931年秋,汪占非的挚友李可染、张眺分别被学校勒令退学。1932年秋,汪占非也被学校开除,在蔡元培长女蔡威廉的关心帮助下,安全离开杭州。汪占非经蔡威廉介绍转入国立北平大学艺术学院西画系就读。在校期间,他的木炭画(素描)和木刻版画有很大的长进,同时加入了"北平左翼美术家联盟",积极参加反帝反封建的革命活动。1931年9月18日,日本帝国主义发动了九一八事变,日本占领中国东北后,汪占非与左翼同学在中山公园组织了盛大的"北平美术界反日助捐美术作品展览会",并举行游行示威,反对日寇侵略中国。

1934年夏末,汪占非在国立北平大学艺术学院毕业后,因找不到工作,曾回到故乡贵溪,但因无亲可靠,衣食无着,随后又返回北平。路过徐州时,特意下车去徐州民众教育馆拜会挚友李可染。回到北平后仍然没有找到工作,靠给报刊写些时评杂文和散文赚些稿费度日,常有一些老同学和朋友接济。那时北平的革命文艺团体遭到当局破坏,失去了组织联系。1935年秋季开始,汪占非先后在祖家街美术专科学校担任素描教员、北平中法大学附属孔德学校代理图画课教员,暂且维持生活。

1935年,华北形势恶化,日本侵略者步步逼近。汪占非在无奈彷徨之时,于1936年冬季的一天,看到天津《庸报》上的一则消息报道,称中国西北边有共产党的革命根据地，还有一所"红军学校"（中国人民抗日军政大学）。汪占非看到了光明，他下定决心，投笔从戎，向往延安。

1937年7月7日北平发生卢沟桥事变，日本全面发动了侵华战争。7月28日，汪占非同6名进步青年离开北平，乘火车来到平汉铁路的琉璃河车站，然后经过长途跋涉、千难万险，2个月后投身国民党第五路军，做抗日宣传的美术工作，并得到该部队所属的救亡团的军队通行证。通过国民党统治区的层层关卡，3个月后到达武汉，找到了国民革命军陆军第八路军（又称第十八集团军，简称八路军）驻武汉办事处，罗炳辉（八路军副参谋长，在八路军武汉办事处工作）亲笔为汪占非写了介绍信给西安八路军办事处。汪占非于1938年9月辗转到达革命圣地延安，进入中国人民抗日军政大学，在校宣传部做美术工作，同年10月加入中国共产党。1939年至1943年3月在晋东南鲁迅艺术学院担任教员，1943年4月至1944年在延安鲁迅艺术学院担任教员，随后几年先后在冀西邢台和太行山的八路军中参加抗日和扩大根据地的宣传工作。在八路军第一二九师召开全师第一届运动大会时，他担任运动场的美术布置工作，他画了许多招贴画，主要表现八路军的抗日战绩，如平型关大捷、火烧阳明堡敌机场等。特别投入大量精力画了马克思、恩格斯、列宁、斯大林、毛泽东主席、朱德总司令的巨幅画像；还根据照片，用宽度两丈、高度一丈五尺的画布画了刘伯承师长和邓小平政委在一起的全身画像，矗立在运动场上。1945年，汪占非被调往绥德军分区工作。绥德军分区地处陕甘宁边区东北部，是延安的东大门，巩固、扩大根据地和抗日的任务十分繁重。他先后担任军分区文工团的宣传美术组组长、文协美术股股长、图书馆馆长、印刷厂厂长兼政治指导员等职，还经常去当地学校教学，协助书店工作，为军分区主办的《抗战报》作画，直至迎接抗日战争的胜利。他作风严谨、任劳任怨、埋头工作的精神，受到了指战员的好评。

1949年5月，汪占非随解放大军解放西安市，在西安市军管会文化处任美术组组长。为庆祝西安解放，他受命画了毛泽东主席、朱德总司令的巨幅画像，悬挂在西安市中心的钟楼四面墙上。1949年10月，汪占非任边区文艺工作者协会副主任，在《群众日报》（《陕西日报》前身）任美术编辑。1950年2月，任西北艺术学院美术系主任。该校是1949年新中国成立后西安唯一一所高等美术学府，第一任校长是贺龙元帅。1957年7月任西安美术学院油画系主任。

汪占非在西安美术学院长达27年的教学生涯中，刻苦治学，精心育人，培养了大批美术家，桃李满天下。对自己的素描、版画、油画等作品，他从来不张扬。他对艺术精益求精，特别是画巨幅油画、领袖像有独创之处，他的"色块法"是对色光相混效应的巧妙运用，实为当时美术界的第一人。他坚定的政治信念、高尚的情操、严谨的作风、质朴谦和的人品堪称楷模，受到师生的崇敬。他慎交友而不乏挚友，特别是与当代画坛宗师、杰出的人民艺术家、中国文化界的优秀代表李可染交往甚笃，被人们传为佳话。

汪占非1983年10月离休，享受正厅级生活待遇；2009年12月，经陕西省委组织部批准，享受副省（部）长级医疗待遇。2013年2月5日病逝，享年102岁。

（注：人物传以传主卒年先后为序排列。）

二、2019年贵溪市国民经济和社会发展统计公报

2019年,是贵溪的奋进收获之年。一年来,在市委、市政府的坚强领导下,全市上下深入贯彻习近平新时代中国特色社会主义思想,聚焦"做示范、勇争先"的目标定位和"五个推进"的更高要求,落实省委的"二十四字"工作方针,按照鹰潭市委"三大四聚"的发展路径和"六强四动一保障"的工作思路,统筹做好"六稳"工作,较好地完成了目标任务,为中华人民共和国成立70周年交出了一份贵溪答卷。

(一)综合

全年实现地区生产总值490.64亿元,可比增长7.8%。其中,第一产业增加值为34.76亿元,增长3.3%;第二产业增加值为300.25亿元,增长8.2%;三大产业增加值为155.63亿元,增长7.9%。三大产业结构由2018年的6.9∶62.2∶30.9调整为7.1∶61.2∶31.7,第三产业占比提高了0.8个百分点。三次产业对经济增长的贡献率分别为2.7%、71.2%和26.1%。人均生产总值为83 996.3元,增长11.4%,按年均汇率折算为11835.63美元。非公有制经济快速发展,实现增加值198.8亿元,可比增长9.7%,占全市生产总值的比重达40.5%,比上年提高0.9个百分点。

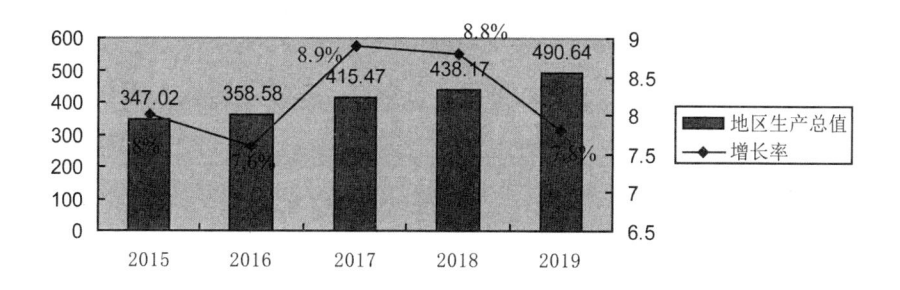

附图 2-1　2015—2019 年地区生产总值及增长率

年末常住人口为 585 222 人，比上年年末增加 2 213 人。其中，城镇人口为 314 702 人，占常住人口的比重为 53.8%，比上年年末提高了 1.4 个百分点。全年出生人口为 7 141 人，出生率达 12.23‰，比上年下降了 0.86 个千分点；死亡人口为 3 605 人，死亡率达 6.17‰，比上年提高了 0.01 个千分点；自然增长率为 6.05‰，比上年下降了 0.88 个千分点。年末户籍人口为 649 589 人，比上年年末增加了 2 349 人。60 岁以上人口为 107 181 人，占全市户籍人口的 16.5%，超出老龄化标准 6.5 个百分点。

附表 2-1　2019 年人口数及其构成

指标	人口（人）	比重（%）
常住人口	585 222	—
其中：城镇	314 702	53.8
乡村	270 520	46.2
其中：男性	303 162	51.8
女性	282 060	48.2
户籍人口	649 589	—
其中：男性	347 674	53.5
女性	301 915	46.5

续表

指标	人口（人）	比重（%）
其中：60岁以上人口	107 181	16.5

2019年年末全社会就业人数为201 309人，比上年年末增加133人，增长了0.06%；全年城镇新增就业10 574人，比上年增加648人，增长了6.5%。城镇登记失业人数为517人，比上年增加47人，增长了9.0%，城镇登记失业率为2.88%。年末农民外出从业人数为146 959人，比上年减少2 165人，下降了1.4%；其中，省外务工115 318人，比上年减少1 105人，下降了0.9%。

2019年，全市完成财政总收入66.53亿元，增长5.3%，增幅比去年同期下降5.3个百分点，财政总收入占生产总值的比重为13.6%，比上年下降0.8个百分点。其中，一般公共预算收入为37.39亿元，增长了6.7%；地方税收总收入为28.78亿元，增长了0.1%，占财政总收入的比重为43.3%，比上年下降了2.2个百分点。

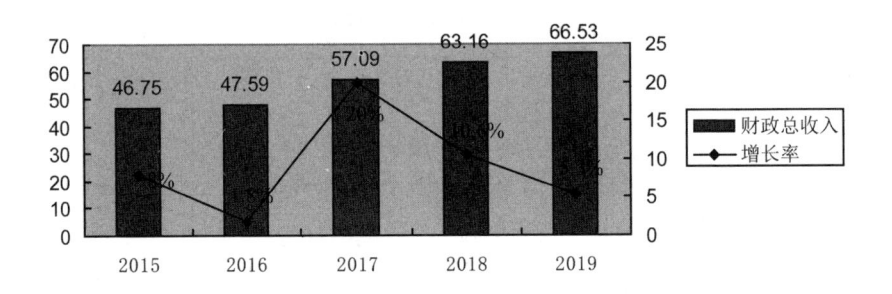

附图2-2 2015—2019年财政总收入及增长率

（二）农业

全市粮食作物播种面积达64 287公顷，增长了0.2%。其中，谷物播种面积为58 902公顷,增长了0.8%；油料播种面积为4 913公顷,下降了2.2%；蔬菜类及食用菌播种面积为8 024公顷,增长了0.3%。

全年粮食总产量为38.24万吨,增长了0.2%。其中,早稻产量为14.75万吨,增长了0.1%；中稻及一季晚稻产量为4.99万吨,增长了0.05%；二季晚稻产量为16.93万吨,下降了0.9%。稻谷合计产量达36.67万吨。

全年肉类总产量为31 312吨,增长了3.3%。其中,猪肉产量为21 830吨,增长了0.1%；年末生猪存栏量为115 296头,下降了13.5%。全年禽蛋产量为9 845吨,增长了3.9%。全年水产品产量为25 348吨,增长了3.8%。

全市完成农、林、牧、渔业总产值58.35亿元,增长15.5%；实现农、林、牧、渔业增加值32.35亿元,按可比价计算,增长3.4%。

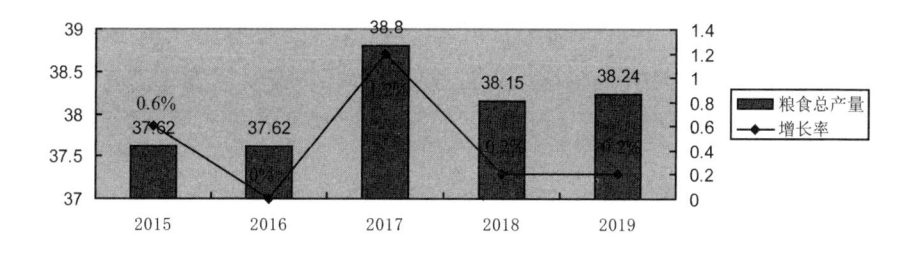

附图2-3 2015—2019年粮食总产量及增长率

年末农业机械总动力为48.1万千瓦特,增长了1.4%；全年有效灌溉面积为34 896公顷,增长了0.1%；全年农用化肥施用量（折纯量）为15 843吨,下降了3.3%；农用塑料薄膜（地膜）使用量为1 307吨,增长了1.7%；农药使用量为580吨,下降了5.1%。

（三）工业和建筑业

全市规模以上工业完成增加值可比增长8.5%。其中,市属工业可比增长33.0%,江铜可比下降2.0%。

全年规模以上工业主要工业品中：发电量971 150万千瓦时,增长

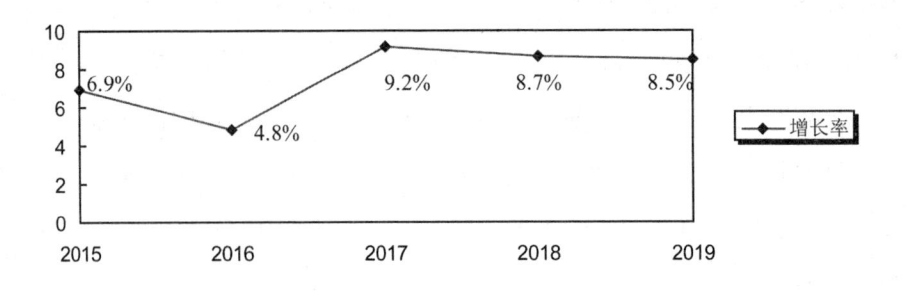

附图 2-4　2015—2019 年规模以上工业增长率

0.8%；化学农药原药（折有效成分100%）234.2万吨，下降45.2%；水泥173.14万吨，增长2.2%；10种有色金属112.74万吨，增长2.6%；精炼铜（电解铜）112.57万吨，增长2.6%；铜材104.74万吨，增长23.7%；节能灯2 300万只，下降54.6%。

附表 2-2　2019 年规模以上工业主要产品产量及其增长速度

产品名称	单位	产量	比上年增长（%）
发电量	万千瓦时	971 150	0.8
化学农药原药（折有效成分100%）	万吨	234.2	-45.2
水泥	万吨	173.14	2.2
10种有色金属	万吨	112.74	2.6
其中：精炼铜（电解铜）	万吨	112.57	2.6
铜材	万吨	104.74	23.7
节能灯	万只	2 300	-54.6

全年规模以上工业企业实现主营业务收入3 259.07亿元，增长了11.2%；实现利润总额53.67亿元，增长了11.8%。

江西铜业集团公司实现主营业务收入2 517.01亿元，增长了8.2%；实现利润总额34.03亿元，下降了5.9%。

贵溪市经济开发区实现主营业务收入677.52亿元，增长了23.04%；实现利润总额16.26亿元，增长了35.8%。

全年建筑业总产值为74.15亿元，下降了5.3%；建筑业增加值为22.6亿元，增长了4.9%。房屋建筑施工面积为149.59万平方米，增长了6.9%；房屋建筑竣工面积为71.57万平方米，下降了35.9%。

（四）固定资产投资

全年固定资产投资增长9.5%。固定资产投资中，分产业看：第一产业投资增长了211.3%；第二产业投资增长了38.6%，其中，工业投资增长了25.8%；第三产业投资增长了7.0%。分投资主体看，国有投资下降了7.4%，非国有投资增长了35.6%，其中，民间投资增长了37.6%。

全年房地产开发投资15.22亿元，增长了26.6%。其中，住宅投资12.18亿元，增长了23.7%；商业营业用房投资2.42亿元，增长了41.5%。房屋施工面积161.42万平方米，增长了8.0%；房屋新开工面积31.18万平方米，下降了27.3%；房屋竣工面积24.54万平方米，增长了27.8%。商品房销售面积35.35万平方米，增长了15.2%；商品房待售面积2.55万平方米，下降了20.3%；商品房销售额16.47亿元，增长了32.4%。

（五）国内贸易

全市实现社会消费品零售总额77.27亿元，增长10.9%。其中，限额以上消费品零售额20.18亿元，增长13.7%。

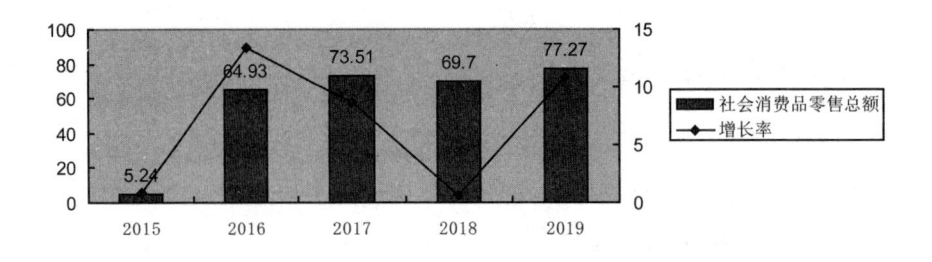

附图 2-5　2015—2019 年全市财政总收入及其增长率

电子商务蓬勃发展。全市纳入联网直报的电子商务企业有 2 家，共实现电子商务销售额 331.7 亿元，增长了 83.1%。全市共有 1 个电商服务中心，204 个村级电商服务点。全市共有电商企业 72 家，新增 14 家，增长了 24.1%。

（六）对外经济

全市完成进出口总额 378 629.5 万美元，下降了 14.4%。其中，进口总额为 301 966.56 万美元，下降了 18.2%；出口总额为 76 662.94 万美元，增长了 4.7%。全市实际引进省外 2 000 万元以上项目资金 149.52 亿元，增长了 9.2%。实际利用外资 13 369.54 万美元，增长了 9.2%。

（七）交通运输、邮电和旅游业

全市交通运输、仓储和邮政业实现增加值 17.03 亿元，增长了 4.3%。

市内公路里程达 3 484.226 千米，比上年增长 1.07%。年末公交车路数为 10 路，年末实有公共汽（电）车营运车辆数为 73 辆，比上年增长了 25.8%。年末实有出租车数为 138 辆，与上年持平。

全市通信网络系统固定电话年末用户为 4.3 万户，移动电话用户（手机）为 39.7 万户，年末互联网宽带用户为 15.55 万户。

1. 全市电信系统固定电话年末用户为 3.3 万户，移动电话用户为 8.2

万户,年末互联网宽带用户为5.1万户。

2. 全市移动系统移动电话用户为22.5万户,年末互联网宽带用户为7.5万户。

3. 全市联通系统固定电话年末用户为1万户,移动电话用户为9万户,年末互联网宽带用户为2.95万户。

全年接待游客486万人次,增长了32.0%。实现旅游总收入45.9亿元,增长了35.0%。

(八) 金融业

2019年年末全市金融机构人民币贷款余额为229.37亿元,增长了12.4%;全市金融机构人民币存款余额为278.81亿元,增长了12.2%。住户储蓄存款余额为193.21亿元,增长了15.8%,其中农村居民储蓄83.78亿元,增长了6.7%。

(九) 教育和科学技术

全市共有各类学校275所,其中,高级中学2所,完全中学1所,十二年一贯制学校2所,九年一贯制学校36所,初中3所,完小90所,教学点141所。全市共有教师5 510人。义务教育阶段专任教师4 517人,其中初中教师1 768人,小学教师2 749人。在校学生79 820人,其中,高中生10 131人,初中生24 045人,小学生45 644人。

幼儿园258所(公办园130所、民办园128所),幼儿园学童16 779人。

2019年,全市学龄儿童小学毛入学率保持在100%,初中学生毛入学率达99.75%,高中学生毛入学率达94.7%。

2019年全市共获国家、省各类科技计划项目29项,争取项目资金1 620万元。省级科技成果验收1项,鹰潭市级科技项目验收3项。全年新增省级工程技术研究中心2家、省级科技协同创新体1家,开发省级重点新产品25项。全年申报成功高新技术企业25家，其中年内新认定高新技术企业15家。

（十）文化、卫生和体育

2019年年末共有艺术表演团体11个，当年新增1个；文化馆1个，公共图书馆1个，博物馆1个，影剧院1家；有线数字电视用户为71 000户，由于互联网的普及，比上年减少了5 000户，下降了6.6%；年末电视综合人口覆盖率达100%。

全市有医院、卫生院18所，妇幼保健院1个，疾病预防控制中心1个，卫生监督所1个。医院、卫生院床位为689张，其中，乡镇卫生院床位为689张。医院、卫生院有卫生技术人员361人，其中，执业（助理）医师有194人，注册护士有1 014人。全面实施基础药物制度，基本药物覆盖率达100%。

城镇社区体育健身站点覆盖率达100%，全市各乡镇建有体育组织。群众性晨练、广场舞、太极拳等全民健身运动蓬勃开展。

（十一）人民生活和社会保障

全市城镇居民人均可支配收入达37 458元，增长了8.5%；农村居民人均可支配收入达17 646元，增长了9.3%。城镇非私营单位就业人员年平均工资为88 361元，名义增长20.8%。

社会保障力度加大。社会保险覆盖范围不断扩大，实现了城乡居民社会养老保险制度全覆盖。2019年贵溪市各种社会福利收养性单位有23个，各种社会福利收养性单位床位达1 461个。城乡居民基本养老保险参保27.1万人，城乡居民基本医疗保险参保53.73万人。城镇职工失业保险参保3.2万人。城镇职工工伤保险参保6.25万人。

注：1. 本公报数据为初步统计数或核算数。

2. 地区生产总值、各产业增加值绝对数按现价计算，增长速度按可比价计算。

3. 财政等部门数据不含龙虎山风景管理区。

4. 社会统计数据由相关职能部门提供，部分数据引自政府工作报告。

5. 公报数与统计年鉴数不一致时，以统计年鉴为准。

2019 年 7 月 7 日

后 记

贵溪是江西省85个革命老区县之一。《贵溪市革命老区发展史》终于出版问世。

2019年4月，省老区建设促进会召开了江西省革命老区县发展史编纂工作会议，决定在全省全力推进革命老区县发展史的编撰工作。起初，我们有些犹豫，是老区建设办公室（和扶贫办一套人马两块牌子）牵头呢，还是由市史志办牵头呢？后来商定以市史志办为主，市老建办配合。市史志办参考了外地革命老区发展史的提纲，结合贵溪的实际，和编辑人员商定列出了提纲，并送鹰潭市党史办请专家过目，得到了认可。于是查找资料，写作编辑，很快完成了初稿。经鹰潭市专家仔细审读，11月底，得到批复，并有细致的修改建议，编辑人员也做了细心的修改。但因为种种原因，初稿出来后和其他县市在编排体例、收录内容方面有差距，按照鹰潭市专家的意见，从2020年7月起，又增加充实了许多内容，使书稿变得丰满而有血肉。

本书史实资料由市史志办和市老建办提供。参考书目主要有《贵溪县志》、《红色贵溪》（2002年版）、《贵溪风云录》、《中共贵溪市党史大事记》《贵溪市志》（1991—2018）、《贵溪年鉴》（2018卷）等。为反映历史原貌，书中有关数据、计量单位均采用当年公布和沿用的，涉及的国民经济主要指标引自公开出版的《贵溪统计年鉴》。

本书卷首彩页及配文影照主要选自《贵溪县志》《贵溪市志》，部分影照由市委办、市人大办、市政府办、市政协办、市委宣传部、贵溪经开区、铜拆解园、市史志办等部门提供。尤其得益于贵溪市新闻中心主办的

《贵溪报》的各类新闻图片。图片主要由陆传和、刘永华等拍摄提供，刘小中、胡菊妹等提供了部分影照实物。全书由刘长明统稿，叶航校对，李峰、吴智审核。参与本书编纂的还有史志办潘晨、吴志文等。

该书的编纂出版，由贵溪市革命老区发展史编委会精心组织，得到了各级有关部门和相关领导专家的关心支持。中国老区建设促进会关心、指导了本书的编纂出版。江西省老区开发促进会、鹰潭市史志办给予编纂工作以全过程指导帮助。本书在编纂过程中，还得到了市委办、市档案局（馆）等部门的大力支持。在此，对所有帮助、关心、支持本书编纂出版工作的单位和个人致以深切谢意。

本书经鹰潭市老区开发促进会、鹰潭市党史办审查同意，中共贵溪市委、贵溪市政府审定。由于本书记述时空跨度较大，史料收集和编者水平有限，书中难免出现疏漏和不当之处，敬请读者批评指正。

2020 年 12 月